本研究成果获国家自然科学基金项目

"家庭旅游中青少年的人际交互学习与心理幸福感研究"（71804030）、

广东省教育厅创新团队项目"数字经济创新管理"（2022WCXTD020）的资助

家庭旅游中

青少年的学习行为

Adolescent's Learning in
Family Travel

吴 微——著

社会科学文献出版社
SOCIAL SCIENCES ACADEMIC PRESS (CHINA)

自　序

　　追溯起来，本书的构思源于 2014～2015 年在美国普渡大学访学期间，健康与人类科学学院酒店与旅游管理系和教育学院的一次"学术联谊"。当时，两个院系的师生对旅游与教育的关系进行热烈讨论，引发我对于"旅游中的学习"的兴趣和思考，并着手探索式的质性研究。回国后，在前期研究的基础上，逐步开展家庭旅游者学习行为的系列研究，于 2017 年完成博士学位论文。心潮澎湃之际想着将其整理出版，但一直无暇顾及。如今，在国家自然科学基金项目的支持下，经后期修缮，终将付梓成书，总算了却心中大事。

　　2016 年底，教育部等 11 个部门发布《关于推进中小学生研学旅行的意见》，意味着旅游对促进青少年的全面发展和健康成长的意义和作用受到广泛关注和重视。其中，家庭旅游就是一种非常重要的形式。一方面，家庭本身就是一所非正式的学校，家人能够充当师者为孩子传道授业解惑；另一方面，旅游场景下轻松愉快的氛围能够进一步提升青少年学习的成效。因此，本研究聚焦"旅游、家、教育"，试图从认知心理学视角解释青少年在家庭旅游过程中的学习行为——过程、结果及其影响机制，从而提供有关家庭旅游、青少年发展的实践建议和理论依据。

　　本书主要面向旅游者行为和青少年教育方面的学者。一方面，本书展示了旅游者行为、学习行为相关的理论和实证结果；另一方面，本书的实证研究过程可以成为定性定量相结合的混合式研究的范例。同时，本书也适合青少年教育工作者、旅游企业、教育部门以及想要理解和提升旅游成效的家庭旅游者翻阅，特别是第六章的实践启示部分重点阐述了如何提升青少年在家庭旅游中的学习成效、改善家庭旅游产品体系设计、优化家庭旅游体验等。总之，无论在学术上还是实践中，希望读者能从本书中获益。此外，鉴于时间、精力有限，本书存在诸多不足，望不吝斧正。

最后是一些感谢。感谢国家自然科学基金委的资助。感谢社会科学文献出版社。感谢在浙江大学管理学院读博期间给予我指导和帮助的老师、同学和朋友。感谢 Xinran Lehto 教授和 Ksenia Kirillova 对前期研究的重要支持。特别感谢家人一直以来的爱和温暖，你们是我热衷于家庭旅游研究的初心。

学海无涯，吾辈共勉。

吴微

2022 年 1 月 19 日于广州

摘　要

　　家庭是旅游市场的重要组成部分。家庭旅游不仅能够促进家庭和谐，还有利于旅游者的认知发展。然而，学界极少在认知心理学视域下解释家庭旅游者行为；而旅游中的学习行为相关研究则以教育旅游为主，尤其缺乏对家庭旅游的关注。特别是在家长"寓教于乐"的现实期望下，家庭旅游中青少年子女的学习行为亟待揭示。因此，本研究旨在从认知学习视角，探究青少年的家庭旅游行为过程、结果及其关键的影响因素，以填补以往研究的不足。

　　本研究由浅入深、由面到点地开展家庭旅游学习行为系列研究。首先，基于学习理论以及旅游学习等相关研究，质性地分析家庭旅游中青少年的学习行为，包括学到什么、如何学以及学自谁；其次，聚焦学习结果，将其作为旅游学习行为的表征变量进行量化；最后，根据社会学习理论中"情境因素—学习行为—内部感知"的逻辑框架、家庭系统理论和积极心理学理论，深入探讨家庭旅游学习行为的前因后果及其作用机制。因此，本研究由三个子研究构成：①家庭旅游学习行为的质性研究；②家庭旅游学习结果量表开发研究；③家庭旅游学习行为结果的关系研究。

　　本研究以中学生和大学生为对象，采用定性定量相结合的研究方法进行探究。先基于39名青少年的深度访谈，对家庭旅游学习行为进行主题分析；而后，基于问卷调查获得的预测试有效数据271份、正式调研有效数据792份，进行一致性分析、信度分析、效度分析、因子分析、方差分析、共同方法偏差检验、结构方程模型检验和层次回归分析等，最终得出以下研究结论。

其一，在学习结果上，家庭旅游者可获得有关家庭、旅游和自我的知识、技能和智慧，且从学习领域和学习导向两个维度可划分为九种类型；在学习过程上，家庭旅游者从家人、导游、当地居民和其他旅游者身上，通过观察、沟通和互动的方式，分别在游前、游中和游后的特定情形下获得相应的学习结果；此外，该学习过程和结果受到家庭、旅游和旅游者三大系统的共同影响。

其二，本研究得到可信有效的学习结果量表（18个问项），包括家庭意识、个人能力、目的地知识和自我反思四个维度。此外，方差分析表明，年龄、年级、家庭收入、家庭结构、出游同伴、出游时长、旅游次数、旅游类型、出游形式和旅游频率对学习结果有不同程度的影响。

其三，本研究证实亲密度和适应性对学习结果具有正向影响，沟通在亲密度对学习结果的影响关系中具有负向调节作用，沟通在适应性对学习结果的影响关系中具有正向调节作用，以及学习结果对幸福感具有正向影响。

本研究一方面能够丰富旅游行为、学习行为、家庭功能和幸福感领域的理论和实证研究，尤其是开发的学习结果量表为开展家庭旅游学习行为的定量研究提供有效的测量工具和理论基础；另一方面有助于旅游者、旅游企业以及相关政府部门深化理解家庭旅游对青少年的学习和教育作用，为家庭旅游的产品选择、产品体系设计、营销策略、服务管理以及相关政策制定提供理论依据和实践指导。

关键词：家庭旅游　青少年学习行为　家庭功能　旅游幸福感

Abstract

A family is an important component of travel market. Family travel is benefi-
cial for not only enhancing family harmony, but also facilitating tourists' personal
development. However, when it comes to scholarly inquiries situated at the inter-
section of tourism, leisure, and learning, existing research tends to focus on the
contexts of educational travel rather than family travel. Especially with the fact that
parents highly expect children to learn from travel experience, such learning in
family travel needs to be investigated thoroughly. Therefore, aiming to fill the gap
revealed from literature review, this study attempted to investigate the process,
outcomes and key relational factors of adolescent's learning in family travel.

This study was designed to gradually explore learning in family travel from
the simple to the comprehensive. Firstly, based on learning theories and studies
on learning in travel, it qualitatively analyzed learning in family travel: what,
how and from whom. Secondly, it highlighted and quantified learning outcome as
the representative variable of learning behavior in family travel. Thirdly, based on
"context-behavior-perception" framework proposed in social learning theory, a-
long with the support of family system theory and positive psychology theory, it
further revealed antecedents and subsequents of such learning behavior and the
mechanism of how these variables were related. Thus, it consisted of three sub-
studies: (1) qualitative research on learning in family travel; (2) family travel
learning outcome scale develpment; (3) relationships among family functioning,
learning outcomes and tourist well-being.

This study opted for middle school students and undergraduates as research participants, and applied a mixed-method approach to understanding learning in family travel. Firstly, it conducted thematic analysis to comprehend textual data obtained from 39 in-depth interviews. Subsequently, it collected 271 and 792 valid questionnaires separately in pre-test and large-scale survey, and adopted consistency analysis, reliability analysis, validity analysis, factor analysis, ANOVA analysis, common method bias analysis, structural equation modeling and hierarchical regression analysis to process the data.

Consequently, the main conclusions of this study are as follows:

1. Family travel learning outcomes consisted of knowledge, skills and wisdom about family, travel and self. As for learning process, family travelers could learn from family members, tour guide, local residents and other tourists through observation, mutual communication and interaction on specific occasions before, during and after the trip. In addition, family travel learning outcomes and process were influenced by three systems, namely family context, travel context and tourist per se.

2. The learning outcome scale (18 items) had good reliability and validity, and consisted of four dimensions, namely family awareness, personal capability, destination knowledge and self-reflection. Besides, the ANOVA result suggested that age, grade, family income, family structure, travel companion, travel duration, previous travel experience, destination type, travel pattern and travel frequency were associated with learning outcomes.

3. Family cohesion/family adaptability had positive effects on learning outcomes; family communication negatively moderated the relations between family cohesion and learning outcomes, while positively moderated the relations between family adaptability and learning outcomes; learning outcomes had positive effects on tourist well-being.

These findings contribute to enriching the theoretical and empirical research in the field of tourist behavior, learning behavior, family functioning and happiness. Especially, the learning outcome scale developed in this study can provide a valid instrument and theoretical foundation for subsequential quantitative studies on learning behavior of family travelers. Moreover, the results of this study can not only strengthen social awareness of learning and educational benefits for adolescents with family travel experience, but also in terms of family travel practice, aid in product selection of tourists, product design, marketing strategies and service management of travel companies, and policy establishment of government.

Keywords: Family Travel; Adolescent Learning Behavior; Family Functioning; Tourist Well-being

目 录

第一章　绪论 ……………………………………………………… 001
第一节　研究背景与问题提出 ……………………………………… 001
第二节　研究目的与研究意义 ……………………………………… 003
第三节　研究主要创新点 …………………………………………… 005
第四节　研究设计 …………………………………………………… 007

第二章　理论基础 ………………………………………………… 011
第一节　家庭旅游研究 ……………………………………………… 011
第二节　学习相关理论 ……………………………………………… 018
第三节　旅游中的学习研究 ………………………………………… 024
第四节　文献研究总结 ……………………………………………… 031

第三章　子研究一：家庭旅游学习行为的质性研究 …………… 033
第一节　引言 ………………………………………………………… 033
第二节　文献回顾 …………………………………………………… 034
第三节　研究过程 …………………………………………………… 036
第四节　结果与讨论 ………………………………………………… 038
第五节　结论 ………………………………………………………… 050
第六节　拓展研究：家庭旅游学习行为的跨文化对比分析 ……… 053

第四章　子研究二：家庭旅游学习结果量表开发 ················· 061

第一节　问项生成 ·· 062

第二节　预测试及量表修正 ······································ 068

第三节　大样本数据及问项再分析 ································ 086

第四节　人口统计学特征与旅游基本特征对旅游学习结果的影响

·· 107

第五节　小结与讨论 ·· 110

第五章　子研究三：家庭旅游学习行为结果的关系研究 ········· 116

第一节　研究问题 ·· 116

第二节　文献回顾 ·· 116

第三节　研究假设 ·· 132

第四节　问卷设计与变量测量 ···································· 137

第五节　预测试 ·· 139

第六节　正式调研：数据收集、描述与质量评价 ·················· 146

第七节　假设检验 ·· 162

第八节　结果讨论 ·· 188

第六章　结论与展望 ··· 194

第一节　研究总结 ·· 194

第二节　理论贡献与实践启示 ···································· 195

第三节　研究局限和展望 ·· 201

参考文献 ··· 203

附录　调查问卷 ··· 238

第一章

绪　论

第一节　研究背景与问题提出

旅游对提升国民生活质量具有积极作用，是大众休闲的主要形式。2017 年上半年，中国国内旅游人数 25.37 亿人次，同期增长 13.5%；出境旅游 6203 万人次，同期增长 5.1%；旅游消费列世界第一，且一直呈上升趋势[①]。同时，旅游业的发展一直得到国家政策的大力支持。2015 年，国务院在 62 号文件中提出，将通过改革和创新促进旅游投资和消费以推动现代服务业的发展[②]。

家庭是社会的基本构成单位，也是旅游市场的重要组成部分（Fu，Lehto & Park，2014）。近来，多项旅游市场报告显示，发达国家的家庭旅游市场需求稳定、缺少弹性；而中国等新兴市场的亲子游、家庭游需求增长迅速[③]。虽然业界已经认识到家庭旅游市场的重要性，并开展了积极的

---

① 国家旅游局数据中心.2017 年上半年旅游统计数据报告.http://www.cnta.gov.cn/xxfb/wx-zl/201708/t20170818_836054.shtml.

② 国务院办公厅.国务院办公厅关于进一步促进旅游投资和消费的若干意见.http://www.gov.cn/zhengce/content/2015 – 08/11/content_10075.htm.

③ 广之旅.2016 年春节期间广东出境旅游市场的趋势报告.http://www.gd.gov.cn/lygd/lyg-dxx/201511/t20151110_220898.htm；猫途鹰/TripAdvisor.2016 全球旅游经济报告.http://column.iresearch.cn/b/201512/755523.shtml.

营销活动，但是学界对该领域的研究还处于起步阶段，大部分为描述性的市场开发研究，缺乏对家庭旅游者需求和体验行为进行的系统而深入探讨；该旅游市场产品体系有待完善、市场地位有待确立（e.g. Wu & Wall，2016）。因此，学界仍须以全新理论视角为切入点，揭示家庭旅游者行为机理，探索家庭旅游市场利基，提升行业服务质量。

本质上，旅游具有可观的教育功能和学习效益，对个体认知发展具有积极的作用（刘录护和左冰，2010）。比如，中国俗语"读万卷书，不如行万里路"充分体现出，旅行能带来诸如知识和能力的学习结果；而作为西方大众旅游的起源，十六七世纪兴起的欧洲贵族"大旅游"（Grand tour）也是以学习和教育为目的而展开的。在 2016 年底，教育部等 11 个部门发布《关于推进中小学生研学旅行的意见》，亦足见其对旅游促进青少年全面发展和健康成长的重视程度。尤其是，家庭旅游者具备学习的动机，倾向于选择教育导向的活动项目（So & Lehto，2007；Carr，2006）；且在旅游过程中对青少年子女进行"寓教于乐"式的体验教育是中国家长关注的重点（Lehto 等，2017）。与此同时，学界关于家庭旅游者行为的研究成果十分丰富，主要包括旅游决策、游前动机、游中体验以及游后家庭得益（e.g. Hong 等，2005；Kluin & Lehto，2012）。然而大多学者关注的是家庭旅游消费行为，而忽略其过程中的学习行为和教育义涵（Falk 等，2012）。作为一项具有重要意义的旅游动机和结果，认知心理学视域下的家庭旅游者（尤其是青少年子女）学习行为，包括过程、结果及关系影响机制，仍待揭示。

学习是一种认知行为过程，是在某种社会、心理以及个人的特定情境中获得的（Brown，Collins & Duguid，1989）。基于社会学习理论（Bandura，1977），旅游行为在特定的社会情境下，本质上是一种非正式的学习过程，其学习行为及结果受到行为、认知和环境三者的交互作用。具体到家庭旅游情境中，一方面，旅游为个体提供发现自我、认识外界、与外界建立联系的场景，是一个通过非正式教育的体验形式促进个人成长的学习契机；另一方面，家庭成员在非正式教育场景中往往能够互相传授过往经验、传承家族历史以及达成理解和共识（Ellenbogen，Luke & Dierking，2004），并提供积极的情感、物质支持（Román 等，2008），由此对家庭成员的学习行为和结果产生影响。此外，家庭旅游中的学习体验行为及其结果也将进一步影响个体内在的旅游体验感知。然而，与旅游度假中一般性非正式学习行为（即非教育旅游中的学习）相关的研究十分有限，而以家庭旅游为研究情境的更为匮乏（Stone & Petrick，2013）。并且，主要分析在家庭旅游中家长的旅游决策行为，而对于青少年子女的行为特征，尤其是认知发展行为，缺乏必要的探讨。因此，本研究旨在逐步深入地探究家庭旅游情境下青少年子女的学习行为，为挖掘家庭旅游者的学习行为特征和优化家庭旅游的产品设计和管理，提供理论借鉴和实践指导。

具体而言，本研究拟解决的关键问题是：①识别家庭旅游学习行为过程和结果的主题内容；②界定家庭旅游学习结果的关键构念并开发量表；③探究家庭旅游学习结果的关系因素及其作用机制。

第二节　研究目的与研究意义

一　研究目的

第一，通过深度访谈和主题分析方法，深度挖掘家庭旅游者的学习行为过程和结果，凝练出主题后进一步理解该学习过程和结果的属性、特征和内涵。

第二，设计、调整和检验家庭旅游学习结果量表，明晰学习结果的关键因子，并探讨人口统计学特征和旅游基本特征对该学习结果的影响。

第三，基于相关理论，提出家庭旅游学习行为的关系模型，引入家庭情境因素（即家庭功能）和个体内部因素（即旅游幸福感）的关键变量，进一步揭示家庭因素和个体内部因素与家庭旅游学习行为结果之间的关系及其作用机制。

二　研究意义

1. 理论意义

目前，国内外家庭旅游研究聚焦于消费行为学视域；而旅游行为中认知心理学的相关研究大多探讨教育旅游，非教育旅游中的学习行为仍待揭示（e. g. Mitchell，1998；Falk 等，2012）；特别是，学界缺乏对家庭旅游者的关注，致使有关家庭旅游中学习行为的定性定量研究均十分匮乏，而对该学习行为过程和结果的特征及其影响因素尚未明晰。因此，从认知心理学视角对家庭旅游的学习行为进行逐步深入研究尤为必要。而本书中对该领域的质性探讨、量表开发和关系研究，能够弥补已有研究的不足，具有一定的理论意义。

首先，本研究在认知心理学视域下，质性探讨家庭旅游学习行为过程和结果主题，有利于从研究对象的本位角度理解其学习行为的特征及义涵，为进一步定量探究家庭旅游学习行为的作用机理提供理论基础，并丰富家庭旅游学习行为的实证研究。

其次，开发出可信有效的家庭旅游学习结果量表，有助于明晰该学习结果的关键因子及特殊内涵，是家庭旅游学习行为定量研究的开端，为开展后续的家庭旅游学习行为关系研究提供必要的理论支持和测量工具，具有重要意义。

再次，探讨个体特征和旅游特征对学习结果的影响，能够进一步深入理解家庭旅游学习行为过程和结果，并拓展家庭旅游学习行为的理论和实证研究；同时，在后续定量关系研究中，解释情境因素对学习结果的影响时，本研究可为选取合适的控制变量提供理论参考和实证支持。

最后，建立"情境因素—学习行为—内在感知"的学习行为关系模型，揭示家庭功能、学习结果和幸福感之间的关系，从而进一步深化家庭旅游学习行为的理论和实证研究，并将社会学习理论、家庭系统理论和积极心理学理论进一步情境化和实证化，因此具有一定的理论拓展意义。

2. 现实意义

蓬勃发展的家庭旅游是国民休闲生活的重要组成部分。而且，家庭旅游者具有旅游学习动机，偏好教育导向旅游产品；尤其是青少年子女的家庭旅游学习成效备受关注（So & Lehto，2007；Carr，2006；Lehto 等，2017）。然而，旅游者、旅游企业以及政府均缺乏对家庭旅游（特别是学习行为过程和结果）义涵的深入理解，以致家庭旅游者无法合理选择旅游产品，家庭旅游市场产品体系有待完善，市场地位有待确立（e. g. 朱生东和杨媛媛，2007）。本研究有助于旅游者、旅游企业以及相关政府部门深入理解家庭旅游对青少年子女的学习和教育作用，为家庭旅游的产品选择、产品体系设计、营销策略、服务管理以及相关政策制定提供理论依据和实践指导，因而具有一定的现实意义。

第一，从家庭旅游者角度。本研究探讨旅游者学习行为过程及结果的内涵，有利于旅游者理解和反思家庭旅游在提升个体认知发展上的深层次意义。明晰旅游特征与学习结果之间的关系，能够引导旅游者选择具备特定旅游特征的家庭旅游产品类型，以获得期望的学习结果。理解家庭功能对学习结果的作用机制，可以帮助旅游者（尤其是家长）合理调整和优化在旅游过程中的家庭互动程度和方式，以加强期望的学习结果。揭示人们可以通过旅游学习而获得幸福感，能够让家长和孩子更加重视和明确家庭旅游"寓教于乐"和"快乐学习"的作用。

第二，从旅游企业角度。本研究探讨旅游学习行为和结果的特征及其影响因素，能够引起旅游企业对家庭旅游者学习行为及其成效的重视，并指导旅游企业从旅游者认知发展的角度出发，找准市场利基，倡导、设计和提供具有针对性的家庭旅游产品体系，从而优化家庭旅游市场营销和管理实践。

第三，从政府角度。本研究剖析家庭旅游者的学习过程和结果，有利于政府深入理解家庭旅游对大众（尤其是青少年）的教育学习意义和作用，从而倡导和促进具有"快乐学习"和"寓教于乐"效益的家庭旅游项目开发。从认知心理学角度解释旅游提升幸福感的作用及其机制，为有关政府部门制定相关旅游政策或提出通过旅游提升国民幸福感的意见提供理论依据。

第三节　研究主要创新点

研究方法上，已有研究大多处于对旅游中的学习行为进行定性探讨的阶段，鲜有开发量表和关系研究；而本研究是从研究对象的本位和客位视角，采用定性定量相结合的研究方法，从质性探讨到开发量表再到关系机理研究，从而形成对家庭旅游学习行为逐步深入探究的系统体系。因此，在该领域的研究方法上实现了一定程度的拓展和创新。

研究内容上，已有的家庭旅游研究聚焦于旅游消费行为，而家庭旅游的学习和教育义涵缺乏关注且尚未明晰；同时，已有的旅游学习行为研究主要关注教育旅游且缺乏定量的关系机制探讨。而本研究是在中国情境下，对家庭旅游中青少年的学习行为进行系列探究，包括：①挖掘家庭旅游中青少年子女的学习行为过程和结果的主题内涵，形成家庭旅游学习行为概念模型，发现家庭、旅游和旅游者三大系统对学习过程和结果的影响，并从学习领域和学习导向两个维度，将家庭旅游学习结果划分为九类以识别其属性和特征，是在认知心理学而不是传统的消费行为学的视域下对家庭旅游行为进行解释，因而为该领域的研究提供新的理论视角；特别地，与家庭相关的学习结果是本研究的特点和重点，是对已有旅游学习结果理论的补充。②首次开发出可信有效的家庭旅游学习结果量表，揭示其家庭意识、个人能力、目的地知识和自我反思四个维度，为进一步揭示旅游学习行为的定量关系及其作用机制提供理论基础和测量工具，同时也将知识、技能和智慧的概念进行整合，实现了学习结果相关理论在特定情境下的重塑和创新；特别地，有关家庭意识的研究结果相较于其他旅游的学习结果而言，是一种理论构念的创新，是由特定的旅游同伴（即家人）形成的特殊情境所致。③基于社会学习理论中的三元交互决定论，梳理出"环境—行为—人"的逻辑研究框架，并引入关键的家庭情境因素（家庭功能）和个人内在感知因素（旅游幸福感），形成家庭旅游学习行为结果的关系模型，实现了社会学习理论在家庭旅游情境下的拓展。④基于家庭系统理论和学习结果相关理论，刻画和证实家庭功能中的亲密度、适应性对旅游学习结果的正向影响，以及沟通在其中的两种调节作用，为解释家庭旅游中的学习行为结果提供了新的逻辑视角，实现了家庭系统理论在家庭旅游学习情境下的拓展；特别地，本研究提出、证实并解释了在沟通的调节作用下，亲密度与家庭功能的二次关系能够在非极端水平下得以实现，是对家庭（功能）系统理论的补充和拓展。⑤基于学习结果相关理论和积极心理学理论，刻画和证实学习结果对旅游幸福感的正向影响作用，为解释提升旅游幸福感的作用机理提供了逻辑上的新视角，实现了积极心理学理论在家庭旅游学习情境下的拓展。因此，本研究的主题内容以及成果结论在该领域的理论和实证研究上取得了一定的创新进展。

第四节 研究设计

一 研究对象

首先,本研究是以家庭旅游者为研究对象。其中,家庭旅游是指,与父/母,或兄弟姐妹、祖父母、其他亲戚朋友,一起进行观光、休闲、度假等旅游活动。因此,本书的研究对象在家庭旅游中至少具有子女的家庭角色。

其次,不同的组织机构和学者对人群的年龄划分略有不同。大致上,12~24岁的人群可被归为青少年范畴。比如,Newman和Newman(2017)将12~24岁人群定义为青少年(Adolescence);一些研究机构,比如Academic Search Premier、SocIndex和Library of Congress Subject Headings,将13~25岁人群定义为青/少年(Youth)。在这段时期,个体在社会认知上经历重大改变和转化,是认知成长、人生观和价值观形成的重要阶段(Newman & Newman,2017)。本研究基于以上对人群的界定,进一步以具有家庭旅游经历的青少年作为研究对象,并选取中学生和低年级大学生为研究样本,主要有以下原因。

第一,已有旅游学习行为相关研究对家庭旅游中的子女缺乏关注;而家长对处于青少年时期的子女具有较高的旅游学习期望(Lehto等,2017)。因此,将此类群体作为研究对象具有一定的社会现实意义。

第二,选择这类人群是因为他们足够年轻,可以清晰地回忆与家人旅游的情景;同时在某种程度上足够成熟,不仅可以理解调查问卷中的问题并有效作答,而且能够围绕访谈问题里的主题进行反思和阐述。

第三,选取中学生和大学生为研究样本,是基于数据可获取性原则而设定。

二 研究方法

先针对现象和实践提出问题,再对以往的相关文献进行回顾,梳理分析国内外研究现状和进展后,提出具体研究问题、研究假设和思路。由于该领域的研究匮乏，为了获得较为深度和全面的信息，拟采用定性定量相结合的研究方法，依次进行质性探讨、开发量表和关系研究。

1. 深度访谈方法

深度访谈是一种向研究对象获得深入而详尽信息的开放式、探索式方法（Easterby-Smith，Thorpe & Lowe，2002），也被认为是获取关于感知、态度等主观认知信息最适合的定性研究方法（Denzin & Lincoln，1994；Finn，Elliot-White & Walton，2000）。由于对家庭旅游者的学习行为的研究十分匮乏，本研究首先通过深度访谈获取目标人群的家庭旅游经历以及其中的学习行为等信息，并录音、转录、翻译而形成访谈文本。

2. 问卷调查方法

首先基于文献研究和质性研究结果，设计家庭旅游者学习行为问卷，包括出游基本信息、学习结果、家庭功能、旅游幸福感、个人和家庭基本信息。其次，实施小规模调研，对设计的调查问卷进行预测试，以初步净化学习结果量表并修缮调查问卷。然后，为了解决共同方法偏差问题，在问卷中设计了标签变量。最后，将修缮后的调查问卷进行大规模发放。

3. 数据分析方法

在子研究一的质性研究中，组建分析小组，运用理论导向的主题分析方法和 Nvivo 分析软件对访谈文本进行分析；而后，将分析结果进行汇总并讨论，据此撰写研究报告。

在 SPSS 和 AMOS 中对子研究二和子研究三的问卷数据进行分析。在子研究二的量表开发中，针对预测试数据，采用描述性统计分析、CITC 分析、信度分析和探索性因子分析对量表进行初步净化；针对大规模正式调研数据，采用描述性统计分析、CITC 分析、信度分析、探索性因子分析和验证性因子分析，生成维度并检验量表的信度和效度；对人口统计学特征和旅游基本特征与学习结果之间的关系分别进行单因素方差分析。在子研究三的关系研究中，采用结构方程模型分析、层次回归分析和 Sobel 检验，对家庭功能、学习结果和旅游幸福感之间的关系进行验证，并加入标签变量予以控制。

三 研究结构安排

本书由六个章节构成，将每个章节的要点总结如下。

第一章是绪论。主要从现实和理论背景提出拟解决的研究问题，阐述研究目的、理论现实意义和创新之处，界定研究对象和范围，介绍拟采用的研究方法、论文框架和技术路线。

第二章是理论基础。对家庭旅游、学习行为相关理论、旅游中的学习研究进行梳理和综述，为后续研究提供理论基础；发现已有研究的不足，明确亟待研究的方向，据此提出三个子研究的研究框架。

第三章是子研究一质性研究。基于文献回顾确定研究方法和内容；而后，对中学生和大学生进行深度访谈，运用主题分析方法从访谈文本中凝练出家庭旅游学习过程和学习结果的主题，并结合以往文献及相关理论对结果进行讨论。此外作为拓展研究，对中国和美国学生的家庭旅游学习行为进行跨文化比较分析。

第四章是子研究二量表开发。首先，基于已有文献研究，界定家庭旅游学习行为及其结果。其次，基于子研究一主题分析结果并参考已有相关量表，设计家庭旅游学习结果问项池。然后，经过两次问卷发放获得预测试和大样本数据，对问项进行逐步净化以及生成维度，从而得到具备信度和效度的家庭旅游学习结果量表。再次，运用方差分析方法，探讨个人特征、家庭特征和旅游特征与学习结果之间的关系。最后，对研究结果进行讨论。

第五章是子研究三关系研究。首先，从社会学习理论中的三元交互论提取出家庭旅游学习行为的关系模型；其次，基于家庭系统学中的家庭功能理论和积极心理学中幸福感理论提出家庭功能、学习结果和幸福感之间的关系假设，形成家庭旅游学习行为研究模型；最后，基于子研究二开发的量表，主要运用结构方程模型和层次回归分析方法对假设进行检验，并对已证实、未证实以及其他发现的研究结果进行讨论。

第六章是研究结论与展望。将三个子研究的结果进行总结，揭示本研究的理论和实践贡献，并针对研究局限展望未来的研究方向。

四 研究技术路线

根据提出问题、分析问题和解决问题的思路，将理论和实证分析、定性和定量方法相结合，梳理出技术路线图，如图 1-1 所示。

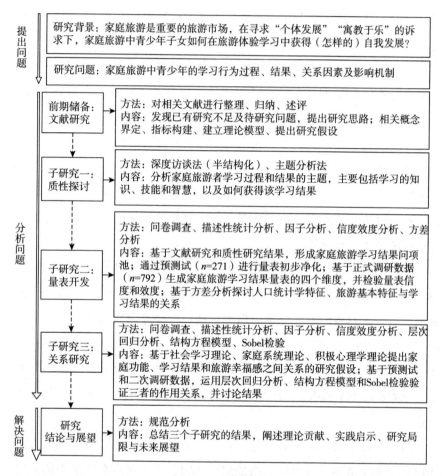

图 1-1 技术路线

第二章

理论基础

第一节　家庭旅游研究

一　家庭

大多数中国学者认为，家庭指两个或两个以上的个体由于婚姻、血缘或收养关系（共同生活在一起）而组成的群体（如王慧媛，2009）。而美国家庭与消费者科学协会对家庭有如下定义：两个及以上的，在一段时间内共享资源、共担责任、具有相同价值观和目标、对他人有承诺的成员（Regensburger，2001）。由此看出，中西方的家庭概念存在一定的差异。中国学者强调对亲缘、法定关系以及生活状态的形式界定，而美国学者侧重家庭成员之间的互动关系内核，即资源、责任、价值、目标以及承诺。笔者认为，形式上的家庭关系无法完全表征家庭内核实质的关系互动。因此，将两个定义结合，将家庭定义为：两个或以上的，一般具有婚姻、血缘或收养关系（共同生活在一起），并在一段时间内共享资源、共担责任、具有相同价值观和目标、对他人有承诺的成员。

表征家庭的基本统计变量是家庭结构，包括家庭中成员的构成（即家庭人口数量）及其相互作用和影响的状态（即家庭模式）两个层面。家庭结构的分类标准很多，比如按配偶的对数、决策权力、传袭系统等。最常见的分类是按家庭的代际数量和亲属关系的特征，分为夫妻家庭、核心家庭、主干家庭、联合家庭、其他形式家庭（徐汉明和盛晓春，2010）。很多学者根据研究需要，对家庭结构的分类有所不同。例如，赖文琴（2000）在探讨高中生的心理健康时，将家庭结构分为传统家庭、核心家庭和特殊家庭；王跃生（2006，2013）对中国家庭结构变迁进行追踪研究，将家庭结构分为核心家庭、直系家庭（二代、三代、四代、隔代）、复合家庭、单人家庭、残缺家庭和其他。

二 家庭旅游的定义

家庭旅游是以家人作为旅游同伴的旅游形式。广义的家庭旅游对出游的家庭成员构成及数量并不作限定，比如王慧媛（2009）认为家庭旅游是"一家人一起进行的观光、休闲、度假等旅游活动"。而"一家人"并不必要是全部家庭成员，可以指一代人（如夫妻、兄弟姐妹）或多代人（如父母与子女、祖父母与孙子女、祖孙三代人）。同时，也有学者细分出"亲子旅游"（刘妍、张欣然和程庆，2015）、"儿童旅游"（冯晓红和李咪咪，2016）、"核心家庭旅游"（郭磊和胡道华，2012）、"代际旅游"（廖小平和郑晓丽，2012）等旅游形式，对特定的家庭成员组合及关系进行针对性研究。

三 国内家庭旅游研究

国内家庭旅游研究始于 20 世纪 90 年代，总体上相对国外研究较少且较浅显，研究主题主要有旅游决策行为（如马莹莹，2009；白凯和符国群，2011）、其他旅游行为及其影响因素（如瞿佳佳，2007；侯莲莲，2014）、产品设计和市场开发（如陆恒芹，2007）。国内家庭旅游主要研究整理如表 2 - 1 所示。

表 2 – 1　国内家庭旅游主要研究汇总

研究主题	研究方法	研究内容及结果
旅游决策行为	问卷调查 描述统计 因子分析 方差分析	**决策内容**：目的地选择、出行时间、出行天数及旅游相关信息收集、出游方式、设计预算、准备行李、采买旅行用品、交通安排、安全因素、酒店选择、活动选择、购物、旅游服务预定等（杨学燕和金海龙，2004；张彩红和张红，2009；殷平和蔡安雅，2010；严艳等，2010） **决策模式**：夫妻共同主导型（殷平和蔡安雅，2010）；夫妻在不同决策阶段、不同决策项目上的决策影响力比较（向文雅和夏赞才，2008）；儿童决策模式（王书侠和沈洋，2012） **决策过程**：外部刺激性输入、内部信息过滤、选出备选方案、购买输出（王红兰，2009） **影响因素**：家庭结构（杨学燕和金海龙，2004；刘昱，2012）；孩子年龄（张彩红和张红，2009；王红兰，2009）；家庭生命周期、个人因素、家庭其他因素（向文雅和夏赞才，2008；王红兰，2009）
其他旅游行为	问卷调查 描述统计	**游前行为**：目的地选择、旅游资源偏好（杨学燕和金海龙，2004；余凤龙等，2016）；旅游动机、旅游信息收集与处理（郭磊等，2013） **游中行为**：出游次数、出游空间分析（杨学燕和金海龙，2004）；空间移动方式、资源与项目偏好、旅游项目支出（郭磊等，2013） **游后行为**：旅游项目和服务评价（郭磊和李田玲，2014）
旅游行为影响因素	问卷调查 描述统计 方差分析 回归分析	**旅游消费支出的影响因素**：人口统计学特征、经济特征和风险偏好（崔庠和黄安民，1995；刘文娟，2017；汤宁滔等，2017） **目的地选择行为的影响因素**：家庭收入、教育程度、家庭乡村性；感知旅游行为控制、旅游行为认同（余凤龙等，2016）
产品设计和市场开发	概念特点 现状问题 开发策略	**营销策略**：针对性的产品组合、合理的价格、市场细分、市场定位（朱生东和杨媛媛，2007）；产品模式分析及选择（罗少燕和武邦涛，2007）

资料来源：笔者整理。

　　可以看出，国内家庭旅游行为的研究内容大多聚焦于旅游决策行为，包括决策内容、模式、过程、影响因素等，以及探讨其他旅游行为的基本特征和影响因素；还有少数学者对产品设计和市场开发进行初步分析。在研究方法上，大多数研究（尤其是其他旅游行为特征和产品开发方面）仍处于较为浅层的描述性统计分析阶段，少量运用方差分析、因子分析和回归分析进行影响关系研究。总体而言，国内家庭旅游研究尚处于初步阶段。从数量上，乏陈可数的相关研究与庞大且发展迅速的家庭旅游市场现状不相符；从质量上，较为浅显的描述性分析和简单的影响因素探讨无法准确刻画及阐释家庭旅游中各利益相关者（旅游者、家庭、旅游目的地、旅游企业等）的特征及关系机理，缺乏更深层次的理论构建及关系模型实证研究。

四 国外家庭旅游研究

国外家庭旅游研究较早且十分丰富，可追溯到 20 世纪 70 年代。在研究对象上，以家庭旅游者层面（即需求侧）为主，少量涉及家庭旅游的企业层面（即供给侧），比如 Brey 和 Lehto（2008）分析了以家庭为主导市场的旅游度假设施的变化。其中，在旅游者行为层面，研究成果最多的是家庭旅游决策。许多学者将家庭旅游的游前、游中和游后行为视作一个消费决策过程，比如 Nanda、Hu 和 Bai（2007）以及 Koc（2004）分别通过定量和定性方法较为全面地分析了在度假产品特征、个人以及家庭特征因素的作用下，丈夫、妻子和孩子分别在决策过程中的角色以及决策行为。国外家庭旅游决策行为的主要研究文献整理如表 2 - 2 所示，研究主题包括决策内容、过程、影响因素、决策参与和影响力、冲突及解决。

表 2 - 2 国外家庭旅游决策行为主要研究

研究主题	研究方法	研究内容及结果
决策内容	问卷调查 描述统计	旅游信息收集、旅游时长、是否带小孩、是否与朋友同游、出游时间、出游时长、交通、预算、活动、住宿类型、目的地选择等（e. g. Jenkins, 1978; Filiatrault & Ritchie, 1980; Litvin, Xu & Kang, 2004; Bronner & De Hoog, 2008）
决策过程	电话访谈 探索性分析 文献元分析	形成需求、目标形成、备选选择、信息搜集、最终选择、出游准备、实践决定、出游体验、出游评价以及经验反馈等阶段。一系列旅游决策的制定顺序和规律（Dellaert, Ettema & Lindh, 1998）；基于消费行为理论、旅游行为理论、决策模型进行理论模型构建（Sirakaya & Woodside, 2005）
决策影响因素	问卷调查 访谈 描述统计 方差分析 配对 T 检验	**个人因素**：能力（Dellaert, Ettema & Lindh, 1998）、西班牙女性的生活方式和价值观念（Barlés-Arizón, Fraj-Andrés & Martínez-Salinas, 2013）、旅行目标（Kim, Tanford & Choi, 2020） **家庭内部因素**：家庭成员（配偶、子女）的需求和意见（Cosenza & Davis, 1981; Moutinho, 1987; Dellaert, Ettema & Lindh, 1998; Kozak, 2010）、家庭生命周期（Cosenza & Davis, 1981; Fodness, 1992）、家庭结构（Cosenza & Davis, 1981; Feng 等, 2013）、家庭互动模式（Wang & Li, 2021）

续表

研究主题	研究方法	研究内容及结果
决策影响因素	问卷调查 访谈 描述统计 方差分析 配对 T 检验	**外部因素**：特别是社会因素，比如官方因素（authority）（Dellaert, Ettema & Lindh, 1998）及放假制度（Peercy & McCleary, 2011）
决策参与和 影响力	问卷调查 访谈研究 方差分析 相关分析 多元回归	**丈夫主导**：丈夫在信息收集、假期长度、预算和住宿等决策方面具有主导作用（Jekins, 1978）；丈夫在大多数决策上比妻子或孩子具有更大的影响力（Filiatrault & Ritchie, 1980）；丈夫在交通相关的决策如车辆驾驶、路线选择、车辆安检和加油等方面决策参与程度较高（Zalatan, 1998）；丈夫在交通相关的决策上占主导（Kim 等，2010） **妻子主导**：妻子在与花费相关的决策中参与程度相对较低，在购物、餐馆选择、信息搜集和行李准备中参与程度较高（Zalatan, 1998）；信息搜集阶段妻子发挥主导作用（Wang 等，2004）；妻子在餐饮决策上占主导（Kim 等，2010） **夫妻共同决定**：夫妻影响力差异存在，但大多数决策是夫妻共同决定（Madrigal, 1994；Tagg & Seaton, 1995；Litvin, Xu & Kang, 2004；Bronner & De Hoog, 2008；Rojas-de Gracia & Alarcón-Urbistondo, 2016）；跟团旅游中，需求形成和最终决策阶段多为家庭共同决策（Wang 等，2004）；夫妻共同决策不显著（Kim 等，2010） **孩子的影响**：孩子在所有决策上的影响力最小（Filiatrault & Ritchie, 1980）；受孩子的年龄以及父母的受教育程度的影响（Madrigal, 1994）；孩子具备一定的影响力，且英国的孩子影响力最小，意大利孩子影响力最大（Tagg & Seaton, 1995）；孩子通过诉诸生理需求（比如进食时间、睡眠需要等）以及与父母协商的能力来影响家庭的决策和旅游行为，且孩子的影响力与满意度之间存在正相关关系（Thornton 等，1997）；孩子在决策制定过程中参与程度并不显著（Zalatan, 1998；Kim 等，2010）；讨价还价、说服、情绪化和请求策略（Yen 等，2020）
决策冲突及 解决	问卷调查 访谈研究 因子分析 方差分析 多元回归等	**冲突类型**：目的地选择冲突激发类型（Kang & Hsu, 2005）；15 项旅游决策（Bronner & De Hoog, 2008）；旅游选择和消费、旅游参与度、行程和父母不文明行为（Yao 等，2020） **冲突水平**：中等水平（Kang & Hsu, 2005） **冲突原因**：代际差异和个人特点（Yao 等，2020） **解决模式和策略**：家庭讨论、信息收集、知识最渊博者代表决定、推迟决定、形成联盟、未来许诺和诉诸权威（Kang & Hsu, 2005）；黄金分割策略达成妥协一致（Bronner & De Hoog, 2008）；协商策略（Kozak, 2010） **解决模式选择的影响因素**：家庭生命周期、冲突水平（Kang & Hsu, 2005）

资料来源：笔者整理。

除了大量的家庭旅游决策研究，也有学者将家庭旅游视为价值共创的过程（Fu & Lehto，2018）。总体而言，其他家庭旅游行为研究还可分游前、游中、游后行为进行梳理。其中较为全面的，如 Minnaert（2015）通过大规模问卷调研，探讨了美国家庭旅游者的旅游行为偏好、旅游阻碍、旅游态度等；同时，移民家庭旅游（Yankholmes，McKercher & Williams，2021）、家庭探险旅游（Pomfret，2019，2021）、家庭旅游中的儿童（Wu 等，2019）也逐渐得到关注。

游前行为研究主要是家庭旅游动机。Carr（2006）认为孩子和父母共同的动机是逃离和放松，父母更多地期望文化遗产和教育导向的度假类型，而孩子倾向于参与娱乐和体育活动。So 和 Lehto（2007）通过访谈方法在对比日本家庭旅游者与同朋友旅游者、独自旅游者后发现，家庭旅游者倾向于学习导向并热衷于参与有助于体验学习的活动。类似地，除了与孩子共度美好时光、创造愉快回忆和补偿的动机之外，Li 等（2017）也提出学习和个体发展的家庭旅游动机。Yun 和 Lehto（2009）采用定性方法针对家庭团聚旅游的动机和类型进行研究，包括加强联络、家庭沟通、家庭适应力以及家庭关系的稳固。Kluin 和 Lehto（2012）进一步开发出家庭团聚旅游动机量表，揭示了该动机的四个维度分别为家庭历史和团聚、家庭亲密度、家庭沟通和家庭适应力，并探讨动机与家庭休闲活动的联系。Wang 等（2018）提出 9 种父母、家庭、自我导向的孝亲旅游动机。

游中行为研究主要有家庭旅游体验活动、时间分配和消费等。体验活动方面，Thornton、Shaw 和 Williams（1997）认为家庭旅游活动项目包括餐饮和小吃、自驾或客车旅游、步行、使用游泳池、参与运动项目、海滩活动、购物、游览景区、酒吧娱乐等；Nickerson 和 Jurowski（2001）发现与父母相比，孩子对旅游目的地更为满意且喜欢购物体验，最喜欢具有参与互动性的活动；Lehto 等（2012）提出七类家庭度假活动，即热爱城市、追求自然、购物、餐饮娱乐、家庭社会活动、户外运动和农事活动。在时间分配上，Tasker 等（1983）探讨了家庭成员在特定活动上花费的时间，例如社会娱乐活动、有偿工作、购物、上学、驾车、组织参与、饮食和无偿工作，并分析了花费时间的影响因素，比如季节因素、城市/农村居住地属性、受教育程度、年龄、职业等。在消费方面，Lawson（1991）分析了家庭成员在旅途中的花费，比如住宿、交通、餐饮、游览、购物、娱乐及其他；而研究进一步表明，家庭生命周期、时间和金钱的限制性因素、人口统计学特征因素（Hong 等，2005）和家庭功能（Lyu, Kim & Bae, 2020）对家庭旅游花费有显著影响。此外，家庭旅游行为和体验还受到其他因素影响，包括家庭结构（Feng 等，2013）以及智能手机的使用（Yu 等，2017）。

游后行为主要是探讨家庭旅游的游后评价以及对个人及家庭的积极作用。少量学者对家庭旅游的游后评价进行探讨，比如，Kozak 和 Duman（2012）提出旅游满意度、重游意愿和推荐意愿受到家人行为态度的影响；Park、Lehto 和 Park（2008）从旅游者视角基于正义理论（Justice theory）探讨家庭旅游服务失败和投诉。此外，许多学者认为旅游等家庭休闲行为能够提升家庭生活质量（e. g. Culbert & Renshaw，1972；Zabriskie & Mc-Cormick，2003），同时对孩子的发展（e. g. Lindahl & Malik，2011；Rahgo-zar 等，2012）、夫妻幸福和亲子关系（e. g. West & Merriam，2009；Durko & Petrick，2013）、家庭功能（e. g. Poff, Zabriskie & Townsend，2010；Townsend, Van Puymbroeck & Zabriskie，2017）和幸福感（Gao, Havitz & Potwarka，2020；Pomfret，2021）具有重要意义。比如，Zabriskie 和 Mc-Cormick（2003）研究表明不同家庭休闲类型（核心型和平衡型）对家庭功能（亲密度和适应力）具有正向影响；Hilbrecht 等（2008）从孩子的视角探讨家庭旅游体验及其意义，认为家庭旅游重在玩乐、新鲜感和熟悉感并存，注重家庭关系的重塑和巩固。特别地，Lehto 和同事通过一系列研究发现，家庭旅游对家庭亲密度、沟通和团结具有积极影响（Lehto 等，2009）；并针对性地探究中国家庭旅游者的得益，包括沟通团聚、共享探索、逃离放松；尤其提到家庭旅游对孩子的体验学习具有重要意义，且中国家长十分重视孩子在旅游中的学习得益（Lehto 等，2017）；而在分析美国家长和孩子的得益时发现，家长倾向于获得身心放松，而孩子并没有显著的得益倾向（Fu, Lehto & Park，2014）。此外，家庭对旅游也能带来正向影响。比如，家人同游对旅游满意度提升具有重要作用（Rojas-de-Gracia & Alarcón-Urbistondo，2020），良好的家庭功能促进旅游幸福感提升（Gao & Potwarka，2021）。

五　家庭旅游研究小结

综观以往家庭旅游研究可知，国内家庭旅游研究在数量和质量上尚有不足，而国外家庭旅游行为研究方法多样、内容丰富。但整体来看，学界主要是将家庭旅游现象视为消费行为（尤其是消费决策行为），基于消费行为学和营销管理学理论进行阐释；而缺乏从旅游者认知需求、个体发展视域，基于人类发展学、认知心理学、家庭系统学等多层次、跨学科的探讨。一般而言，家庭旅游具有明确的增进家人感情、放松心情的目的和作用。但家庭旅游者同样具有学习动机，倾向于选择教育导向的旅游体验项目，能够在旅游中获得学习体验，并且青少年子女的旅游学习成效被中国家长重点关注。因此，家庭旅游本质上的教育作用和意义不应被忽视，尤其是家庭中子女的体验学习过程、结果及其影响机制亟待揭示。基于此，本书将进一步对学习行为相关理论以及旅游情境中的学习行为研究进行综述，以期从个体认知心理学视角探究家庭旅游中青少年子女的学习行为及其影响因素。

第二节　学习相关理论

一　人类发展理论

人类发展的内涵丰富，涉及反映人们创造的教育、历史以及个人的经历、价值观和信仰，描绘和解释人的行为以及智力活动（比如知识的获取和运用、想象力、计划、情绪、解决问题等），并刻画不同人生阶段的变化和发展。因此，人类发展涵盖了学习行为，是人类在环境中不断学习、改变和适应而得以生存和发展的过程。人类发展理论众多，主要阐释认知成长的过程机制和先前经历对之后发展的影响，生理、认知、情绪和社会因素如何相互作用，环境和社会情境如何影响发展，以及生命过程变化发展的方向。Newman 和 Newman（2007）将这些理论进行了归纳梳理，将其分为三个部分：侧重于个体内部因素、侧重于（社会）环境因素、侧重于个体与环境的交互影响的理论。

　　侧重于个体内部因素的理论包括进化理论（Evolutionary theory）、性心理发展理论（Psychosexual theory）和认知发展理论（Cognitive developmental theory）。其中，进化理论以 Charles Darwin 为代表，主张物种通过自然选择和适应环境得以生存、繁衍及进化。性心理发展理论以 Sigmund Freud 为代表，主要运用本我、自我和超我进行精神分析，解释人格的发展。认知发展理论以 Jean Piaget 为代表，提出认知图式理论，重点分析儿童时期的四个认知发展阶段。

　　侧重于（社会）环境因素的理论包括学习理论（Learning theory）、社会角色理论（Social role theory）和生命历程理论（Life course theory）。学习理论体系庞大，包括条件反射、体验学习、信息加工、社会学习等理论。社会角色理论主要描述和解释人们如何根据角色的社会期望进行角色扮演和转换，从而形成自我概念。生命历程理论主要探讨社会变迁对个体生活的影响。

　　侧重于个体与（社会）环境的交互影响的理论包括社会心理理论（Psychosocial theory）、认知社会历史理论（Cognitive social-historical theory）和动态系统理论（Dynamic systems theory）。社会心理理论将社会角色理论、性心理发展理论和认知发展理论的主要观点进行整合并加以创新，认为个体发展过程同时受到内部心理因素以及社会期望因素的影响。认知社会历史理论以 Vygotsky 为代表，认为个体的高级心理机能以及所有的心理过程并非自身所固有，而是通过社会交往过程而产生与发展起来，并受到人类文化历史的影响。动态系统理论将个体发展视作动态系统运作，系统本身具有特定的内部属性，与环境进行交互，个体依据环境需要做出改变以适应。

　　将以上九种人类发展理论总结如表 2-3 所示。其中，学习理论是本研究的关键理论基础，之后将进行更为详细的论述。

表 2-3　人类发展理论概述

理论	研究重点	主要领域	研究方法
进化理论	生物进化	生存；繁衍	动物行为学、在自然环境中观察行为

续表

理论	研究重点	主要领域	研究方法
性心理发展论	精神生活的起源和发展	人格发展、情绪、动机和道德	自由联想、梦的解析、案例分析
认知发展理论	认知的起源和发展	推理与逻辑思维的发展	认知访谈、解决问题的任务、观察
学习理论	刺激—反应链的建立	习得行为、期望、替代学习、体验中获得行为变化	室内实验
社会角色理论	社会构建的角色和角色关系	社会生活中的自我发展	实地调查、访谈、案例材料
生命历程理论	社会和历史时间维上的个体生活	生命历程中的变迁路径	档案数据、人口数据、纵向研究、代际研究
社会心理理论	个体和社会的交互	自我发展的阶段、身份认同、世界观、社会关系	案例材料、剧本分析、自我叙述和人生故事、心理历史学方法
认知社会历史理论	认知的社会和文化基础	认知、语言与思维、潜意识的本质、学习和发展	实验展示、双重刺激法
动态系统理论	复杂系统的功能和变化	新模式的出现（比如技能、认知和社会互动）	数学建模、多维建模、观察、实验

资料来源：译自 Newman, B. M., & Newman, P. R. Theories of Human Development, Mahwah, New Jersey: Lawrence Erlbaum Associates, 2007, p. 13.

二 学习理论

学习理论研究兴起于 19 世纪末到 20 世纪初。虽然 Newman 和 Newman（2007）将其大致归为侧重于（社会）环境因素的理论，该领域研究的侧重点经历了从探讨外部环境因素到内部认知因素再到内外部因素交互作用的变化过程，可分为环境视角理论、认知视角理论和交互视角理论。

1. 环境视角

行为主义学习理论强调环境因素对学习行为的作用，主要有 Thorndike 的联结主义（试错学说）、Pavlov 的经典条件反射、Skinner 的操作条件作用等。该理论主张用"刺激—反应—强化"的逻辑关系来解释行为，即外部刺激使个体习得相应的行为反应，该行为反应在外部的（正向、负向）强化下得以控制学习行为结果。行为主义把观察分析重点放在行为变化上，即如何给予适当输入（刺激）以获得令人满意的输出（反应），认为学习是被动地接受外界刺激的过程。因此许多学者（e.g. Bandura，1969）提出，行为主义单一地研究环境刺激对学习行为的影响，强调环境强化的控制，而忽略了主体内部认知因素的作用。

2. 认知视角

与条件反射和操作条件作用理论不同，认知行为主义理论强调环境刺激与反应的中介变量，即学习者的认知心理活动。Tolman（1948）提出学习者习得的是关于周围环境、奖励系统、目标位置以及达到目标的手段和途径的知识，也就是形成"认知地图"的过程，而不是习得简单、机械的运动反应。根据 Mischel（1973，1979）的观点，行为与六种认知因素——认知能力、自我编码、期望、价值、目标和计划、自我控制策略有关。其中，认知能力包括知识、技能和才智；自我编码是对自我信息的评估和概念化；期望是指对行为能力、行为结果、环境事件意义的预期；价值是个人赋予特定事件结果的相对重要性；目标和计划是行为结果的个人标准以及达到标准所实施的策略；自我控制策略是为控制自己的行为而制定的技术方法。

以 Kolb 为代表的一些学者，从体验的角度解释学习行为的认知过程，被广泛应用于各个实践领域。Kolb 及其合作学者对体验学习的概念、过程、特点、影响因素等进行探讨。Kolb（1984）强调学习的关键在于过程体验，而将学习定义为通过体验的转化而创造知识的过程；并通过分析 Lewin（1946）、Dewey（1938）、Piaget 和 Duckworth（1970）的三大学习模型的异同，总结出体验学习的特征：①学习应被理解为一个过程，而不仅仅是结果；②学习是植根于体验的一个连续持久的过程；③学习过程要求解决适应外界时产生的冲突；④学习是适应外界的整个过程；⑤学习包括人与环境的交互；⑥学习是一个创造知识的过程。Kolb 等（2001）认为体验学习的过程包括体验的获取和转化，并根据获取体验和转化（利用）体验的方式，将学习风格进行分类（Kolb，1999；Kolb & Kolb，2005）。其中，获取体验知识可通过具体经验（concrete experience，CE）和抽象概化（abstract conceptualization，AC）两种方式。前者是通过经验而获得知识，后者是通过阅读或转述而获得知识。转化体验（创造知识）可通过反思观察（reflective observation，RO）和积极实践（active experimentation，AE）

两种方式。前者是通过对获得的体验知识进行主题思考、提出新问题和提出假设以创造新知识；后者则通过实验和行为尝试以创造新知识。据此，形成"2×2"四种基本学习风格，即发散思维型（diverging，CE + RO）、同化型（assimilating，AC + RO）、聚合思维型（converging，AC + AE）和顺应型（accommodating，CE + AE）。而后，Mainemelis、Boyatzis 和 Kolb（2002）通过实证研究进一步将学习风格拓展为九种，分别是初始型（initiating style，AE + CE）、经验型［experiencing style，（AE + RO）＋CE］、想象型［imagining style，CE + RO］、反思型［reflecting style，RO +（CE + AC）］、分析型（analyzing style，RO + AC）、思考型［thinking style，AC +（AE + RO）］、决策型（deciding style，AC + AE）、行动型［acting style，AE +（CE + AC）］以及平衡型（balancing style，CE + RO + AC + AE）。此外，学习风格的分类被应用于诸如教育、医疗、法律等各种实践，主要受到性格类型、受教育水平、职业生涯、目前工作角色和适应能力的影响（Kolb 等，2001）。

一些学者从信息加工视角解读内部认知过程，将学习行为过程分为理解环境中大量信息、分析任务信息以有效完成、制定行动计划和实施计划。而信息加工过程包括注意、短期记忆、长期记忆、处理速度、组织策略和自我矫正（Demetriou 等，2002）。其中，注意可以是通过感官系统对信息的选择和理解产生影响，分为选择性注意和分配性注意；在选择信息后将其进行储存从而获得短期记忆；短期记忆通过多次重复信息、将信息置于熟悉的情境中或将信息与特定的文字和图像联系起来的方式，转变为长期记忆；长期记忆是信息、概念和认知图式的复杂网络，包括语义记忆（关注词语的含义）、事件记忆（关注特定情形和数据）和前瞻记忆（有关未来发生的事件或行动）；在不同时期记忆能力不同，这与大脑神经发展有关；最后，人们采取不同信息组织策略对信息进行保存和提取，在获取新信息后对已有行为进行矫正。

还有一些学者从"建构"的角度分析学习的认知过程（e. g. Dewey，1938；Piaget，1962；Vygotsky，1978）。该视角认为学习的核心是心理图式的构建，即个体的认知过程是吸纳新的知识和经验以构建心理图式，并在新旧图式存在差异时，对原有图式进行重建，从而以个人过去经验、心理构成和信念为基础来建构和理解新知识。

3. 交互视角

Albert Bandura 是学习理论的集大成者和创新者，他将行为主义、认知主义和其他理论进行了整合，从交互视角形成社会学习理论。其中，Bandura（1977）的交互决定论为解释学习行为结果的影响机制提供较为全面的分析框架。它认为个体认知结果是由人、行为和环境这三种因素之间连续不断的交互作用所决定。具体而言，一方面，人的内部因素与行为能作为交互决定因素而相互作用。另一方面，为了讨论简便，Bandura 把人的内部因素及其行为所产生的影响并称为人的因素，认为人的因素和环境因素并不是传统行为理论所理解的两个各自独立的实体，它们都仅仅是一种潜在的性能。环境的潜能只有在特定的行为使之现实化之后才能起作用；而人的潜能也须被特定的环境激发，才能对环境产生作用。因此，行为部分地决定哪些环境因素将产生何种形式的作用，环境也部分地影响哪些行为潜能得以发展和应用，从而人和环境交互影响。

他还将认知行为主义理论和信息加工理论进行整合再创造，认为许多行为并不是通过环境刺激和强化，而是通过观察和模仿而习得，即个体通过观察他人（原型）学习如何实施新的行为。借鉴信息加工理论，观察学习包括注意、保持、行为再现和动机四个组成部分。而若观察者未注意到有关的行为，在记忆过程中示范动作的编码不当，无法保持习得的行为，缺乏能力去行动，或者没有足够的动因，则不能成功习得行为。

此外，针对"人们对行为结果的预期会影响行为"这一认知行为理论观点，Bandura（1982，1989）提出自我效能的概念（即人们对达到偏好的行为结果的自信程度）来解释期待性学习。其中，较高的自我效能有利于获得预期的行为结果，而自我效能建立在以下几个信息源之上：以往成就、替代性经验、语言劝说、情绪触发和情境条件。也就是说，我们观察到他人的成功和失败以及我们获得的鼓励会影响对行为结果的预期，从而影响实际的行为和结果。因而，自我效能的概念明晰了人们如何适应新的社会角色和环境。

三 学习相关理论小结

人类发展理论和学习理论众多，各理论从不同视角对学习行为的过程、结果及其影响因素进行分析。其中，认知视角和交互视角下的信息加工理论、体验学习理论、建构理论和社会学习理论为理解家庭旅游学习行为过程和结果提供理论基础。特别地，社会学习理论中的交互决定论可为家庭旅游学习行为的影响关系研究提供整体分析框架。一方面，学习行为和结果受到所处环境因素的影响；另一方面，学习结果也将对个人的内部感知因素产生影响。

第三节　旅游中的学习研究

"读万卷书，不如行万里路"。古今中外，旅游和教育、学习的关系密不可分。

中国古代的文人雅士在游历祖国河山中感悟人生、探寻真理，写下诸多警言名句。比如，唐代诗人王之涣在《登鹳雀楼》中写道："欲穷千里目，更上一层楼"，既有高瞻远瞩之胸襟，又寓孜孜进取之深意；宋代诗人苏轼在游览江西庐山后悟出"横看成岭侧成峰，远近高低各不同。不识庐山真面目，只缘身在此山中。"（《题西林壁》），即景说理，在旅游中领会认识事物的哲理。

而西方旅游的历史渊源以 16～17 世纪兴起的欧洲大旅游（Grand tour）为开端。作为一项传统，大旅游是为了给欧洲上层社会的青年才俊提供教育机会而存在的，进而逐渐发展为大众的包价旅游形式。Brodsky-Porges（1981）将前人对大旅游的教育哲学意义进行综述，并对此种旅游的动机、参与者和形式进行探讨，表明其动机包括经济贸易、宗教、政治、健康、娱乐和教育等方面；参与者主要有大学组织、美国学生等；行程由专门的向导安排，也有少量独自旅行；目的地有苏格兰、爱尔兰、土耳其、罗马、希腊等欧洲国家，其选择受到经费、宗教信仰、政治等因素的影响；并认为旅游是一种必要的学习途径和受教育经历，甚至比书本知识更具价值和意义。

一 教育旅游与学习

国内有关旅游中的学习研究较少，主要是对"修学旅游""研学旅游""教育旅游"的现状、产品开发、对策（邓宇凡，2004；杨宇，2010）、动机需求（董建英和任丽霞，2016）、教育价值（刘录护和左冰，2010；白长虹和王红玉，2017）和社区影响（张娟和彭华，2011）等进行初步定性定量探讨。

国外有关旅游与学习的研究较多，主要涉及具有计划性学习成效的教育旅游，比如青少年交换项目（e. g. Bachner & Zeutschel，2009）、实地考察旅行（e. g. Katsh，1963；Byrnes，2001）、海外商业实习项目（e. g. Toncar & Cudmore，2000；van't Klooster 等，2008）以及国外留学（e. g. Carlson & Widaman，1988；Brown，2009），并通过定性定量方法探究教育旅游中的学习方式、过程、结果和影响因素。大量研究表明，旅游不仅使旅游者获得预期中的专业知识和实践经验，还能带来与旅游体验相关的认知、态度、行为上的改变。该领域的主要研究整理如表 2 - 4 所示。

表 2 - 4　国外教育旅游的主要研究

研究对象	研究方法	主要学习结果
赴欧洲留学及美国本土的大一学生（450∶800）	对比研究：因子分析、方差分析	留学生对其他文化在态度和感知上的改变：更加关注国际政治、提升对跨文化的兴趣、在文化认知上更具世界主义（Carlson & Widaman，1988）
14 名大学生	质性研究：参与观察、文本分析	通过游前课堂学习准备、游中讨论和反思写作以及游后报告，了解旅游目的地 Costa Rica 的政治、社会经济和生态环境、当地人的生活方式，并获得个人成长（对人生和未来事业发展的观念改变）（Krans & Roarke，1994）
225 名赴奥地利参加暑期班的美国大学生	质性研究：旅行日志、参与观察、课堂讨论、课外非正式访谈、电话访谈	了解目的地知识：较为浅显，因为是团队旅游且停留时间短； 个人发展：获得自信、独立自主、适应能力等； 学习的原因：面对不同的文化和场景，旅行过程中需要处理意外事件或问题（Gmelch，1997）

续表

研究对象	研究方法	主要学习结果
在 Texas 和 California 举办的节庆活动、会议、教育旅行的成年游	质性研究、参与观察、深度访谈、主题分析	学习途径：由学习动机驱动的自我探索；在旅游环境中与他人和其他社会文化的互动交流 学习的影响因素：过去经验和当下的体验；从享乐、愉悦、悲伤和其他情绪中获得的反思能够促进学习 学习结果：与其他游客、当地人和其他社会文化之间的真实体验是最主要的旅游收获；寻找认同和认识自我；深层次的个人转变（Mouton，2002）
2300 名参加教育旅游的国际学生	问卷调查	渴望更多旅行、欣赏其他文化、对学习其他文化感兴趣、文化差异的容忍度、认识自我、获得自信、了解自己的文化（Richards & Wilson，2003）
42 名 EMBA 学生	问卷调查：短期海外学习经历	认知上的学习、情感上的学习/态度改变、总体学习增加、学习效率和效果提高（Paul & Mukhopadhyay，2003）
50 名新西兰海外学生	定性研究：访谈	人际/沟通能力、自信/自尊、跨文化能力、独立自主、技巧能力等（Inkson & Myers，2003）
967 名海外实习生	问卷、相关分析、方差分析	跨文化能力和管理能力，以及文化距离对学习结果的影响（van't Klooster 等，2008）
7 名澳大利亚本科生	质性研究：深度访谈交换经历	相较于度假游客更为真实的参与感（Freeston & Geldens，2008）
在伦敦留学的美国学生	质性研究：半结构访谈（149 名）	对当地文化的观念改变，形成更为复杂的文化观（Janes，2008）
国际交换生及其同学	访谈（15 名）、问卷调查（661 名）	认知、态度、行为上的改变，国际化视野（Bachner & Zeutschel，2009）
150 名英国留学研究生	民族志研究法：体验观察、深度访谈	摆脱文化和家庭的期望，开展自我探索，提升跨文化交流能力，重塑自我意识和文化意识：了解其他文化、改变人生观、独立自主、面对压力、改变价值观、重新审视原来的生活等（Brown，2009）
赴南非短期交流	访谈和问卷：54 名英国学生	能力提升：在新环境中学习、跨文化交流、价值改变（Noveli & Burns，2010）
26 名本科生实践考察旅行	案例研究：七天游轮旅游	体验学习：个人发展（重审个人信仰、价值观和态度）、社区感、专业学习、游轮管理知识和理解（Weeden 等，2011）
24 名短期留学生	质性研究：考察笔记、问卷调查	多元文化视角、专业知识、沟通技能、语言能力、个人发展（独立、勇敢、更好地决策、坚持自我、好奇心等个人反思和成长）（Coryell，2011）
650 名短期海外留学生	行前、行后问卷调查	环境意识增强（Tarrant & Lyons，2012；Tarrant 等，2014；Stoner 等，2014）

续表

研究对象	研究方法	主要学习结果
前人教育旅游文献	文献研究	内部学习：个人成长、人生技能；人际学习：沟通能力等（Liang, Caton & Hill, 2015）
50 名参加海外教育旅游中国青少年	质性研究：半结构访谈	开阔眼界、学习外国学校文化、体验不同的世界、提高语言能力、结交朋友/有意义的互动、个人价值（掌控、未来计划、自主、内涵、归属）（Fu 等，2017）
20 名参加一年欧洲教育旅游的青年	质性研究：焦点小组	通过旅行细节的商议、获得不同的文化信息、见到不同的地方、与其他旅游者交互，影响了世界观、家庭观、自我观念（Roberson Jr, 2018）

资料来源：笔者整理。

二 非教育旅游与学习

通过旅游而获得学习得益是扎根于旅游本质的，即便正式的、计划性的学习并不是旅游的预期结果。Mitchell（1998）提出游戏玩乐、旅游休闲行为中的非正式、非计划的学习（比如学习到什么、学习到多少、如何学习）亟待研究；并通过论述认知心理学角度的认知阶段、认知图示理论（e. g. Piaget, 1962）以及社会情境因素对学习行为的影响（Bronfenbrenner, 1979；Vygotsky, 1978），来探讨旅游中非计划性学习行为的理论基础，以期引发学界对该领域的讨论。Ryan（1998）继而对此进行回应，认为如果将旅游行为理解为停留于表面的无目的性的放松休闲方式则学习行为不存在，但如果将旅游行为理解为舞台展示中的角色扮演则存在学习行为，并提出旅游中的非计划性学习行为的未来研究方向。

目前学界对非教育旅游中的学习行为的实证研究较少，大多探讨旅游的学习结果，相关研究整理如表 2 - 5 所示。

表 2 - 5　非教育旅游中的学习结果研究

研究对象	研究方法	主要学习结果
随父母半课程半旅游的儿童	质性研究、参与观察、定性讨论	获取知识、开阔眼界、学习技能（如解决问题、妥协、合作、忍耐、灵活、数学计算、阅读地图、观察等能力）、培养跨文化感、获得课程内容的实践经验（Byrnes, 2001）

续表

研究对象	研究方法	主要学习结果
372 名背包客	定性定量研究、网络文本、问卷	一般能力：解决问题和思考能力、社交能力、信息获取和管理、学习能力、适应能力、社会和文化意识、资源管理、个人品质（如自信、耐心）（Pearce & Foster，2007）
172 名英国成年人	访谈、问卷	行为、态度、情绪、知识和技能、自信上的影响（Alexander 等，2010）
自助旅游者	量表开发：访谈（21名）、问卷（678 名）	知识和技能：游中能力（适应当地环境、机场和乘机知识、回程物品准备、交通、购物）、游前准备能力（房间预订、行程计划、文件处理、了解信息源）、应激反应能力（处理突发情况、信息备份、文件丢失处理）（Tsaur 等，2010）
中国出境旅游者	理论研究	学习成果的分析框架：没有学习；获得导向意识；获取基础事实；提升技能；有关价值、新观念、对中国社会的反思的学习（Pearce & Lu，2011）
志愿者旅游	理论研究	转变性学习：自我实现（Coghlan & Gooch，2011）
25 名老年人休闲行为	质性研究：半结构化访谈	运用和分享个人能力和经验，互相帮助和支持，增强自我效能和适应力（MacKean & Abbott-Chapman，2011）
笔者本人的旅游经历	个人案例	终身学习：学习语言、地理、历史、建筑、雕塑、宗教、饮食（La Torre，2011）
野生动物旅游者	问卷追踪调查、结构方程	获得野生动物保护知识、对自然环境保护的态度、在环境意识/理念/态度/关注上的改变（Ballantyne 等，2011）
北美大学生出境旅游	问卷调查、方差分析	20 项技能：沟通、开放、自信、决策、一般知识、理解和意识、和谐共处、适应、忍耐、独立、前瞻、资源管理、自我激励、自我评价、解压、体谅、责任、耐心、观察谨慎、关系维护；受旅游经历影响（Scarinci & Pearce，2012）
10 位近期出游者	质性研究：深度访谈	学习体验：比较、自由与弹性、趣味与参与、真实、反思与探索（Van Winkle & Lagay，2012）
30 名低保人群社会旅游	质性研究：半结构访谈、焦点小组	非计划学习和行为改变：反思人生，获得自信和勇气面对生活难题，有关家庭关系、独立和自信的软实力，态度和价值观念的改变（Minnaert，2012）
中国出境旅游者	分析博客、访谈、问卷	基础事实、个人技能和价值观念、对中国社会的反思（Lu，2013）
397 名中国背包客旅游	量表开发：访谈、问卷	个人发展的 5 个因子：适应力、情绪、世界观、技能、自我意识（Chen 等，2014）

续表

研究对象	研究方法	主要学习结果
11个英国家庭社会旅游	质性研究：半结构访谈	知识、技能、态度、制定决策、放松、家庭关系、自信（Bos等，2015）
522名工作假期旅游者	量表开发：访谈、问卷	组织和计划能力、情绪管理、自信和独立、身体能力、社会沟通、从朋友身上学习、了解当地环境、多文化适应力、空间识别、职业能力、维护劳动权利（Tsaur & Huang，2016）
携孩子国内旅游的母亲	探索研究：访谈	内容知识、实践知识、人际技能、个人成长（Stone & Petrick，2017）
野生动物旅游者	关系研究：问卷	环境意识、理解、态度、关心上的改变（Ballantyne等，2018）
中国世界遗产旅游者	关系研究：问卷	获得知识、技能等（Yang & Lau，2019）

资料来源：笔者整理。

由表2-5可知，非教育旅游的学习行为研究涉及出境旅游、背包客旅游、志愿者旅游、自助旅游、老年人旅游、社会旅游、野生动物旅游、遗产旅游等。从已有研究可知，旅游学习结果可归纳为获得的知识、能力以及观念、态度上的变化；不同旅游类型将导致不同的学习结果，说明所处社会情境因素会对学习行为产生影响（Vygotsky，1978），而旅游学习行为受到旅游情境因素的作用；比如，旅游目的地的品牌意识会正向影响旅游学习结果（Yang & Lau，2019）。然而总体来看，该领域的研究（尤其是因果关系研究）依然匮乏，虽然背包客、自助旅游这种较为独立的旅游形式的学习结果研究已进入量表开发的初步定量研究阶段，但其他类型旅游的学习结果研究仍处于质性探索或简单衡量阶段。

特别地，为了给学者分析旅游学习提供一个可信的理论框架，Falk等（2012）沿用Aristotle的将知识（Episteme）、技能（Techne）和智慧（Phronesis）作为旅游中学习结果的三大构念。其中，知识是关于特定情境下系统而普遍的知识；技能指的是与制作、创造和使用有关的技能、常规和技术；智慧是发展和运用到特定情境当中的经验知识。另外，学习结果分为主动学习和被动学习。主动的旅游学习结果包括搜寻相关知识和认识（比如学习旅游目的地知识），主动寻求身体或认知技能（比如高尔夫、冲浪和摄影），主动追求美好的人生（比如有意识地学习符合伦理道德的行为和文化）。被动的旅游学习结果包括意外偶发的知识获取（比如有关目的地知识的意外学习），伴随发展而来的一般技能和技术（比如沟通、组织、解决问题和导航），以及在多变的情境中积累的人生经验（比如自我意识、社会和文化意识）。

除了对学习结果的研究，一些学者借鉴学习理论中的学习行为模型来解释旅游学习行为过程。比如，Coghlan 和 Gooch（2011）运用转化学习理论框架来评估志愿者旅游学习过程的步骤，依次是转化学习发生的前提条件和情境（即深度参与到社会和自然环境中）、遇到困境并感到困惑、对话和反思、达到自我实现的结果、重新融入社会；Minnaert（2012）运用 Kolb 和 Fry（1975）的"学习循环"模型以及 Richards（1992）的学习行为模型来阐述学习过程，包括体验、反思、归纳和测试。另外，除了旅游情境因素之外，旅游中的学习行为还被认为受到个体因素的影响。比如，旅游动机（Pearce & Foster，2007）、学习动机（Yang & Lau，2019）、反思性参与（Ballantyne 等，2018）、旅游经历（Scarinci & Pearce，2012）和文化距离（van't Klooster 等，2008）。

在非教育旅游的学习行为研究中，与家庭旅游相关的研究很少，而以家庭旅游中子女为视角的研究更加匮乏。比如，Byrnes（2001）对随父母在非假期半课堂半旅游的儿童进行质性研究，实质上是半计划学习的家庭旅游；研究发现，孩子在旅游过程中不仅获得课程知识，而且能开阔眼界、培养学习技能和跨文化感。而在社会旅游的学习行为研究中，少数涉及家庭旅游者的研究表明，家庭旅游者除了获得特定的非计划性学习结果外，还有家庭关系方面的得益（Minnaert，2012；Bos 等，2015）。此外，在博物馆教育领域，也有学者对家庭学习进行探讨。比如，Briseño-Garzón（2013）通过访谈在墨西哥博物馆参观的家庭，发现关于家庭成员学习方式和学习结果的三个主题，分别是对此次参观的感知（包括对整个体验的概述、所偏好的展厅/展品/活动等）、教育结果（包括认知及非认知的结果）和家长管教行为（包括学习策略、教育策略、家长的学习观、孩子的学习观、社会情境对学习的影响）。尤其在学习结果中，参与者表示他们有机会了解家人、家庭动态、家庭互动以及他们自己。可见，家庭旅游中的学习过程和模式不仅与旅游情境有关,同样受到家庭情境的影响。Briseño-Garzón(2013)和 Dentzau(2013)还强调社会文化对家庭学习结果产生影响。

三 旅游中的学习研究小结

从已有文献可知,旅游与教育、学习的关系密切,能够给旅游者带来认知、行为和态度上的改变。然而,旅游中的学习行为研究聚焦于教育旅游,而涉及家庭旅游的非计划性学习行为相关研究十分匮乏。因此,应采取质性方法对家庭旅游者的学习行为过程和结果进行深入的探讨。并且,除了旅游这一社会情境因素之外,家庭旅游中的学习行为还会受到家庭情境的影响。因此,须进一步开展家庭旅游学习行为的影响关系研究。

第四节 文献研究总结

由文献回顾可知,家庭旅游行为研究是学界热点,成果丰富。但大多关注旅游消费行为以及旅游对家庭和个人的情感关系的积极影响,而缺乏对个体的自我认知发展(即旅游学习行为)的深入探讨。尤其在家庭旅游情境中,旅游者具备明确的学习动机,偏好教育导向的旅游体验产品,且家长极其重视青少年子女在家庭旅游中的课外学习和认知发展(Lehto 等,2017),因此从认知心理学视域探讨青少年子女的家庭旅游学习行为显得十分重要。

众多学习行为理论能够为解释家庭旅游行为提供理论基础。特别是社会学习理论(Bandura,1977)中的交互决定论,能够为分析学习行为过程、结果及影响机制提供具有解释力的理论框架,即行为结果是环境因素、人的行为因素和人的内部因素三者之间不断交互作用的产物。具体到家庭旅游学习行为中,一方面,学习行为和结果受到所处环境因素(比如家庭系统和旅游系统)的影响;另一方面,学习结果也将对个人的内部感知因素(比如旅游体验感知)产生影响。

旅游能够带来可观的学习结果。然而,在旅游者学习行为的相关研究中,大量聚焦于具有计划性学习成效的教育旅游,而对非教育旅游中的学习行为研究较少。且由于缺乏足够关注，非教育旅游的学习行为研究尚处于质性探索以及开始针对独立旅游者开展学习结果量表开发和极少数关系研究阶段，而以家庭旅游者（尤其是青少年子女）为对象的相关研究尤为匮乏。此外，家庭旅游学习行为还受到家庭、旅游等社会情境因素以及旅游者自身的影响。因此，须以相关学习理论为分析框架，对家庭旅游者学习行为过程、结果及其影响机制进行逐步深入的探讨。亟待研究的内容具体包括：①家庭旅游者能够获得怎样的学习结果；②该学习结果是如何获得的；③如何量化该学习结果以进一步分析影响作用关系；④该学习结果受到何种情境因素的影响及其作用机制；⑤该学习结果对旅游者的何种个体内部因素产生影响及其作用机制。

基于此，本研究将由三个子研究构成。子研究一通过质性研究方法深入挖掘家庭旅游者的学习行为过程及结果；子研究二基于子研究一的成果，开发家庭旅游者学习结果量表，并探究人口统计学特征和旅游基本特征对学习结果的影响；子研究三建立家庭旅游学习行为关系模型，采用子研究二开发的学习结果量表，分析家庭功能、学习结果和旅游幸福感之间的作用关系。

第三章

子研究一：家庭旅游学习行为的质性研究

第一节 引言

家庭是社会的基本构成单位，也是旅游市场的重要组成部分（Fu 等，2014）。家庭旅游在维系家庭关系、促进家庭和谐、增强家庭互动和沟通方面具有积极的作用（Lehto 等，2012）。因此，学界对家庭旅游的决策行为、游前动机、游中体验以及旅游度假对家庭的益处等研究愈发关注（e. g. Hong 等，2005；Kluin & Lehto，2012）。然而，作为一项重要的旅游动机以及评估旅游体验的基准（Stone & Petrick，2013），家庭旅游中学习行为过程和结果仍待揭示。

旅游度假可为个人学习提供一种非正式的情境。在旅游途中，旅游者易于被激发而去观察和学习新鲜事物（Mitchell，1998）。然而，在旅游、休闲和学习的交叉学术探讨中，已有研究大多集中于具有正式学习目的和计划的教育旅游上，包括海外留学和游学项目等（e. g. Freestone & Geldens，2008；Brown，2009；Coryell，2011；Weeden 等，2011），而对非教育旅游中的学习行为研究较为匮乏。

除了旅游度假这一情境，在课外的家庭环境中，家长往往作为教育者而向子女传授过往经验、传承家族历史并达到理解和共识（Ellenbogen 等，2004）。因而，家庭也是一个典型的教育机构，能够对子女的学习行为产生影响。然而，在旅游中的学习行为领域中，以家庭旅游为情境的研究十分匮乏（Stone & Petrick，2013）。因此，本研究旨在探讨在家庭旅游情境下的学习结果及其形成方式，以填补已有研究的不足。

第二节 文献回顾

一 旅游中的个人学习

具有计划性学习成效的旅游被认为是教育旅游，比如青少年交换项目（Bachner & Zeutschel，2009）、实地考察旅行（Byrnes，2001）以及国外留学（Brown，2009）。然而，通过旅游行为而达成的学习获得是扎根于旅游本质的，即便正式性的学习并不是旅游的预期结果（Brodsky-Porges，1981）。许多学者提出，旅游有助于个人发展、获得基本技能以及获取新的视角。比如，Roberson（2003）通过与 8 位老年旅游者访谈发现，旅游帮助他们认识自身个性、外部世界以及日常生活。Minnaert（2012）的研究表明，旅游帮助低收入人群提升软实力，比如独立、自信以及自尊。以背包旅游为例，Pearce 和 Foster（2007）提出旅游中学习到的八类技能：问题解决和思考能力、人际社交能力、信息认知和管理能力、学习能力、适应能力、社会文化意识、资源管理能力、个人属性能力。除了对旅游学习结果的研究，少数学者运用多种学习模型和框架来解释旅游学习过程。Coghlan 和 Gooch（2011）运用转化学习理论框架来评估志愿者旅游学习过程的五大步骤。Minnaert（2012）用 Kolb 和 Fry（1975）的"学习循环"模型以及 Richards（1992）的学习模型来阐述学习的过程。另外，旅游中的学习行为被认为受到旅游动机（Pearce & Foster，2007）、文化距离（van't Klooster 等，2008）和旅游经历（Scarinci & Pearce，2012）的影响。

特别地，为了给学者分析旅游学习提供理论框架，Falk 等（2012）沿用 Aristotle 的方法，将知识（Episteme）、技能（Techne）和智慧（Phronesis）作为旅游中学习结果的三个构念。其中，知识是特定情境下系统而普遍的信息；技能是与制作、创造和实践有关的程序和技术；智慧是将经验知识发展和运用到特定情境当中。此外，他们还强调学习行为及其结果具有高度个人化和情境化的特点，不同旅游情境将导致不同的学习结果和成效。因此，为了更加深度地、真实本位地挖掘家庭旅游者学习行为，本研究首先定性分析家庭旅游者的基本学习结果及其获得方式，再进一步讨论学习结果与情境属性之间的联系。

二　家庭旅游

家庭旅游的研究重点可分为游前决策、游中体验以及游后效益。其中，后两者与本研究紧密相关。在旅游活动方面，Lehto 等（2012）认为家庭度假活动包括感受城市、欣赏自然、购物、餐饮娱乐、家庭社会活动、户外运动等。在旅游时间安排上，Tasker 等（1983）探讨了家庭在社会娱乐活动、购物、驾车、组织参与、饮食等方面花费的时间。在旅游花费方面，Lawson（1991）分析了家庭成员在住宿、交通、餐饮、游览、购物、娱乐等项目上的消费数额。而就旅游得益而言，许多学者认为家庭旅游能够提升家庭生活质量（e. g. Culbert & Renshaw，1972），对家庭亲密度、孩子的发展、夫妻幸福和亲子关系都具有积极影响（e. g. Lindahl & Malik，2011；Rahgozar 等，2012）。特别地，一些研究表明，家庭旅游者具有学习导向动机（So & Lehto，2007），倾向于选择教育导向的度假产品和参与有助于体验学习的活动（Carr，2006；So & Lehto，2007）；并且孩子能够从家庭旅游中获得学习成效，而中国家长也对此十分重视并寄予期望（Lehto 等，2017）。

社会场景是学习行为的重要决定因素（Vygotsky，1978）。事实上，家庭能够为旅游学习提供重要的情境，是个体学习行为过程中重要的支持系统（McMillan & Forsyth，1991）。比如，Ellenbogen 等（2004）发现，家庭能够通过一个由过去经历、信仰、价值观、家庭互动和学习策略组成的复杂系统而对学习行为产生影响。

然而，有关家庭在旅游休闲中的学习行为研究很少，主要以博物馆参观为研究情境。比如，Briseño-Garzón（2013）通过访谈在墨西哥博物馆参观的家庭发现，家庭成员能够从中获得一定的认知教育结果，且家长的管教方式会影响孩子的学习行为。尤其在学习结果中，参与者表示他们有机会了解家人、家庭动态、家庭互动以及他们自己。可见，家庭旅游中的学习行为和结果不仅与旅游情境有关，同样受到家庭情境的影响。

综上，本研究旨在质性探讨家庭旅游中青少年子女的学习行为过程和结果，并分析情境因素的影响作用，为后续定量研究提供理论和实证基础。

第三节　研究过程

由于尚无对家庭旅游中青少年子女的学习现象进行探索的研究，且不存在有效的测量工具。因此，质性研究方法最为适宜。

一　被访对象

本研究共访谈 39 名青少年，他们主要是来自或参访中国大陆东南部的一所大学的本科生和高中生。选择这类人群的原因是他们足够年轻，可以清晰回忆与家人旅游的情景；同时在某种程度上足够成熟，能够反思和阐述访谈问题里的主题。参与者自愿接受并被邀请进行半结构化访谈，没有任何酬金。样本参与者的年龄在 15 岁到 22 岁之间，约一半（19 名）为男性；7 名中学生，8 名大一学生，16 名大二学生，3 名大三学生和 5 名大四学生；大多数学生是独生子女；只有 1 人来自离异家庭。

二　数据收集

在正式全面数据收集之前，研究者对 22 名中国学生进行了一系列预访谈，以精练改善访谈问题并提升研究者的访谈技能。从 2015 年 11 月至 12 月，研究者通过正式的深度访谈进行全面数据收集。被访者在就读或参访的大学校园里被邀请参与研究，比如图书馆休息区、休息草坪、校园长椅等，在征得同意后，共有 7 名中学生和 32 名大学本科生被邀请参与 30 ~ 40 分钟的半结构化访谈。访谈内容在征得被访者同意下全程录音，而后依字转换为文本内容。

被访者被要求回忆一段（或几段）印象最深刻的家庭旅游经历，并反思当时能够学习到的内容。本研究主要借鉴 Falk 等（2012）的旅游学习构念来设计访谈问题，包括三个层面：知识、技能和智慧。然而，这样做的目的并非"引导"被访者按照这三个层面回答问题，而是将访谈问题描述得较为宽泛，从而让被访者有足够的空间进行叙述。访谈问题主要包括："请谈谈你印象最深的一次家庭旅游经历""总体来说，你从此次旅游学到了什么？""你从此次旅游学到了什么知识？是如何学到的？""有获得什么技能吗？是如何获得的？""你对家人和家庭有新的认识和了解吗？是如何了解的？""你对自己有新的认识和了解吗？是如何了解的？"。此外，访谈问题的设计原则是使被访者尽可能自由而详尽地谈论他们的旅游经历和故事，而不是局限于访谈问题结构本身。

三　数据分析

为保证数据分析的信度，由两名研究者依照 Braun & Clarke（2006）提出的理论导向的主题分析步骤（theoretical thematic analysis），基于 Falk 等（2012）提出的旅游学习内容的理论框架，同时并独立分析文本。

第一，两名研究者多次重复阅读 39 份原始数据，标记出与研究主题相关的文本，并摘记下初始构想，为编码做准备。比如，当阅读到"学习到""了解到""意识到""……的知识""……的能力""懂得""感悟""心得"等关键字样时，对相关内容进行确认和划线标记，并简要写下对内容的初步判断或总结。

第二，编码。再次阅读文本、标记和摘记，系统地将整个数据集当中的相关数据内容进行编码。比如，"我爸爸，我学习到他非常喜欢韩国人"和"我学习到，我妈妈在和非常非常熟悉的人一起时会变得更有趣"被编码为被访者在旅游中获得的关于家庭成员的新认识。

第三，生成潜在主题。将之前的编码校对整理，提炼出潜在主题，将所有相关文本数据全部汇总到相应的潜在主题之内。在 Falk 等（2012）的理论框架的指导下，该分析阶段遵循理论导向的主题性分析义涵，我们得出与理论框架一致的三大潜在主题，即知识、技能和智慧。其中，我们发现每个潜在主题是由几个子主题组成。比如，"知识"主题下具有三个子主题：知识——关于目的地、知识——关于家庭、知识——关于自己。在提炼主题的过程中，两名研究者共同讨论并在结果分析中达成共识。

第四，绘制主题导图。重新审视潜在主题，研究者反复判断和检验该主题是否和与之对应的已编码摘录以及整个数据集密切相关，主题之间是否有重叠或遗漏。而后，绘制由相互联系的主题和子主题组成的主题导图。比如在重新审视主题的过程中，我们发现家庭旅游者除了讲述学习到的内容，还提及许多关于如何学习的信息。因此，增加了有关家庭旅游体验学习过程的主题。

第五，定义和命名主题。在该阶段，两名研究者对各个主题进行定义和命名。一名家庭旅游研究专家被邀请作为外部验证者，以确保该分析结果在整体上是有意义的，能从以往家庭旅游研究文献中获得合理解释。若两名研究者在分析结果中出现分歧或不一致，将咨询该研究专家（基于原始数据）以解决争论。

第六，撰写研究报告。三名研究者共同撰写分析报告，选择详细的摘录文本进行阐释，并引用文献和理论对结果进行讨论。

第四节　结果与讨论

经过对文本内容进行主题分析，本研究得出的主题主要涵盖了家庭旅游学习行为的两个方面：①学习到了什么；②如何学习。

一　出游基本信息

大多数被访者同父母或还有祖父母或兄弟姐妹，在暑假、寒假或黄金周出游。39 名被访者中，5 名出境旅游分别去了日本、欧洲、中国港澳和韩国。很多人（23 名）去了中国自然风光类型的旅游目的地，比如湖泊、瀑布（九寨沟）、草原（内蒙古）、洞穴（衢州/建德灵栖）、沙漠（银川）、海岛（海南岛、秦皇岛）和一些中国名山（泰山、黄山），10 名去了一些有名的城市（比如北京、南京、厦门、济南和广州），还有 1 名学生与家人去了文化圣地（山东周至）。

二　学到了什么？

如同之前在研究设计中提到的，学习结果的主题与 Falk 等（2012）理论框架的三个构念一致，即（普遍）知识、（实践）技能和（实践）智慧。

1. 知识

（1）知识——关于旅游目的地

在本研究中，知识是指存在于特定情境中的系统而广泛的信息（Falk 等，2012）。被访者广泛地谈论了接触到的关于旅游目的地的大量信息，特别是关于当地景点、文化、居民和特色美食的。对于大多数人来说，家庭旅游让他们能够首次接触到多样的文化。其中有人说道："就是一个地方的风土人情啊，不一样的体验。厦门感觉生活比较慢，比如在那个岛上，岛上有些店看起来比较优雅小资。"（CN08，男，大二）在访谈中讨论到的家庭旅游往往令人印象深刻，因为这样的旅游经历为个体提供了见识全新生活方式的绝佳机会。而这种生活方式，相较于被访者原生家庭的生活环境而言，是不同寻常且存在差异的。比如，一名和父亲去日本旅游的学生说道：

> 感觉他们有很多不一样的地方……走在街道上的时候，路上往两边走的人还分道。一开始我们没有注意到这个事情，边上会有人提醒说你们应该往那边走，应该走到那条道上。就是一条人行道上也有这种，大家自觉地分的。这样走得比较快，赶着去做什么事情。就这种就比较有意思。还有他们街上没有垃圾桶。因为日本，后来我想一下，日本这个国家没有什么劳动力，也没有人去打扫这个东西，所以只能自己带着，回去固定的地方丢。（CN03，男，大二）

在旅游学习的体验模型上，该学习结果是符合研究预期的，也与 Van Winkle & Lagay（2012）的研究论断相一致。他们认为，学习往往来源于意识到日常生活和旅行中发生情形的差异，例如文化、语言、生活方式和价值观的不同。

大多数学生还提到"开阔眼界"相关内容。比如在被问及有什么收获时，一名和父母去北京游玩的学生回答"肯定一方面就是开阔了眼界，因为之前没有去过……"。（CN12，女，大四）中国学生是视觉、感觉和全面学习者（Heffernan 等，2010），具有更为整体性而非分析性的视角（Kiyokawa 等，2012），因而倾向于通过观察新的地方而获得宏观普遍的而非某一特定对象的知识:"(家庭)旅游最重要的目的是增长见识,去不一样的地方开阔视野,可以让自己以前在一个地方禁锢久了的思想得到解放。"(CN27,男,大二)

以上关于旅游目的地的知识属于基本的事实信息和内容知识,与已有旅游学习研究中出境旅游学习到的"基础事实"(Pearce & Lu,2011)、社会旅游获得的"基础知识"(Bos 等,2015)以及 Stone & Petrick(2017)提到的"内容知识"相类似。这些知识是旅游中获得的普遍知识,获得方式也较为直接和容易。由于是关于旅游目的地的信息,因此受到旅游情境的影响。比如,若旅游目的地的类型是自然资源观光度假型,那么获得的旅游目的地知识可能更多是关于自然风景和地貌;若是城市文化体验型,则可能获得更多有关城市面貌和人文的知识。

(2)知识——关于家庭

获得有关旅游目的地的知识是一项符合预期且重要的旅游学习结果。而由于特定的家庭系统的作用,学习到有关家庭成员的知识是家庭旅游所特有的结果。本研究的被访者详尽地谈论了家庭旅游度假如何有助于他们了解家人以及家庭历史和传统。其中,常见的有认识到家庭成员的个性、兴趣、习惯和态度等。例如,一名被访者通过家庭旅游,在她母亲身上发现了之前所不了解的个性特点:

> 我其实发现我妈是个挺时尚的人,很容易和年轻人打成一片[……]她就说:"你看我们领队挺好的,挺帅,年轻又单身,你多跟人家接触接触"。结果我和那个领队接触什么的,她也不管,挺开明的,我还挺惊讶。因为她以前管得特别严。一下子就放松了,还教我化妆啊什么的。(CN28,女,大四)

另外,对于一些家庭旅游者而言,这段旅游经历之所以如此记忆深刻和具有意义,是因为它让家人之间敞开心扉、共同畅谈人生:

> 那天晚上我们就一直聊天,最后还聊到一个家庭规划的问题,他们就说你快大四了,下一步该怎么走。可能他们在这个旅行之后,就

会聊一些。因为大家比较开心，就敞开话题，聊一些有意义（的想法）或一些规划什么的，他们也会给我一些建议，还挺好。（CN02，男，大四）

为何在旅游过程中，家庭内部能够谈论这些平时不会涉及的话题？这可能和家庭系统的运作模式受到旅游情境的影响有关。家庭旅游对家庭亲密度、沟通和团结具有积极影响（Lehto 等，2009），且能够让家人身心放松（Fu，Lehto & Park，2014），使家人之间变得更加融洽、亲密而无话不谈。因此，旅游能够为讨论家庭秘密或敏感话题（如家庭重要计划）提供较为轻松自如的环境氛围，促进家人之间的多元化交流和互动，从而获得有关家人和家庭的信息。因此，这类知识不仅来源于家庭情境，而且是在旅游情境的激发下产生的。

（3）知识——关于自己

旅游使个体能够有机会去自我发现（Reisinger，2013），而家庭旅游能够触发以及促进个体自我探索的过程。本研究中几乎所有的被访者都提到，在家庭旅游过程中，他们开始产生关于"我是谁/我想要什么"的思考。例如，一名被访者意识到要对母亲更加爱戴，因而"在路上走的时候，我会帮我妈提东西。只是一些小事情。就是和父母在一起的时候，你想要向他们表达你的爱和尊敬"（CN20，男，大二）。有些被访者也表示能够发现自己的一些缺点："我意识到我面对陌生人比较懦弱。并且去欧洲的时候，可能看多了还是怎么，一路就是淡淡的那种。我妈就觉得带你出来玩，一副死水的样子。这样的性格并不太好……"。（CN16，女，大一）

获得关于自己的知识是认识自己的第一步，以此为基础可以激发更深层的有关自己和外界的认知探索。尤其在家庭旅游情境中，除了受到旅游情境的刺激外，学习者还可以从家庭系统内部获得了解自己的机会（Briseño-Garzón，2013）。比如，通过与家人进行比较了解家人对自己的看法等。

2. 技能

（1）社交沟通能力

技能指的是与制作、创造和实践有关的程序和技术（Falk 等，2012）。

本研究中，被访者表示各种对未来持续有益的技能得到了提升。其中，最多被提及的是人际和社交技能。对大多数去海外旅游的学生而言，除了提高外语水平［"我的英语能力好一点了，我懂了更多的英文单词。"（CN13，女，大二）］，他们也谈论了旅游经历教会他们如何在面对陌生人时泰然自若：

> 因为（除）爸爸妈妈以外，其他都是陌生人，也不可能一直是和爸爸妈妈说话，会学会和其他人交流。不一定是那种很有内容的交流，也会有那种，我找谁拍一下照片。如果同一个旅游团，虽然不会聊得很深入、去了解对方，但是能够走过去相互认识有个伴……这让我（的）人际交往能力有所增强。（CN19，女，大一）

以上技能的提升在于，旅游者与家人以及旅途中遇到的形形色色的人之间的沟通能力得以强化，因而相应地受到在家庭和旅游情境中的社会交互程度和形式的影响。由于旅游过程中往往存在较新颖而多样的社会交互，社交沟通技能属于一般旅游所得的普遍技能，并在大量旅游学习研究中被证实（e. g. Scarinci & Pearce，2012；Tsaur & Huang，2016）。而较强的沟通能力和对文化/个人差异的容忍度，能够增强个体适应环境的能力。因此，在旅游中陌生环境的刺激下，旅游者的适应能力也是本研究得出的一个重要的学习结果主题。并且，同社交沟通、文化容忍度一样，适应能力在 Pearce 和 Foster（2007）对背包客的研究以及 Tsaur 等（2010）对自助游者的研究中均被提及。正如一名被访者反映："我能够适应各种不同的情形，因为我在不断地走来走去，还去了不同的学校。我认为这帮助我去适应我去的任何地方，特别是适应大学生活，现在我觉得我一切都安顿得很好。"（CN34，男，大一）

正如 Kolb（1984）所认为的，学习过程要求解决适应外界时产生的冲突，是一个适应外界的过程，包括人与环境的交互。事实上，在旅游情境中的交互过程也会受到家庭情境影响。比如，家人能够予以鼓励和支持："我胆子比较小，说话声音不大。我妈就说我，要多去和别人交流啊什么的……这一路被她说的吧，我就学到很多东西。"（CN29，女，大四）这与 McMillan 和 Forsyth（1991）的观点一致，即家庭是个人学习的支持系统。

（2）独立能力

另一个相关主题是被访者的独立能力得到提升，即便是在家人陪同出游的情形之下。与之相关的是旅游者能够获得实用技能、身体能力和解决问题的能力，为在未来生活中能够独立自主奠定基础。

旅游度假过程中学习到的实用技能有很多，包括被访者在回忆中提到的导航定位、驾车、划船和钓鱼的技能。这些是通过在旅游中的亲自实践而获得的技能，与 Stone 和 Petrick（2017）提到的"实践知识"类似。同样，许多被访学生在旅途中完成了极具挑战性的野外徒步或是登山项目；从而，同 Tsaur 和 Huang（2016）对工作假期旅游者的研究结果一样，身体能力也得到提升。其中，一名学生提到他逐渐意识到他的意志力得以增强："怎么说呢，就像是，知道怎样保持一个适当的登山节奏，保存体力，所以我从中得到了锻炼。"（CN11，男，大一）另一名学生回忆家庭旅游经历，当他"必须在野外露营，（所以）我们有很多事情需要做。我们还自己给自己做饭吃，因为我们可以租这些设备，这还不错。"（CN06，男，大二）这些特别的经历让被访者认识到自己的极限和不足，同时学习到未来成年后在相似的环境下得以独立自主、自我保护的能力。

另外，许多学生在该研究中最常提到的是获得解决问题的能力。这种能力在旅游（包括家庭旅游）中十分必要，特别是遇到紧急或突发情况时。例如，"我学到如何处理意外事故"（CN11，男，大三）；"但是现在我从家庭旅游中学到，（你可以学到）如何去应对突发事件"（CN18，女，大二）。由于陌生环境的不确定性，在旅游过程中难免发生需要处理的事件，从而解决问题的能力得到锻炼（e. g. Byrnes，2001；Tsaur 等，2010）。因此，以上是在旅游中陌生情境的刺激下，通过应对新奇或突发的特定情况而获得相应的独立能力。

（3）家庭相关的能力

之前提到的技能是外源导向、从旅游情境中获得的。还有一些技能来源于家庭情境，与家庭亲缘紧密相关。家庭相关的能力同家庭相关的知识一样，是将家庭旅游区别于其他旅游的一项特殊学习结果。旅游中的家庭互动能够对学习行为产生影响（Briseño-Garzón, 2013），不仅使旅游者获得与家庭相关的信息，同样也能让其提升与家庭相关的能力。

这些技能包括扮演家庭角色的能力［比如，"我会尽力去保持家庭的平衡，而不是像小时候一样去惹麻烦"（CN15，男，大二）］，妥协容忍他人的不足和对家人有足够耐心［比如，"我明白老人很容易觉得累，很难走得快……所以我学到你应该有耐心，就是去关心你的家人"（CN08，男，大二）］以及在需要的时候照顾家人的能力。就最后一项能力而言，一名被访者表示在旅途中学会替妈妈分担："她说'早上你不起，还得我把箱子都打包好'什么的，说了我一顿。然后我第二天开始，就早上起来把水烧上，装箱子收拾好什么的。"（CN29，女，大三）

以上能力主要来源于家人之间的互动，因此受到家庭情境中互动程度和形式的影响。比如，如果是以孩子为中心的家庭，那么这个孩子并不能习得照顾家人的能力；反之，如果出游成员中有家人（特别是老人）需要照顾，那么孩子能够通过观察或者实践习得照顾家人的能力。

（4）旅行相关的能力

另外，被访者详尽地谈论了获得的各种旅行相关的技能，比如制定旅游计划、整理打包行李、购票乘车和使用地图等。例如，"我们出去玩了很多天。我怎么能把这么多东西装进行李箱呢……我现在特别会打包行李。"（CN05，女，大三）"应该说我的买车票能力增强了。因为在（欧洲）那边火车票、公交车票都是自助的，都没有人。你需要自己找到机器，还要自己查车次，那边没有售票员、检票员，站台也不明显，很容易错过。"（CN16，女，大一）该结果与 Tsaur 等（2010）发现的自助旅游者获得的旅前、游中能力（比如机场和乘机知识、行程计划等）结论相一致，旅游者在旅游之后对旅行的基本流程和技能逐渐熟悉和掌握。除此之外，值得一提的是，还有一些被访者倾向于认为，家庭旅游中的旅行技能提升程度比其他形式的旅游更小，因为"父母在负责整个旅行"（CN11，男，大一）。这与已有家庭旅游决策行为研究结果相符，即大多数家庭旅游决策是父母主导，而孩子的主要影响力较小（e.g. 殷平和蔡安雅，2010；Kim 等，2010；Rojas-de Gracia & Alarcón-Urbistondo，2016）。这种情况下，一方面，孩子可以通过观察他人的行为而习得（Bandura，1977）；

另一方面，需要通过亲身实践而获得技能，比如制定合理的计划、打包行李。

以上能力主要来源于旅游情境中的基本流程，因而受到旅游形式的影响。比如，自助游者比跟团游者能够习得更多旅游计划安排方面的能力。同时，也会受到家庭情境的影响，比如子女对父母的依赖程度以及父母的管教方式。若子女过度依赖或父母过度溺爱，那么子女并不能习得更多需要通过亲身实践而获得的能力。

3. 智慧

就过程来说，智慧是有关实践经验知识在特定情形中的应用和发展（Falk 等，2012）。这并不仅仅有关做正确的事，还包括用合理的方式、具备合理的理由和合理的时间（Saugstad，2005）。从内容来说，智慧是对真知和本质的追求，是在构建经验内涵中逐渐形成的认知、反思和情绪（Ardelt，2003）。在旅游过程中，人们会经过反思和探索（Van Winkle & Lagay，2012）形成价值观念（Pearce & Lu，2011）以及态度和情绪（Alexander 等，2010）上的改变。那么在家庭的附加情境下，家庭旅游似乎也能够促进旅游者在深层次认知上的提升和发展。特别是，与家人出游的经历促使被访者反思家庭在人生中的意义和重要性，以及每个人在家庭中的作用和职责。许多被访者回忆表示，家庭旅游是他们开始懂得家庭的价值并欣赏和感激家庭的开端。例如，在家庭旅游经历中学会尊敬和照顾长者的一名学生，如是说道：

> 那时候，我爷爷的身体状况不是很好。我当时很小，什么都不懂，所以我经常会跑到他前面走，他在后面跟着我。然后我姑姑来了就会用手扶着我爷爷。到我们回到家的时候，我爷爷就告诉我说，你看，你姑姑就知道怎样尊敬老人，知道老人不能走很快。从那以后，他也没要求我做任何事情，但是我想要表现出我的尊敬，这是他教给我的，所以我会试着去扶扶他。（CN07，男，大一）

本研究中另一个明显的主题是，家庭系统的均衡、亲密度以及家人之间的互相理解在家庭旅游中得到增强。一般来说，旅游能够使家人变得更亲近（Lehto 等，2009），从而促进相互了解以及家庭的安宁平和（Briseño-Garzón，2013）。其中，一名被访者在描述中提到，"家庭旅游能够在短时间内增进亲情，我可以感受到很多父母对我的关爱，我的父母很相爱，这很棒！"（CN15，男，大二）此外，有关家庭意义的反思也使被访者思考他们与外在世界的联系："通过在一起旅游，我和我父母住在一起，我感到和他们更加亲近。就是我能感觉到我自己的改变。在我和父母变得更加亲近之后，我发现我对其他人也更加温和些。"（CN26，男，大二）由此看出，家庭关系的加强转化为与他人的关系在某种程度上的改善。

家庭旅游经历也可作为后续未来决策的跳板。许多被访者谈到，家庭旅游有利于他们理解旅游在他们成年后人生中的意义，会影响未来的重要决策。一些被访者还基于家庭旅游经历，做出去哪里读大学的决定，如下阐述："我小时候最大的收获就是让我觉得外面的确是有更大的世界、有更多的东西在等着我，所以在做决定考大学的时候，我会选择和接受来更远的地方上学，以后可能会（出国）。"（CN12，男，大四）"其实就那几天出国旅游我才决定要出国读书的。因为（本来）上中国传媒也行了。当初旅游的时候才发现你的眼光不一样，人的气质会不一样，要么读万卷书，要么行万里路，身体和心至少有一个在路上。"（CN33，女，高中）这些表达和描述证实了"成长旅游"（Saunders 等，2013）的概念，即在童年和青少年时期能够诱发重大的认知发展变化以及部分地决定未来行为的旅游经历。由此看来，积极的家庭旅游经历能够被看作有利于儿童和青少年认知发展的活动，和社会旅游一样会影响旅游者制定重要决策（Bos 等，2015）。

家庭度假旅游促使人们反思和欣赏人生："不要给自己太大的压力，应该在需要的时候放松自己"（CN21，女，大四）；"每次我旅游完回到家，我觉得我的人生真的很美好。我应该珍惜我所拥有的一切"（CN27，男，大二）。这一观点在他们表述从家人身上获得人生建议以及遇到困难或冲突时表现得尤为显著。例如，一名被访者讲述了他和家人在济南旅游时意外走失的惨痛经历，从此他"学到我应该听老人言"（CN07，男，大一）。"应该听从长辈的教诲"是被访者在谈论家庭旅游学习内容时的一个普遍观点阐述。这可能与扎根于儒家思想的家庭文化有关，大多数人认为晚辈应该遵从长辈（Mok & DeFranco，2000）。此外，一些旅游学习相关研究也表明，旅游具有转变旅游者人生观和世界观的潜力（Tsaur 等，2010），对关系、自我、过去经历、旅游目的地与家庭环境差异的反思是度假旅游的普遍内容和学习要点（Van Winkle & Lagay，2012）。

以上智慧是在旅游和家庭环境的刺激下，通过个人的理解、领悟、反思等内部认知过程而产生的，是旅游、家庭和个人交互作用的结果，因此受到三者的影响，比如旅游目的地类型、家庭互动模式、个人的认知能力等。

基于以上分析，为简明起见，将家庭旅游者的学习结果总结如图 3-1 所示。学习结果分为三个领域——知识、技能和智慧，具体包括有关目的地、家庭成员、家庭传承以及自己的知识，社交沟通、独立自主、旅行以及家庭相关的技能，还有关于家庭意义、家庭和谐、旅游对未来决策的作用和欣赏人生的智慧。

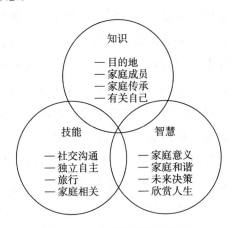

图 3-1 家庭旅游学习结果

三 如何学到?

学习不仅仅是结果，也是过程（Falk 等，2012）；且学习过程受到多种社会情境因素的影响（Vygotsky，1978）。因此，理解家庭旅游中的学习情境十分重要，包括从何人身上习得以及在何种情况下习得。

1. 从何人身上习得

首先，从家人身上习得。正如前文提到，一名学生在旅游中和姑妈学习到如何关爱老人和长辈。由此可知，被访者能够通过观察家人的行为从家庭成员身上习得知识、技能和智慧。而且，许多被访者反映，"和比你年长的家人以及比你年幼的家人一起旅游，能够帮助你拥有更多的视角"（CN28，女，大二）。如此，家庭旅游，尤其是多代家庭旅游，可以提供一个非正式情境使学习行为以随性的方式产生。另外，一些参与者还表示，家庭成员在旅途中变得"更加开放"、"更为自由"、"更少受限"和"健谈"，从而可以通过更多更深入的交谈和分享，互相习得知识、技能和智慧。特别是在家庭重聚的旅游中，家中的长者常常喜欢和晚辈分享家族往事和人生经验："我爷爷会告诉我们，你们应该去自然环境好的地方。你们有时间的时候应该回归大自然，大城市的环境并不好……"（CN01，女，大三）这与 Ellenbogen 等（2004）的观点一致，即家庭成员能够通过家庭互动分享过去经历、信仰、价值观，进而对学习结果产生影响。

一些被访者更多的是通过实际互动从家人身上获得学习结果。例如，一名学生在同家人旅游中学会钓鱼技能［"那是一次很好的学习体验，就像是，我们中的一些人并不是很擅长钓鱼，而一些人很在行，所以，你们可以在一起做同一件事"（CN04，女，大一）］。在某些情况下，家庭成员还担任更为正式的老师或者导游的角色让家庭中的孩子了解旅游目的地，尤其是有关知识的学习。比如，一名学生的爸爸喜欢带他认识名胜古迹上的文字，一路给他介绍当地历史人文（CN20，男，大二）。此外，在遇到困难时，家人还能成为最有力的精神支柱："因为我们回去的时候很晚了，没有车了……大概走了一两个小时，就走了好久。我就一直在抱怨因为很累很累。然后我爸就一直说要坚持一下……还让我明白遇事不要太着急，慢慢来就可以。"（CN14，女，大二）以上从家人身上学习的情形与 Mc-Millan 和 Forsyth（1991）的观点一致，即家庭能够为个体的学习行为提供重要的支持系统。

另外，尽管是一个不那么显著的主题，在家庭旅游过程中从家人以外的其他人身上的学习也经常被提及。比如，从其他旅游者身上习得社交技能，从导游身上习得目的地相关的知识以及从当地人身上习得语言能力。由于并不是家庭旅游所特有的，这些旅游学习结果与之前关于国外修学和背包旅游等的部分研究结果相一致（e.g. Fu 等，2017；Pearce & Foster，

2007）。因此，作为一个能够促进正式和非正式学习的特定情境，家庭旅游并不排除其他旅游情境下的一般学习模式。

2. 在何种情况下习得

首先，被访者提出许多学习发生在制定旅游计划的过程中。在游前阶段，参与者需要和家庭成员协调旅游时间以及确定大家都感兴趣的行程安排。由此，他们能够习得家庭成员的兴趣偏好以及计划技能："我们花了一天时间来为全家人打包行李，所以会有计划和管理相关的技能"（CN28，女，大二）；"我觉得我学到了，比如我没有计划这次旅行，但是我看到我父母是如何去做的……所以我的意思是，我学会了怎么去做"（CN08，男，大二）。

其次，参与者在旅游过程中，能够通过和家人参与共同活动以及一起体验新鲜事物来习得。例如，户外活动的技能（如登山、露营等）以及与旅途相关的技能（如购买火车票、砍价技能等）是在与家中长者（父母、祖父母）一起参与的过程中习得的。还有许多参与者认为，当需要照顾家人（比如家中的长者）或者克服困难时，他们获得重要的人生历练。比如，一名参与者分享到，在一次游览洞穴的家庭旅游中，他在父亲的影响下最终克服了自己的恐惧："刚开始我特别害怕，但是后来我还是走进去了。那对我来说意义重大……他（父亲）对许多事情都很好奇。我只是想和他一样。"（CN32，男，大二）另外，有许多受访者讲述在旅途中一家人共同处理意外事件，从而获得学习感悟。正如一名同父亲去厦门旅游的学生说道：

> 因为所有人通常在家有自己的事要做。比如，我爸要去上班，我要去上学。我们基本上没有时间坐下来互相交流。但是，出去旅游遇到一些困难的时候，他不能一个人解决，或者我不能一个人解决，这个时候，如果另一个人能提供一些帮助，那么你就会觉得有家人在身边真好。（CN27，男，大二）

最后，旅游学习并不因为旅行结束而立即消失或停止，有一些被访者提到，旅游在他们未来生活的实践和决策中产生影响。比如，在前文中提到家庭旅游影响了他们对大学或未来生活方式的选择："我在选择大学的时候，我决定去一个离家很远的城市"。（CN33，男，大四）此外，还有被访者提到在回归原来生活后会回忆和反思，比如在有关智慧的学习结果部分提到，一位学生在游后开始反思自己的人生和所拥有的生活，认为"生活美好，应该珍惜"（CN27，男，大二）。

基于以上分析，为了更为直观地理解家庭旅游学习行为，将学习来源、学习过程和学习结果进行整合，得到家庭旅游学习行为概念模型，如图3-2所示。总体而言，家庭旅游中的青少年子女能够从家人、导游、当地居民和其他游客身上，通过观察、沟通和互动的方式，在游前制定计划和整理准备、游中共同参与活动、共同体验新鲜事物、与家人互相照顾和处理突发事件，游后影响未来决策和回忆反思中，获得相应的知识、技能和智慧。

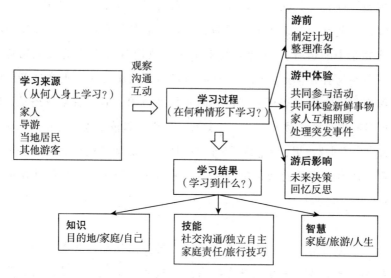

图3-2 家庭旅游学习行为概念模型

第五节 结论

经过深度访谈和主题分析，本研究对家庭旅游中青少年子女的学习行为进行初步探索。

首先，本研究揭示了家庭旅游学习结果的三个主题。与 Falk 等（2012）提出的理论框架基本一致，学习结果的三个领域分别是知识、技能和智慧。大多数被访者基于特定的家庭旅游经历提到有关目的地、家庭和自己的知识。他们也获得社交沟通能力、独立自主能力、家庭相关能力和旅行技能等。而有关家庭、旅游和自己的智慧也显著体现在学习结果的主题中，比如认识到家庭的意义、家庭和谐的重要性、旅游对未来决策的影响，反思自己的人生等。

其次，本研究进一步探究了家庭旅游中学习的过程。纵向来看，家庭旅游者从家人、导游、当地居民和其他旅游者身上，通过观察、沟通和互动的方式，分别在游前、游中和游后的特定情形下习得相应的知识、技能和智慧。在游前准备过程中，旅游者能够学到制定计划和打包行李等技能；在游中体验中，通过和家人共同参与活动、共同体验新鲜事物、相互照顾、处理突发事件而获得学习结果；游后通过影响未来决策和在回忆反思中得到认知提升和发展。

横向来看，基于 Bandura（1977）社会学习理论中的三元交互论，家庭旅游学习其实是家庭、旅游和旅游者三个系统之间不断交互的过程和结果。在交互作用中，家庭系统为旅游学习提供重要场景，同时也为旅游者学习行为实施提供情感和物质支持；旅游系统为旅游者学习行为提供体验和行为环境；而旅游者自身的特质差异也直接决定学习行为的形式和内容。因此，家庭旅游中的学习结果必然受到以上三个系统因素的影响，分别形成家庭相关学习结果、旅游相关学习结果和个人相关学习结果，其中，家庭相关学习结果是家庭旅游区别于其他旅游的一大特征。三个系统具有不同特征，家庭系统的基本特征包括家庭结构、家庭收入和家庭关系等；旅游系统的基本特征包括旅游目的地类型、旅游时间、旅游时长、旅游方式、旅游活动和旅游同伴等；个体特征包括性别、年龄、职业、文化水平、收入、旅游动机、能力、性格、情绪、态度等。以上特征都将对相关的学习行为和结果产生影响，而三者的重叠部分即交互作用下的家庭旅游者学习结果。家庭旅游学习的三大系统如图 3 - 3 所示。

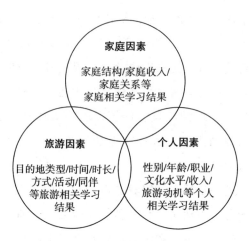

图 3-3 家庭旅游学习的三大系统

　　在三大系统的作用下，可将学习结果根据主要影响来源不同，分为家庭、旅游和个人导向。但事实上，每种学习结果并不仅仅受到某个单一系统的作用。比如，获得家庭相关知识，仍然需要在旅游场景的推动下，再经过个人认知过程来完成。而将学习结果进行三个导向的划分，是为了理解其基本属性和特征。

　　结合学习结果的三个学习领域和三个学习导向，可进一步将学习结果分为"3×3"九种类型，以便理解学习结果的内涵，如图 3-4 所示。家庭—知识是与家庭相关的基本事实信息，比如家庭传承，家人的性格、观念和态度等。家庭—技能是与家庭相关的能力，比如承担家庭责任、照顾家人等。家庭—智慧是与家庭相关的认知和反思，比如意识到家庭和谐的重要性、家庭的意义等。旅游—知识是与旅游相关的基本事实，比如目的地知识、旅行基本知识等。旅游—技能是与旅游相关的能力，比如整理行李、计划行程等旅行技能。旅游—智慧是与旅游相关的认知和反思，比如旅游对未来决策的影响等。个人导向是在旅游和家庭的环境作用下激发形成关于自己的学习结果。个人—知识是与个人相关的知识，比如对自己性格、爱好的了解。个人—技能是指体现个人品质的能力，包括自信、自我控制等。个人—智慧是指对自己的过去、现在和未来的审视和反思，包括对自己性格、能力的反思等。除了以上具有主要系统相关性的学习结果，还有同时受到几种系统主要作用的学习结果，包括"家庭—旅游"学习结果、"家庭—个人"学习结果、"旅游—个人"学习结果、"家庭—旅游—个人"学习结果。这些结果的内涵和形成作用机制也更为复杂。

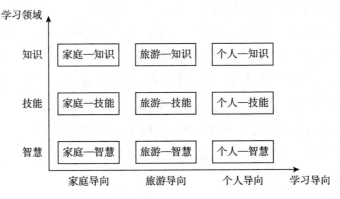

图 3 - 4　家庭旅游学习结果类型

　　综上，本章的研究结果能够丰富家庭旅游行为、学习行为等相关研究，为家庭旅游市场的管理实践提供理论借鉴。同时，本研究存在一些有待思考的不足。第一，尽管本研究试图全面理解青少年家庭旅游者在旅游中的体验学习，但由于学习结果的高度个性化，研究样本仍然无法完全展现总体人群的学习过程和结果。第二，本研究虽讨论了旅游和家庭情境对家庭旅游学习结果的影响，然而具体的影响机制仍待进一步深入量化研究。因此，后续研究将聚焦学习结果，将其作为家庭旅游学习行为的表征变量进行量化（即开发家庭旅游学习结果量表），以便进一步定量研究学习行为与家庭关键变量（如家庭沟通、家庭亲密度、家庭适应性等）、旅游关键变量（如旅游动机、旅游满意度、旅游幸福感等）之间的关系。

第六节　拓展研究：家庭旅游学习行为的
跨文化对比分析

一　引言

　　Falk 等（2012）提出了学习的三个构念，即知识、技能和智慧，还认为旅游学习行为是高度个人化和情境化的。除了旅游和家庭因素外，与之相关的是文化背景对学习行为的影响（Briseño-Garzón，2013）。中国的文化深深地扎根于重视家庭和谐高于个人利益的儒家思想（Mok & DeFranco，2000）；然而北美文化强调的是个人主义，提倡个人素质发展高于大众教育成就（DeFrain & Asay，2007）。而且，大量实证研究表明中西文化差异也体现在学习行为上，比如学习动机（Niles，1995）、学习方式（Joy & Kolb，2009）以及学习策略（Joy & Kolb，2009；Heffernan 等，2010）。因此，在前文中国青少年家庭旅游中的学习行为质性研究的基础上，本部分将补充文化差异相关文献研究以及与美国大学生的深度访谈，重点探讨家庭旅游者学习行为过程的跨文化差异，为提升中西方家庭旅游者的学习体验提供理论借鉴和实践指导。

二　文献综述

1. 美国与中国的家庭价值观

尽管美国文化强调个人主义，但在美国人的思想意识中家庭仍然具有积极的意义（DeFrain & Asay，2007）。根据美国家庭与消费者科学协会1975 年的界定，家庭是两个及以上的，在一段时间内共享资源、共担责任、具有相同价值观和目标、对他人有承诺的成员。Louis Harris 和该协会在 1998 年开展了一项美国人家庭观念的调研，发现约一半美国人认为家庭为着"相互关爱、照顾及支持"，略超过 1/3 的人认为"能够明辨对错，拥有正确的价值观"对一个家庭来说至关重要。仅少数人从传统核心家庭角度来定义家庭价值观。这可能是因为近来家庭的传统概念在发生改变，比如新的家庭生活安排（Farrell，VandeVusse & Ocobock，2012）、平等伙伴关系和生育率反弹（Cherlin，2016）、家庭人口结构的改变（Seltzer，2019）。

同样，中国家庭在过去几十年中也发生了改变，这是社会经济发展的结果。比如，多样化的家庭形式、废除旧的养老金制度和以独生子女为中心的育儿方式（Xu 等，2007；Xu & Xia，2014）。中国传统文化价值观源于儒家思想，强调集体利益而不是个人所得，且十分重视与家人、朋友和同事的关系（马瑾、李兆福，2017）。特别地，Mok & DeFranco（2000）对中国文化价值观中儒家思想根源进行分析，指出在中国家庭中长辈和晚辈之间存在权力层级，晚辈应该遵从、照顾长辈；家庭是整个社会组织的缩影，是最重要的价值体现；此外，中国人的自我发展观也植根于家庭文化，即人们通过努力学习获得知识和技能，以此达到家庭成员的期望。

2. 学习行为的文化差异

用以解释文化差异的最著名的理论是 Geert Hofstede 在 20 世纪 70 年代提出的文化维度理论。该理论（Hofstede，1980）提出文化的四个维度——文化距离、个人主义、不确定性规避和男权主义。文化距离是指组织机构中（比如家庭）拥有较少权利的成员接受和期望权利分配平等的程度。个人主义维度探讨的是，社会中的人们在群体中整合的程度。不确定性规避是指，一个社会对不确定性的容忍度，即人们对非预期的、未知的或异于常态的事件的接纳或避免程度。男权主义是指对成就、英雄主义、自信和成功的物质奖励的一种社会倾向。Hofstede 和 Bond（1984）基于儒家文化提出第五个维度——长期导向（儒家推动力），指社会对未来的重视程度。之后，Hofstede 等（2010）增加了第六个维度——放任与约束，指社会成员在多大程度上意图控制自身的欲望。

中西方表现出较大的文化差异。例如，Hofstede（1980）在跨文化研究中，将中国归为高权利距离、低个人主义和高长期规划，而美国被视作低权利距离、高个人主义和低长期规划。而许多研究表明，学习行为也有较大的文化差异。具体而言，在学习动机方面，Niles（1995）研究表明澳大利亚学生的一个重要的学习动机是竞争的需要，而对于亚洲学生来说，一个同等效力的动机因素是社会认同。在学习能力上，Kiyokawa 等（2012）进行一系列认知实验来证实在无意识知识学习上，亚洲人较西方人具有更为整体性而非分析性的视角，因此对有意识的感知、记忆、逻辑推理和社会属性特别敏感，而西方人往往具有相反的倾向。Yang 等（2013）发现中国学生在记忆方面优于西方学生。在学习方式和策略上，尤其对东方和西方人群的比较研究表明，中国学生是视觉、感觉和整体性学习者，因而比西方学习者更为不主动和非直觉（Heffernan 等，2010）；Marambe 等（2012）揭示亚洲和欧洲学生的学习类型和学习策略存在显著差异（即深度信息处理、逐步信息处理、具象信息处理和规制）。另外，Hofstede（1986）还指出这种教育学习上的差异可能归结于社会地位、课程相关性和认知能力的不同。

以上差异多是在校园里的正式学习情境下发现的。同样，旅游中的非正式学习行为也受到文化差异的影响（Briseño-Garzón，2013），而家庭旅游中文化差异与学习结果的关系仍待研究。因此，本部分将在探究家庭旅游学习过程和结果的基础上，进一步挖掘中西文化导致的学习行为差异。

三　研究方法

本研究聚焦在家庭旅游此种深受个人文化背景影响的特定现象，并进行跨文化对比研究。因此，质性研究方法最为适宜。

1. 被访对象

本部分除了前文研究提到的 32 名来自中国大陆东南部的一所大学的本科生外，还有 33 名被访者来自美国中西部的一所综合性大学。这 33 名美国参与者自愿接受访谈，并被邀请进行半结构化访谈，没有任何酬金，年龄在 18~23 岁。其中，约一半（16 名）为男性；13 名大一学生、12 名大二学生、6 名大三学生和 2 名大四学生；7 名学生是独生子女；5 名来自离异家庭。中国参与者的基本信息与之前的质性研究基本相同，在此不再赘述。

2. 数据收集

在预访谈之后，2015 年 8 月至 10 月，研究者通过正式的深度访谈进行全面数据收集。被访者在就读的大学校园里被邀请参与访谈，比如图书馆休息区、休息草坪、校园长椅等，在征得同意后被邀请参与 30~40 分钟的半结构化访谈。

访谈问题和过程与中国学生的质性研究一致，在此不再赘述。研究人员用英文与美国学生进行访谈。访谈内容在征得被访者同意情况下全程录音，而后依字转换为文本内容。考虑数据分析时的语言一致性需要，中文文本进一步被翻译成英文。访谈、文本转录和翻译工作均由掌握中英双语能力的笔者完成。

3. 数据分析

数据分析方法和过程与前文质性研究一致，在此不再赘述。

四 结果和讨论

1. 出游基本信息

美国学生方面，大多数被访者同父母和/或祖父母和/或兄弟姐妹，在春假或暑假，进行少于1周或1~3周的旅行。33名美国被访者中，9名学生和家人出游去探亲，比如探访祖父母或者叔伯；5名学生和家人出国旅游分别去了墨西哥、伦敦、意大利、韩国和马来西亚；4名学生和家人自驾去往美国西部和南部；4名学生分享了和家人在主题公园的经历，比如奥兰多的迪士尼乐园。此外，还有学生去往美国的城市和海滩，其中7名学生去往迈阿密享受阳光、沙滩和城市；3名学生和家人游轮旅行至加勒比海域；3名学生去往大城市（纽约、华盛顿和拉斯维加斯）观光体验；还有1名学生和父母去夏威夷海岛度假。

中国学生方面，与前期质性研究一致，在此不再赘述。

2. 中美跨文化差异

尽管中国和美国的样本数据最终形成同样的有关学习结果和学习过程的分析主题，但在主题讲述方式上二者存在显著差异。

第一，在学习情境上，中国家庭具有明显的层级。中国学生在家庭中作为晚辈往往被教导应尊敬长者，这是植根于儒家文化的一项中国传统美德（Mok & DeFranco，2000）。另外，美国参与者的家庭并不具有层级划分，他们多被视作朋友或同等个体对待，观点与其他家庭成员一样受到同等尊重，这与美国文化的个人主义有关（Hofstede，1980）。因此，就中国被访者而言，在家庭氛围下的学习经常是以一种"自上而下"的方式："或许我能够在同家人旅游时学到更多。因为你的父母比你更有经验，比方说如果有什么事情发生了，他们会告诉你其中的原因，并从中教会你一些事"。（CN06，男，大一）对于美国参与者而言，家庭旅游中的学习大多数产生于互相平等的旅游群体中：尽管年幼，美国被访学生要么是直接参与和父母一样的旅游活动，要么是父母和孩子共同去探索新鲜事物和经历。该结果差异可以被文化维度理论（Hofstede，1983）中的文化距离维度所解释。中国人倾向于偏好高文化距离而美国人反之。文化距离程度较高意味着层级在社会中是明确存在的，是无须质疑和无理由的。同时基于儒家文化，中国家庭中代际的社会层级，即便是在旅游过程中，也是显著存在的。

第二，在被访者的阐述中，中国学生倾向于更多地关注家庭亲密关系，特别是家庭和谐。他们也强调自己在保持家庭内部平衡中所扮演的角色："我会努力去平衡我的家庭，而不是像我小时候那样给他们惹麻烦"（CN15，男，大二）。在将家庭旅游和与朋友旅游做比较时，另一名中国参与者说道："和朋友旅游时，你会更多地关注旅游景点。和家人旅游时，你会更多地关注家庭氛围"（CN14，女，大二）。而后者同时也证明了中国被访者普遍的集体导向。

相反地，美国被访者侧重于在家庭旅游中保持独立自主，也经常表达出想要独自体验而不是和家人一直一起活动的渴求："在大多数时候，我们一起活动……但是，如果在晚上有一个演唱会，我就会说，妈，我想要去看。我就会问她是否可以……我觉得有时候会跳出来，从这个（家庭）旅途中跳出来，我就是做好了准备去做自己想做的事"（US06，男，大二）。然而对于中国学生来说，父母并没有准备好允许他们的孩子在家庭旅游中独自活动："有时候我不知道为什么我有这种感觉，我只是想一个人走一会儿，每次我妈妈就会一路跟着我"（CN19，女，大一）。此种差异可以注重家庭的中国人所特有的群体导向和集体主义所解释。此类核心群体具有忠诚和互相支持的属性。这同时也构成了和谐（Hofstede，1984），是中国典型的社会价值观。而美国社会属于松散联接，个体倾向于行为独立以及偏好个人发展。此外，中美青少年在独立方面的差异也反映了两种文化在家长管教方式方面的不同。与西方国家相比，中国父母更为权威主义，用严格的标准来控制和要求孩子并期望孩子遵从（Chao，1994），这对孩子既是约束也是保护。

第三，根据被访者的表述，中国父母的旅游动机和对目的地的选择受到目的地对孩子的预期教育作用的影响："我认为我主要学到很多有关目的地的东西。当我爸妈从他们的角度选择一个旅游目的地的时候，他们会希望这个景点或多或少对孩子具有积极的影响。所以它必须（是）具有一些教育意义"（CN04，女，大一）。美国参与者倾向于在家庭旅游过程中"就是玩得开心"和"享受生活"："我们旅行的目的并不是……只是去（到）一个地方，然后玩得开心"（US05，女，大二）。该结果与 Lehto 等

（2017）的研究结论相一致，他们发现中国家庭旅游者追求的主要旅游效益是增强孩子的学习。在中国，大多数家庭倾向于以孩子为中心的父母养育方式（Xu 等，2007）。中国父母深受儒家思想的影响，高度重视孩子探索外部世界的能力，由此"开阔眼界"（Mok & DeFranco，2000）。另外，Niles（1995）注意到，亚洲学生也更倾向于受到社会认同的激发而学习。也就是说，他人（特别是父母）的肯定和鼓励在学习行为中是十分重要的，能够增强学习者的自我效能感（Bandura，1977）。而在中国家庭旅游的情境下，与美国家庭比较而言，中国家庭的孩子在旅游过程中表现出积极的学习行为，是为了迎合父母对孩子的教育期望（Mok & DeFranco，2000）。

第四，另一个跨文化差异在于中国参与者似乎特别强调"开阔视野"的习得，这在学习内容的普遍知识部分有所体现（Falk 等，2012）。中国被访者提到获得了许多目的地相关的知识，而技能的提升较少；而美国被访者大多数谈论了技能有关的学习，尤其是身体技能，包括漂流、冲浪、浮潜、潜水和划船。在学习偏好上，Heffernan 等（2010）也发现中国人倾向于较少的主动学习，而美国人倾向于更多主动的体验式学习；且东方人较西方人具有更为整体性而非分析性的视角（Kiyokawa 等，2012），因而中国学生倾向于通过观察新的地方而获得的宏观普遍的而非某一对象特定知识。另外，该结果也表明中国家庭更加重视孩子智力上的成就，而不是体能训练。这可能是因为，在中国父母对孩子倾向于过度保护和管束的情况下（Chao，1994），户外探险式的体能训练被认为是不安全的。

第五，中国学生表现得更为自省，他们往往在家庭旅游之中或之后思考家庭的重要性以及家庭旅游对家庭关系的益处。他们谈论道，因为总是忙于学业，在家中的家庭互动非常少，而旅游成为他们寻求家庭联系和反思家庭对人生的意义的契机。例如，"我感到家庭对我来说非常重要……所以，和他们一起旅游让我感到他们对我的关心和爱护。"（CN31，女，大二）对于这种学习方式和类型的差异，Joy 和 Kolb（2009）发现，来自高集体主义、不确定性规避和长期导向的国家的人（比如中国）比来自以注重个人自信的国家的人（比如美国）倾向于更为抽象的学习类型。这可能是中国学生高度抽象和反省式的阐述比美国学生更为普遍的一个重要原因。

第六，被访的美国学生中大多数是和兄弟姐妹同游，在旅途中照顾年幼晚辈的经历更多。因此，美国孩子更了解家庭成员中的晚辈，从而理解和习得在多子女家庭中的责任和意义。而中国被访者大多是独生子女，更多关注自我的成长；同时，中国孩子大多和父母、祖父母出游，更多注重在旅途中照顾家中长者，因而习得照顾长者的能力和责任。这是中国20世纪80年代计划生育政策不可避免的结果，也是儒家思想中重视"尊老爱幼"美德（Mok & DeFranco，2000）在中国社会的体现。

五 结论

本部分对中美家庭旅游者在旅游学习上的文化差异进行探讨，得出以下结论。第一，由于中国人属于较高权利距离、集体主义以及长期导向文化维度（Hofstede，1980），因此中国家庭旅游者在尊敬长者、维护家庭和谐和制定家庭未来计划方面习得更多。而由于相反的文化导向，美国家庭旅游者倾向于在独立体验和享受当下的过程中习得更多。第二，由于学习行为上的文化差异，就学习策略而言，中国旅游者倾向于通过观察和记忆来学习，而美国旅游者倾向于主动型和具身体验式的学习方式。在学习动机方面，中国学生更易于被父母的期望所驱动，而美国学生在家庭旅游过程中并没有竞争性的学习动机。在学习方式方面，中国青少年多为抽象学习和反思性学习，而美国青少年更多通过关注事物细节获得学习体验。在学习偏好方面，中国学生属于全面学习者，他们对于整体知识、情境记忆、隐性学习以及情境规律更为敏锐；而美国学生更倾向于分析客观事实。另外，中国20世纪70年代推行的独生子女政策，使中国学生大多是独生子女，并没有照顾兄弟姐妹的机会和责任，而更为自我中心化。而大多数美国青少年从在旅游时与兄弟姐妹的互相照顾中学习到家庭的责任。

以上研究结果能够丰富家庭旅游行为、学习行为、文化差异影响等相关研究，对国际家庭旅游市场的多元文化产品设计、营销策略以及差异化服务管理实践具有一定的启示作用。

| 第四章 |

子研究二：家庭旅游学习结果量表开发

在质性研究的基础上，为进一步探明家庭旅游学习行为的关系因素及其影响机制，子研究二聚焦学习结果，将其作为家庭旅游学习行为的表征变量进行量化，为后续研究提供有效的测量工具和理论基础。

学习不仅是一项重要的旅游动机（Ballantyne 等，2011），也是不可忽视的旅游结果（Hosany & Witham，2010；Roberson Jr，2003）。传统的旅游结果的衡量变量是游客满意度，因此国内外学者从 20 世纪 70 年代开始致力于研究其概念、测度模型和影响因素等。然而，从旅游者个体发展角度来看，衡量旅游者的学习结果较之更具内涵和价值。

游客满意度是指游客对旅游服务的满意程度，是对旅游地的期望和实地旅游体验相比较的结果（Pizam 等，1978；Beard & Ragheb，1980；Tribe & Snaith，1998）；而旅游中的学习结果是个体通过旅游体验获得的知识、技能和智慧（Falk 等，2012）。二者均是旅游体验的结果，但评价客体和受众不同。首先在评价客体上，满意度是旅游者对旅游服务做出评价，而学习结果是旅游者对自身的认知发展进行评估。其次在评价受众上，满意度是从旅游服务提供者角度出发，为其未来经营提供参考（Pearce & Lu，2011）；而体验学习是聚焦旅游者自身发展需求，明确和衡量个体内部的认知提升，并对后续认知发展产生影响。因此，从旅游者个体发展层面，体验学习是更具有解释力和价值的旅游结果变量。特别地，Falk 等（2012）提出游客满意度作为重要结果变量的局限性，他们认为，游客满意度的内涵应包括个人智力和精神上的成长，并预测旅游组织和企业会增加对旅游学习结果测量的需求。基于此，开发家庭旅游体验学习量表具有实践意义和价值，且是进一步开展后续家庭旅游中学习行为的关系研究的必要步骤。

本研究的学习结果量表开发借鉴前人研究的开发步骤和指南（Churchill，1979；Hinkin，1995；DeVellis，2003；Tsaur 等，2010）。开发过程分为三个部分：①问项生成；②小样本预测试及量表修正（问项初步净化）；③大样本数据及问项再分析。

第一节　问项生成

一　明确构念及内容

学习结果受到各种社会情境因素的影响而具有多面性。因此，需要基于文献研究和研究范畴来定义家庭旅游者的学习结果，以明确相关的构念及内容。

基本上，沿用前文质性研究的思路，本研究依据 Falk 等（2012）提出的旅游中学习结果的三个构念，将家庭旅游者的学习结果从知识（Episteme）、技能（Techne）和智慧（Phronesis）三方面进行界定。其中，知识是关于特定情境下系统而普遍的知识。技能指的是与制作、创造和使用有关的常规和技术。智慧是将经验知识发展和运用到特定情境当中。而学习结果可分为主动学习和被动学习，主动的旅游学习结果包括主动寻求身体或认知技能（比如高尔夫、冲浪、摄影），搜寻相关知识和认识（比如有目的地学习旅游目的地知识），主动追求美好的人生（比如有意识地学习符合伦理道德的行为和文化）。被动的旅游学习结果包括伴随发展的一般技能和技术（比如沟通、组织、解决问题、导航），意外偶发的知识获取（比如有关目的地知识的意外学习），在多变的情境中积累的人生经验（比如自我意识、社会和文化意识）。此外，根据质性研究的结果，家庭旅游学习结果还可按照主要影响来源和所属构念的不同分为九类。

以上对知识和技能的定义较为明晰，但智慧的内涵仍待界定。为进一步明确家庭旅游中学习结果的内涵，以下拟对知识、技能和智慧相关的文献进行研究。其中，智慧是研究重点。

1. 知识和技能

Kolb（1984）在体验学习理论中认为学习是通过体验的转化而创造知识的过程，将学习的结果统称为知识，这里是广义上的知识，也包括技能和智慧的内涵。基于 Piaget（1970）描述的三种学习和知识创造的途径，Kolb 从经验主义、理性主义和交互主义的视角探讨了知识的获取，认为通过经验了解（apprehension）和反思理解（comprehension），将知识分为两类——个人知识（personal knowledge）和社会知识（social knowledge）。个人知识是指个人对经验的直接了解，以及用来解释该经验并指导行为的反思和理解。社会知识是指基于深层理解，从社会、文化中独立转化而来的文字、符号和图像的网络体系。

知识和技能的义涵在经济学、社会学和心理学领域被广泛探讨。知识经常被定义为真实合理的观念体系（Hunt, 2003），是人们关于某一领域所积累的事实和基本原理（Delbridge & Bernard, 1998），包括陈述性（declarative）知识和过程性（procedural）知识。陈述性知识是指了解到的那些可以通过语言交流和纳入心智模式中的有关事物、事实、概念和联系的信息；过程性知识是知道如何去做的技能（Anderson 等，1993；Bourne 等，1986）。而在技能的义涵上，Attewell（1990）从实证主义、民族学、韦伯主义和马克思主义的理论角度分析技能的概念：实证主义关注技能中的可操作性和功能性；民族学注重技能的复杂性，是身体机能和内部认知相互作用的结果，每一项技能的实施是一系列复杂技能的有机结合；韦伯主义强调技能的工作属性，即能力是否符合职位的需要；马克思主义则是从创造劳动价值角度来阐述技能。Green（2011）从 PES 角度分析技能的内涵：有成效的（Productive），即使用技能可产生价值；可拓展的（Expandable），即技能可以通过培训或锻炼得以提升；社会属性（Social），即技能是由社会决定的。技能的类型可依据形成来源和情境不同，分为家庭、学校、工作和其他；根据领域不同分为一般普遍技能和专业技能；还有一种常见的分类是认知技能、交互技能和身体技能。其中，认知技能是需要思考活动的能力，比如阅读、写作、解决问题等；交互技能是各种形式的沟通以及需要合作的能力；身体技能是涉及身体力量、动作敏捷灵活的能力。而 Pearce & Foster（2007）则将一般技能定义为在信息丰富的社会，人们作为成熟的专业人员所必备的能力、技能和知识，包括社交、学习、思考能力等。

在知识和技能的测度上，除了逃避和放松，获得知识和能力也是旅游的普遍动机，因此许多旅游者行为领域的学者对知识和技能相关构念进行测量（e.g. Kim 等，1996；Carr，2006；Hsu 等，2007；Kluin & Lehto，2012）。比如，Wang 等（2017）在研究出境旅游行为中，测度了"增长见识、了解旅游地的景观、了解当地风土人情、了解当地特色美食、提高摄影能力"等有关知识和技能的旅游动机。此外，在前文文献综述提到的"旅游中的学习行为"中，一些学者对在不同旅游中获得知识和技能进行测度，可作为设计问项的参考。比如，背包客获得的解决问题和思考能力、社交能力、信息获取和管理能力、学习能力、适应能力、社会和文化意识、资源管理能力等（Pearce & Foster，2007）；自助旅游者获得的知识和技能，包括游中能力、游前准备能力和应激反应能力（Tsaur，Yen & Chen，2010）。

2. 智慧

事实上，三个构念中内涵最为复杂、形式最为高级的是智慧。从 20 世纪 80 年代开始，不同学者对智慧进行不同定义：一个专业的知识系统（Baltes & Smith，1990）；具有高级认知作用的形式（Dittmann-Kohli & Baltes，1990）；质疑的艺术（Arlin，1990）；意识到无知（Meacham，1990）；由两个维度（分别为个人内心、人与人之间、超越个人的方面，以及性格、认知、意志的领域）构成的模型（Orwoll & Achenbaum，1993）。其中，认可度较高的是 Clayton 和 Birren（1980）将智慧定义为认知、反思和情感三个维度的整合。智慧的定义尚未达成一致的原因可能在于它是一个多面的概念（Taranto，1989），因此，研究者大多依据研究范畴界定不同的内涵（Ardelt，1997）。

Ardelt（1997）进一步对认知、反思和情感进行阐释，认为智慧首先是关于知识或认知，是对真知的追求和看到本质的能力；但并不是事实积累的描述性知识，而是阐释性知识，是通过更深层次地理解现象和事件而重新发现已有真知的重要性。通过反思行为，个体能够意识到并逐步减少自我中心、主观性和投射这些导致真相曲解的主要因素，从而对人的矛盾、缺陷和消极方面具有更深的理解，使人对他人更加关怀、有同理心和同情心（情感元素）。之后，Ardelt（2003）更精确地定义认知是个人理解人生的能力，即领悟现象和事件的重要性和更深层次的意义，特别是有关内心和人际的问题，包括人本质上的积极和消极面、知识内在的局限性、人生的不可预测和不确定性。反思是人们通过从不同角度看待现象和事件，从而努力克服主观性和投射，以及避免因为现状而责怪他人或环境。情感是同情心和爱，是对他人表达和采取正面情绪和行为，比如同情的情绪和行为，以及不忽视他人或不对他人产生负面情绪和行为。

在智慧的量表开发中，Ardelt（1997）根据 Haan（1969）的自我评分量表（Ego Rating Scale）、Block 和 Haan（1971）的 Q-sort 量表，以老年人为研究对象，选择认知维度的 5 个方面（即客观性、智力、逻辑分析、专注力、能够看到重要问题的核心）、反思维度的 9 个方面（即不确定容忍、不否认、不投射、好反省的、对自己的动机和行为有洞见、不易于指责或怠慢他人、不责他、不会投射自己的感受和动机于他人、不感觉到被生活所欺骗）、情感维度的 11 个方面（即同理心、对他人付出、有同情心、做事周全、被他人接受、温暖、不消极、对他人没有敌意、不欺骗、信任他人、不产生依赖），开发出具有普适性、信度和效度的三维度智慧量表，其中认知、反思和情感维度分别有问项 14 个、12 个和 13 个。另外，Webster（2003）将智慧分为五个维度，分别是经验（experience）、情绪（emotions）、回忆（reminiscence）、开放（openess）和幽默（humor），并开发了 30 个问项的量表。其中，经验指特别是在需要做出困难的人生选择时获得的丰富多样的经历，比如"我经历过许多人生中痛苦的事件"。情绪包括人类情感的展现和适当地控制，辨别细微、混杂情绪的能力，以及积极和消极情绪状态的接受力，比如"我擅于识别出自己细微的情绪"。回忆是指反思能力，包括使用记忆维持身份认同、联接过去和现在、获得见解，以及使用自传式记忆作为应对策略，比如"回顾我的过去帮助我获得对目前问题的见解"。开放是对观点、价值和经历的开放态度，包括欣赏可能互相矛盾的多种视角以及对他人容忍，比如"我不喜欢和那些观点和我非常不同的人待在一起"。幽默是指意识到人生的嘲讽，包括让他人感到自在的能力和意愿以及以幽默作为成熟的应对策略，比如"困境没什么好的"。特别地，Bangen、Meeks 和 Jeste（2013）通过回顾文献，总结出智慧的九大内容：社会决策和人生实践知识（即有关社会推理、给予建议的能力、人生知识和人生技能）、亲社会价值（prosocial value，包括同情心、同理心、温暖、利他主义、公平感）、反思和自我认识（即有关自省、洞见、直觉以及自我知识和意识）、不确定性认识（即认识和有效应对不确定性）、情绪平衡（即自我控制）、容忍力（即对异己的接受力）、开放、精神性（spirituality）以及幽默感。以上智慧量表的问项设计均可作为本研究开发学习结果量表的参考。

至此，基于 Falk 等（2012）的定义以及前文质性研究结果（Wu，Kirillova & Lehto，2021），结合以上关于知识、技能和智慧的研究，再根据家庭旅游的研究情境，将本书中的学习定义为：通过家庭旅游体验获取、转化而创造个人知识、实践技能和智慧的过程。其中，知识是指旅游者在家庭旅游过程中，通过观察或参与体验而了解获得的有关旅游、家庭和个人的事实描述和基本信息；技能是指家庭旅游者主要通过实践体验而掌握并能运用的身体或认知水平上某种专门技术的能力；智慧是指家庭旅游者在旅游体验之中或之后通过洞察、体会、联想、反思而领悟到的关于旅游、家庭和个人的情感、态度和价值。

本研究基于以上界定，将结合前文质性研究结果，并参考以往文献中的相关问项表述，设计家庭旅游者的学习结果量表。

二 形成问项池

根据 DeVellis（2003）关于问项编写的指南，在明确所测内容后开始问项编写；编写时应该选择反映量表目的的项目，留存一定的项目冗余；编写问项数量通常是最终量表中项目数量的 3~4 倍。另外，反向表述须慎重（Hinkin，1995）。

根据前文文献研究以及质性研究结果（Wu，Kirillova & Lehto，2021），将家庭旅游的学习结果量表分为三个构念内容（即知识、技能和智慧）进行编写。为进一步确保内容效度，在形成初始问项后，邀请 3 位旅游行为研究学者对最初问项池中的问项进行专家评审。首先，将家庭旅游中学习结果的定义、构念（知识、技能和智慧）以及初始问项提供给专家；其次，专家评定每个问项与对应的学习构念的关联性，评价问项的简洁性和明了性，提出可能被忽视的测定内容；最后，综合考量评审结果，增加、删减或修改问项，形成由下文46个问项组成的初始量表，并选择使用五点李克特量表形式设计问卷。

1. 知识问项

从质性研究结果可知，家庭旅游学习结果中的知识包括三部分：①有关旅游目的地；②有关家庭；③有关自己的事实描述和基本信息。结合以往研究中的问项表述，编制出14个知识问项如表4－1所示。

表4－1　家庭旅游学习结果量表的知识问项

潜在变量		问项
知识	有关目的地	了解旅游地的景观、了解当地历史文化、了解当地风土人情、了解当地特色美食、获得旅游地的地理知识（访谈和主题分析；Kim，Weaver & McCleary，1996；Hsu，Cai & Wong，2007；Wang等，2017）
	有关家庭	了解家人的性格禀性、了解家人的兴趣爱好、了解家人的观念态度、了解家人的生活习惯、了解家人的近况、了解家庭往事（访谈和主题分析）
	有关自己	发现自己性格的优缺点、发现自己新的兴趣爱好、了解到家人眼中的自己（访谈和主题分析；Noy，2004；O'Reilly，2006；Thatcher，2010）

2. 技能问项

从质性研究结果可知，家庭旅游学习结果中的技能包括两部分：①有关家庭；②有关旅游和自己的专门技术和能力。结合以往研究中的问项表述，编制出13个技能问项如表4－2所示。

表4－2　家庭旅游学习结果量表的技能问项

潜在变量		问项
技能	有关家庭	学会承担家庭责任、对家人有耐心、学会照顾家人（访谈和主题分析）

续表

潜在变量		问项
技能	有关旅游和自己	学会社交沟通、学会独立自主、学会制定计划、懂得管理资源（如时间/物资）、获得旅行相关技能（如摄影/问路/整理行李）、学会解决突发问题、学会自我控制、方言或外语能力提高、学会适应环境、获得身体技能（访谈和主题分析；Pearce & Foster, 2007；Tsaur, Yen & Chen, 2010；Chen, Bao & Huang, 2014；Tsaur & Huang, 2016 等）

3. 智慧问项

从质性研究结果可知，家庭旅游学习结果中的智慧包括三部分：①有关旅游；②有关家庭；③有关自己的洞察、体会、联想、反思和领悟。结合以往研究中的问项表述，编制出 19 个智慧问项如表 4 - 3 所示。

表 4 - 3　家庭旅游学习结果量表的智慧问项

潜在变量		问项
智慧	有关旅游	意识到旅游对生活的意义、旅游对家庭关系的重要作用（访谈和主题分析；Minnaert, 2012；Bos, McCabe & Johnson, 2015）
	有关家庭	意识到家庭的重要、懂得关注家庭和谐、意识到自己的家庭责任、应该常和家人出游、懂得家人为家庭的付出（访谈和主题分析；Minnaert, 2012；Bos, McCabe & Johnson, 2015）
	有关自己	反思自己与外界的联系、重新思考我的未来、懂得珍惜自己所拥有的生活、反思自己的过去、懂得尊老爱幼、懂得自尊、获得自信、学会听取家人建议、懂得享受生活、懂得努力经营人生、学会开放地面对新鲜事物、懂得与他人和谐共处（访谈和主题分析；Ardelt, 1997；Ardelt, 2003；Webster, 2003；Bangen 等, 2013；Pearce & Foster, 2007；Chen, Bao & Huang, 2014 等）

第二节　预测试及量表修正

本研究的学习结果量表问项主要通过前文质性研究访谈结果获得，根据 Hinkin（1995）等学者关于量表开发过程的观点，在形成测量问项后、正式进行大规模调研之前，须进行小样本预测试，以净化测量初始问项，对量表进行修正。

一 预测试样本取样及数据描述

1. 样本的发放与回收

问卷收集。本次预测试调研时间为 2017 年 6 月，面向中学生和低年级大学生发放线上电子问卷及线下纸质问卷。对于大学生数据收集，笔者根据社会关系，主要选取位于浙江和江西的 3 所大学作为调研地，形成不同层次学校大学生的调研样本。对于浙江杭州地区的学校，由笔者分批次实地发放问卷，并向回答者征询有关问项设计不足的反馈，从而对问卷内容进行及时修正；对于其他学校，则征集该校在校学生按要求有偿发放电子问卷。对于中学生数据收集，主要面向参加校园开放日的全国高中生进行实地发放并回收。本次调研共发放问卷 400 份，回收 330 份，回收率为 82.5%。

问卷筛选。收集问卷后，结合以往学者的建议，本调研主要依照以下标准对问卷进行筛选：①填写人员不符，不是中学生及大学生（比如研究生），或并非与家人出游（比如和同学、朋友出游），或并非中国学生（比如留学生）；②问卷主体部分缺答问项累计达到或超过 10%；③量表填写出现明显规律性，例如选择大部分或所有问项选择一样，或呈 Z 字形循环出现；④同一问项给出两个及以上选择。经过筛选后，预测试调研最终得到 271 份有效问卷，有效回收率为 82.12%。

2. 预测试数据的描述性统计分析

（1）样本人口统计特征描述

回收的 271 份有效样本中，在性别分布上，有 134 位男性，占总数的 49.4%；有 137 位女性，占总数的 50.6%。

在年龄分布上，主要分布在 15~22 岁；其中有 59 位是 12~18 岁，占总数的 21.8%；有 212 位是 19~24 岁，占总数的 78.2%。

在年级分布上，有 71 位是中学生，占总数的 26.2%；有 200 位是大学生，占总数的 73.8%。

在家庭年收入上，有 102 位是 10 万元及以下，占总数的 37.6%；有 105 位是 10 万~20 万元（不含），占总数的 38.7%；有 43 位是 20 万~40 万元（不含），占总数的 15.9%；有 7 位是 40 万~80 万元（不含），占总数的 2.6%；有 14 位是 80 万元及以上，占总数的 5.2%。

在家庭情况上，有 118 位是独生子女，占总数的 43.5%；有 162 位是与父母同住，占总数的 59.8%；有 28 位是与祖父母同住，占总数的 10.3%。

在家庭所在地上，有 156 位是浙江，占总数的 57.6%；有 39 位是江西，占总数的 14.4%；有 76 位是其他，占总数的 28.0%。预测试样本人口统计特征如表 4 - 4 所示。

表 4 - 4 预测试样本人口统计特征 (n = 271)

单位：个，%

统计内容	内容分类	频次	占比
性别	男	134	49.4
	女	137	50.6
年龄	12~18 岁	59	21.8
	19~24 岁	212	78.2
年级	中学	71	26.2
	大学	200	73.8
家庭年收入	10 万元及以下	102	37.6
	10 万~20 万元（不含）	105	38.7
	20 万~40 万元（不含）	43	15.9
	40 万~80 万元（不含）	7	2.6
	80 万元及以上	14	5.2
家庭情况	独生子女	118	43.5
	与父母同住	162	59.8
	与祖父母同住	28	10.3
家庭所在地	浙江	156	57.6
	江西	39	14.4
	其他	76	28.0

（2）样本旅游基本信息的统计特征

回收的 271 份有效样本中，在出游时间上，有 191 位是寒暑假，占总数的 70.5%；有 24 位是周末，占总数的 8.9%；有 24 位是黄金周，占总数的 8.9%；有 24 位是个人休假期，占总数的 8.9%；有 8 位是其他，占总数的 3.0%。

在出游同伴上，有 212 位是父母，占总数的 78.2%；有 117 位是兄弟姐妹，占总数的 43.2%；有 16 位是祖父母，占总数的 5.9%；有 33 位是其他，占总数的 12.2%。

在出游时长上，有 161 位是 1~3 天，占总数的 59.4%；有 82 位是 4~7天，占总数的 30.3%；有 24 位是 8~15 天，占总数的 8.9%；有 4 位是 15 天以上，占总数的 1.5%。

在游览次数上，有 178 位是一次，占总数的 65.7%；有 93 位是两次及以上，占总数的 34.3%。

在目的地类型上，有 164 位是自然风光，占总数的 60.5%；有 101 位是文化旅游，占总数的 37.3%；有 95 位是养生度假，占总数的 35.1%；有 83 位是都市风光，占总数的 30.6%；有 33 位是探亲访友，占总数的 12.2%；有 30 位是主题公园，占总数的 11.1%；有 24 位是户外探险，占总数的 8.9%；有 23 位是农家体验，占总数的 8.5%；有 20 位是亲子互动，占总数的 7.4%；有 15 位是游轮旅游，占总数的 5.5%。

在出游形式上，有 215 位是自助游，占总数的 79.3%；有 29 位是半自助游，占总数的 10.7%；有 27 位是跟团游，占总数的 10.0%。

在出游频率上，有 84 位是多年一次，占总数的 31.0%；有 70 位是一年一次，占总数的 25.8%；有 78 位是一年两次，占总数的 28.8%；有 39 位是一年三次及以上，占总数的 14.4%。预测试样本旅游基本信息的统计特征如表 4-5 所示。

表 4-5　预测试样本旅游基本信息的统计特征 （n = 271）

单位：个，%

统计内容	内容分类	频次	占比
出游时间	寒暑假	191	70.5
	周末	24	8.9
	黄金周	24	8.9
	个人休假期	24	8.9
	其他	8	3.0
出游同伴	父母	212	78.2
	兄弟姐妹	117	43.2

续表

统计内容	内容分类	频次	占比
出游同伴	祖父母	16	5.9
	其他	33	12.2
出游时长（单次）	1~3 天	161	59.4
	4~7 天	82	30.3
	8~15 天	24	8.9
	15 天以上	4	1.5
游览次数	一次	178	65.7
	两次及以上	93	34.3
目的地类型	自然风光	164	60.5
	文化旅游	101	37.3
	养生度假	95	35.1
	都市风光	83	30.6
	探亲访友（亲友家中及其周边）	33	12.2
	主题公园	30	11.1
	户外探险	24	8.9
	农家体验	23	8.5
	亲子互动	20	7.4
	游轮旅游	15	5.5
出游形式	自助游	215	79.3
	半自助游	29	10.7
	跟团游	27	10.0
出游频率	多年一次	84	31.0
	一年一次	70	25.8
	一年两次	78	28.8
	一年三次及以上	39	14.4

（3）学习结果数据的正态分布分析

本研究首先对有效数据进行描述性统计分析，以检测样本是否适合进行下一步分析。各测量问项的描述性统计结果如表 4-6 所示，包括均值、标准差、偏度和峰度，用以判断样本数据是否服从正态分布。根据 Kline（1998）的观点，偏度绝对值小于 3，峰度绝对值小于 10，则可判别符合正态分布。由表 4 - 6 结果可知，各测量问项的偏度绝对值在 0.156 与 1.055 之间，峰度绝对值在 0.006 与 1.150 之间。因此，本研究的预测试数据服从正态分布，可进行下一步分析。

根据以往研究者（Bennett & Robinson，2000）的观点，若各测量问项的标准差不足够大，则不容易产生区分。因此，参照前人的做法，将标准差低于 0.75 的测量问项删除。由表 4 - 6 可知，各问项中标准差最小为 0.891 > 0.75。因此，各测量问项的标准差足够大，适合进一步分析。

表 4 - 6　预测试学习结果的描述性统计结果（$n = 271$）

测量问项（简化表述）	均值	标准差	偏度	峰度
了解当地历史文化	3.51	1.071	- 0.517	- 0.114
了解当地风土人情	3.64	1.044	- 0.736	0.310
获得旅游地的地理知识	3.47	1.078	- 0.563	- 0.109
了解家人的兴趣爱好	3.51	1.021	- 0.445	**- 0.006**
发现自己新的兴趣爱好	3.42	1.075	- 0.288	- 0.545
了解自己性格的优缺点	3.46	1.064	- 0.326	- 0.492
了解家人眼中的自己	3.44	1.120	- 0.388	- 0.421
懂得旅游对生活的意义	3.72	1.038	- 0.579	- 0.202
获得旅行相关技能	3.62	1.164	- 0.494	- 0.651
获得身体技能	3.14	1.200	**- 0.156**	- 0.854
学会承担家庭责任	3.75	0.983	- 0.633	0.196
学会解决突发问题	3.69	1.026	- 0.584	- 0.164
方言或外语水平提高	2.90	1.246	0.162	- 0.906
懂得管理资源	3.70	1.024	- 0.700	0.197
懂得旅游对家庭的重要作用	3.82	0.985	- 0.683	0.183
懂得关注家庭和谐	4.01	0.993	- 0.908	0.419
反思自己与外界的联系	3.68	1.105	- 0.542	- 0.469
懂得珍惜自己所拥有的生活	3.99	1.024	- 0.771	- 0.107
意识到自己的家庭责任	3.90	1.035	- 0.721	- 0.124
懂得家人为家庭的付出	3.95	1.033	- 0.897	0.333
学会听取家人的人生建议	3.92	1.024	- 0.822	0.175
学会开放地面对新鲜事物	3.97	0.940	- 0.849	0.553

测量问项	均值	标准差	偏度	峰度
懂得与他人和谐共处	4.06	0.933	**-1.055**	**1.150**
见识旅游地景观	4.16	**0.891**	-1.014	0.856
了解当地特色美食	3.92	1.021	-0.686	-0.118
了解家人性格禀性	3.82	0.963	-0.585	-0.119
了解家人观念态度	3.82	0.919	-0.556	0.087
了解家人近况	3.92	0.968	-0.643	0.014
了解家庭往事	3.62	1.085	-0.398	-0.563
了解家人生活习惯	3.83	0.978	-0.635	-0.031
学会独立自主	3.84	1.052	-0.767	0.141
学会照顾家人	3.93	1.003	-0.857	0.363
对家人有耐心	3.97	1.001	-0.803	0.178
学会社交沟通	3.93	0.986	-0.785	0.154
学会自我控制	3.83	1.017	-0.724	0.050
学会适应新环境	3.97	0.946	-0.839	0.491
学会制定计划	3.77	1.050	-0.594	-0.304
懂得家庭的重要性	4.01	0.954	-0.905	0.554
懂得自尊	3.77	1.021	-0.611	-0.046
重新审视我的未来	3.52	1.160	-0.388	-0.721
懂得尊老爱幼	3.91	1.054	-0.778	-0.058
获得自信	3.73	1.052	-0.547	-0.225
懂得享受生活	4.03	0.979	-0.911	0.402
懂得努力经营人生	3.86	1.009	-0.654	-0.082
应该常和家人出游	4.04	1.032	-1.031	0.512
反思自己的过去	3.65	1.112	-0.437	-0.588

二 预测试问项净化及结果

在确定数据符合正态分布后，需要依据一定的标准对待验证的问项进行净化，发现量表中存在的问题，并及时进行修正，由此进行后续大规模样本的实证研究。根据前人的做法（Hinkin，1995），本研究①进行量表信度分析，即通过信度分析及问项—总体相关系数（CITC）分析，对测量问项进行初步检查及删减；②通过探索性因子分析，对各因子的结构进行初步判断，并删减相应的问项；③通过一致性系数分析，对各因子的信度进行评价。

1. 量表信度分析

通过量表信度分析对问项进行筛选。根据前人（Farh，Earley & Lin，1997）的观点，本研究采取以下筛选标准：CITC > 0.4；删除该问项后 Cronbach's α 系数并未显著提高；筛选后，Cronbach's α 系数应 > 0.7。学习结果量表的信度分析结果如表 4 - 7 所示。该量表的 Cronbach's α 系数为 0.976 > 0.9，表明信度结果非常好（Nunnally，1978）。观察各测量问项的 CITC 值发现，所有问项 CITC 值均大于 0.4，且删除问项后的 α 系数并未显著提高，因此予以保留，进行下一步检测和净化。

表 4 - 7　预测试学习结果量表的信度分析结果（$n = 271$）

测量问项（简化表述）	CITC	删除该问项后 α 系数	α 系数
了解当地历史文化	0.509	0.976	
了解当地风土人情	0.506	0.976	
获得旅游地的地理知识	**0.429**	0.976	
了解家人的兴趣爱好	0.586	0.976	
发现自己新的兴趣爱好	0.592	0.976	
了解自己性格的优缺点	0.614	0.975	
了解家人眼中的自己	0.733	0.975	
懂得旅游对生活的意义	0.663	0.975	
获得旅行相关技能	0.592	0.976	0.976
获得身体技能	0.505	0.976	
学会承担家庭责任	0.772	0.975	
学会解决突发问题	0.747	0.975	
方言或外语水平提高	0.478	0.976	
懂得管理资源	0.692	0.975	
旅游对家庭关系的作用	0.707	0.975	
懂得关注家庭和谐	0.751	0.975	
反思自己与外界的联系	0.725	0.975	

续表

测量问项	CITC	删除该问项后 α 系数	α 系数
懂得珍惜自己所拥有的生活	0.785	0.975	
意识到自己的家庭责任	0.793	0.975	
懂得家人为家庭的付出	0.792	0.975	
学会听取家人的人生建议	0.784	0.975	
学会开放地面对新鲜事物	0.704	0.975	
懂得与他人和谐共处	0.793	0.975	
见识旅游地景观	0.595	0.976	
了解当地特色美食	0.560	0.976	
了解家人性格禀性	0.731	0.975	
了解家人观念态度	0.689	0.975	
了解家人近况	0.674	0.975	
了解家庭往事	0.573	0.976	
了解家人生活习惯	0.796	0.975	
学会独立自主	0.681	0.975	
学会照顾家人	0.791	0.975	0.976
对家人有耐心	0.774	0.975	
学会社交沟通	0.792	0.975	
学会自我控制	0.695	0.975	
学会适应新环境	0.737	0.975	
学会制定计划	0.689	0.975	
懂得家庭的重要性	0.766	0.975	
懂得自尊	0.734	0.975	
重新审视我的未来	0.629	0.975	
懂得尊老爱幼	0.755	0.975	
获得自信	0.730	0.975	
懂得享受生活	0.749	0.975	
懂得努力经营人生	0.753	0.975	
应该常和家人出游	0.575	0.976	
反思自己的过去	0.581	0.976	

2. 探索性因子分析：维度的生成

为了提取出学习结果的维度结构，须进行探索性因子分析。分析结果显示，测量问项的 KMO 值为 0.963，Bartlett 球体检验的显著性统计值小于 0.001。根据 Kaiser（1974）的观点，KMO > 0.9，表示数据非常适合因子分析。因此，本研究进一步采取主成分分析方法以及最大方差的因子旋转方法，对测量问项进行分析以及删减。删减问项依据以下标准（Hinkin，1995）：删除在所有因子上的因子载荷均小于 0.5 的问项；删除在两个及以上因子上的因子载荷均大于 0.5 的问项；删除独自成一个因子的单一测量条款。第一次探索性因子分析的结果如表 4-8 所示。结果显示，共提取出 6 个特征根大于 1 的公因子，累计方差的解释量为 66.564% > 60%，表明因子分析提取结果是可接受的（Hinkin，1995）。根据删减问项的标准，"学会解决突发问题""懂得旅游对生活的意义""见识旅游地景观""了解家人生活习惯""反思自己的过去""获得身体技能""获得旅行相关技能" 7 个问项在所有因子上的因子载荷小于 0.5，予以删除；"方言或外语水平提高" 问项独自成一个因子，予以删除。

表 4-8　预测试第一次探索性因子分析的结果（$n = 271$）

测量问项（简化表述）	因子					
	1	2	3	4	5	6
懂得关注家庭和谐	**0.712**	0.255	0.208	0.249	0.165	0.105
懂得珍惜自己所拥有的生活	**0.709**	0.338	0.224	0.228	0.154	0.068
意识到自己的家庭责任	**0.699**	0.357	0.265	0.197	0.091	0.138
懂得与他人和谐共处	**0.699**	0.383	0.148	0.245	0.201	0.062
懂得家人为家庭的付出	**0.680**	0.382	0.233	0.263	0.123	0.038
学会开放地面对新鲜事物	**0.660**	0.351	0.189	0.029	0.202	0.088
学会听取家人的人生建议	**0.645**	0.369	0.241	0.261	0.188	0.031
懂得旅游对家庭的重要作用	**0.582**	0.144	0.243	0.372	0.179	0.240
反思自己与外界的联系	**0.563**	0.367	0.400	0.135	0.085	0.028
懂得管理资源	**0.534**	0.258	0.286	0.074	0.186	0.353
学会承担家庭责任	**0.528**	0.336	0.318	0.144	0.194	0.359
学会解决突发问题	0.488	0.475	0.205	0.094	0.105	0.383
懂得旅游对生活的意义	0.472	0.256	0.439	0.085	0.110	0.221
见识旅游地景观	0.415	0.360	-0.049	0.275	0.393	-0.009

续表

测量问项（简化表述）	因子					
	1	2	3	4	5	6
学会自我控制	0.175	**0.717**	0.266	0.075	0.229	0.106
学会社交沟通	0.380	**0.695**	0.114	0.210	0.181	0.195
对家人有耐心	0.438	**0.682**	0.034	0.228	0.126	0.187
学会适应新环境	0.368	**0.653**	0.111	0.110	0.166	0.251
学会照顾家人	0.431	**0.647**	0.056	0.229	0.132	0.304
学会独立自主	0.292	**0.641**	0.028	0.152	0.226	0.231
懂得自尊	0.268	**0.640**	0.432	0.229	0.125	-0.111
获得自信	0.281	**0.635**	0.362	0.135	0.068	0.158
重新审视我的未来	0.098	**0.626**	0.452	0.205	0.045	-0.012
懂得尊老爱幼	0.378	**0.623**	0.210	0.253	0.170	0.023
懂得努力经营人生	0.381	**0.561**	0.237	0.271	0.110	0.152
学会制定计划	0.302	**0.561**	0.245	0.189	0.144	0.134
懂得家庭的重要性	0.487	**0.560**	0.139	0.365	0.074	0.048
懂得享受生活	0.476	**0.517**	0.115	0.330	0.116	0.129
了解家人生活习惯	0.441	0.488	0.169	0.470	0.134	0.173
了解自己性格的优缺点	0.292	0.234	**0.705**	0.035	0.137	0.125
发现自己新的兴趣爱好	0.203	0.157	**0.653**	0.116	0.304	0.176
了解家人眼中的自己	0.314	0.233	**0.650**	0.291	0.218	0.193
了解家人的兴趣爱好	0.273	0.089	**0.578**	0.226	0.189	0.258
应该常和家人出游	0.398	0.233	0.015	**0.622**	0.037	0.109
了解家人近况	0.317	0.401	0.246	**0.533**	0.103	-0.006
了解家人观念态度	0.427	0.315	0.217	**0.518**	0.171	-0.004
了解家庭往事	0.083	0.311	0.321	**0.515**	-0.032	0.401
了解家人性格禀性	0.338	0.421	0.236	**0.513**	0.168	0.104
反思自己的过去	0.071	0.402	0.459	0.470	0.024	0.028
了解当地风土人情	0.217	0.107	0.197	0.054	**0.820**	0.073
了解当地历史文化	0.139	0.162	0.231	0.044	**0.792**	0.140
获得旅游地的地理知识	0.025	0.206	0.149	-0.020	**0.707**	0.276
了解当地特色美食	0.399	0.120	0.045	0.291	**0.609**	0.011
方言或外语水平提高	0.037	0.132	0.162	0.343	0.257	0.670
获得身体技能	0.190	0.221	0.357	-0.062	0.216	0.498

续表

测量问项（简化表述）	因子					
	1	2	3	4	5	6
获得旅行相关技能	0.467	0.208	0.227	-0.121	0.264	0.479
特征根	8.471	8.470	4.298	3.627	3.415	2.338
方差解释量（%）	18.416	18.412	9.343	7.885	7.423	5.084
累计方差解释量（%）	18.416	36.828	46.172	54.057	61.480	**66.564**

用相同的方法，将剔除后的测量问项再次进行探索性因子分析。结果显示，测量问项的 KMO 值为 0.963，Bartlett 球体检验的显著性统计值小于 0.001，表明数据非常适合因子分析。第二次探索性因子分析的结果如表 4-9 所示。结果显示，共提取出 4 个特征根大于 1 的公因子，累计方差的解释量为 64.748% > 60%，表明因子分析提取结果是可接受的（Hinkin，1995）。根据删减问项的标准，"了解家人近况""了解家人性格禀性""了解家庭往事" 3 个问项在所有因子上的因子载荷小于 0.5，予以删除；"懂得家庭的重要性""懂得享受生活""了解当地特色美食" 3 个问项在两个及以上因子上的因子载荷均大于 0.5，予以删除。

表 4-9　预测试第二次探索性因子分析的结果（n = 271）

测量问项（简化表述）	因子			
	1	2	3	4
懂得珍惜自己所拥有的生活	**0.748**	0.343	0.214	0.173
懂得关注家庭和谐	**0.744**	0.268	0.237	0.198
懂得与他人和谐共处	**0.732**	0.385	0.183	0.199
懂得家人为家庭的付出	**0.723**	0.383	0.255	0.117
意识到自己的家庭责任	**0.706**	0.362	0.300	0.123
学会听取家人的人生建议	**0.688**	0.362	0.275	0.175
懂得旅游对家庭的重要作用	**0.657**	0.208	0.321	0.197
学会开放地面对新鲜事物	**0.616**	0.320	0.203	0.239
应该常和家人出游	**0.599**	0.329	0.079	-0.017
反思自己与外界的联系	**0.566**	0.348	0.380	0.089
了解家人观念态度	**0.538**	0.377	0.326	0.075

续表

测量问项（简化表述）	因子			
	1	2	3	4
学会承担家庭责任	**0.514**	0.366	0.384	0.288
懂得管理资源	**0.500**	0.284	0.350	0.274
了解家人近况	0.457	0.457	0.335	−0.004
学会社交沟通	0.410	**0.722**	0.146	0.212
学会自我控制	0.160	**0.721**	0.260	0.248
对家人有耐心	0.477	**0.701**	0.080	0.156
学会照顾家人	0.483	**0.676**	0.104	0.192
学会适应新环境	0.360	**0.671**	0.140	0.225
重新审视我的未来	0.138	**0.655**	0.398	0.030
获得自信	0.290	**0.652**	0.344	0.105
学会独立自主	0.336	**0.651**	0.052	0.270
懂得自尊	0.305	**0.649**	0.383	0.089
懂得尊老爱幼	0.427	**0.638**	0.216	0.147
懂得努力经营人生	0.434	**0.599**	0.243	0.129
懂得家庭的重要性	0.558	0.595	0.173	0.078
学会制定计划	0.319	**0.580**	0.282	0.148
懂得享受生活	0.540	0.567	0.151	0.117
了解家人性格禀性	0.466	0.488	0.335	0.094
了解自己性格的优缺点	0.212	0.245	**0.727**	0.179
了解家人眼中的自己	0.345	0.296	**0.697**	0.224
发现自己新的兴趣爱好	0.187	0.186	**0.693**	0.314
了解家人的兴趣爱好	0.282	0.147	**0.681**	0.189
了解家庭往事	0.239	0.428	0.445	−0.032
了解当地风土人情	0.237	0.095	0.179	**0.821**
了解当地历史文化	0.147	0.158	0.239	**0.816**
获得旅游地的地理知识	0.025	0.222	0.157	**0.766**
了解当地特色美食	0.501	0.136	0.068	0.520
特征根	8.699	8.329	4.325	3.251
方差解释量（%）	22.892	21.912	11.383	8.555
累计方差解释量（%）	22.892	44.810	56.193	**64.748**

用相同的方法，将剔除后的测量问项进行第三次探索性因子分析。结果显示，测量问项的 KMO 值为 0.962，Bartlett 球体检验的显著性统计值小于 0.001，表明数据非常适合因子分析。第三次探索性因子分析的结果如表 4-10 所示。结果显示，共提取出 4 个特征根大于 1 的公因子，累计方差的解释量为 66.892% > 60%，表明因子分析提取结果是可接受的（Hinkin，1995）。根据删减问项的标准，"对家人有耐心""学会照顾家人"两个问项在两个及以上因子上的因子载荷均大于 0.5，予以删除。

表 4-10 预测试第三次探索性因子分析的结果（$n=271$）

测量问项（简化表述）	因子			
	1	2	3	4
懂得珍惜自己所拥有的生活	**0.769**	0.332	0.195	0.150
懂得关注家庭和谐	**0.760**	0.242	0.243	0.180
懂得与他人和谐共处	**0.752**	0.374	0.163	0.176
意识到自己的家庭责任	**0.743**	0.345	0.264	0.117
懂得家人为家庭的付出	**0.742**	0.373	0.242	0.093
学会听取家人的人生建议	**0.705**	0.365	0.267	0.136
懂得旅游对家庭的重要作用	**0.666**	0.179	0.334	0.180
学会开放地面对新鲜事物	**0.642**	0.321	0.193	0.204
应该常和家人出游	**0.602**	0.285	0.076	-0.008
反思自己与外界的联系	**0.573**	0.367	0.383	0.032
学会承担家庭责任	**0.558**	0.335	0.354	0.307
了解家人观念态度	**0.538**	0.350	0.292	0.093
懂得管理资源	**0.529**	0.264	0.349	0.268
学会自我控制	0.190	**0.734**	0.252	0.224
学会社交沟通	0.443	**0.704**	0.130	0.206
对家人有耐心	0.508	0.684	0.053	0.154
重新审视我的未来	0.152	**0.669**	0.411	-0.011
学会适应新环境	0.388	**0.664**	0.139	0.203
获得自信	0.317	**0.660**	0.339	0.072
懂得自尊	0.318	**0.659**	0.397	0.050
学会照顾家人	0.526	0.656	0.060	0.198

续表

测量问项（简化表述）	因子			
	1	2	3	4
学会独立自主	0.369	**0.647**	0.024	0.262
懂得尊老爱幼	0.442	**0.632**	0.229	0.116
懂得努力经营人生	0.463	**0.582**	0.237	0.117
学会制定计划	0.338	**0.576**	0.295	0.122
了解自己性格的优缺点	0.239	0.249	**0.721**	0.166
发现自己新的兴趣爱好	0.192	0.205	**0.711**	0.274
了解家人眼中的自己	0.372	0.291	**0.687**	0.211
了解家人的兴趣爱好	0.298	0.145	**0.679**	0.178
了解当地历史文化	0.170	0.151	0.240	**0.828**
了解当地风土人情	0.247	0.098	0.188	**0.812**
获得旅游地的地理知识	0.057	0.216	0.150	**0.783**
特征根	7.979	6.822	3.775	2.830
方差解释量（%）	24.933	21.320	11.796	8.843
累计方差解释量（%）	24.933	46.253	58.049	**66.892**

　　用相同的方法，将剔除后的测量问项进行第四次探索性因子分析。结果显示，测量问项的 KMO 值为 0.961，Bartlett 球体检验的显著性统计值小于 0.001，表明数据非常适合因子分析。第四次探索性因子分析的结果如表 4-11 所示。结果显示，共提取出 4 个特征根大于 1 的公因子，累计方差的解释量为 66.650% > 60%，表明因子分析提取结果是可接受的（Hinkin，1995）。根据删减问项的标准，没有问项予以删除。

表 4-11　预测试第四次探索性因子分析的结果　（$n = 271$）

测量问项（简化表述）	因子			
	1	2	3	4
懂得珍惜自己所拥有的生活	**0.779**	0.303	0.198	0.150
懂得与他人和谐共处	**0.767**	0.355	0.147	0.181
懂得关注家庭和谐	**0.766**	0.221	0.245	0.180
懂得家人为家庭的付出	**0.755**	0.366	0.218	0.099
意识到自己的家庭责任	**0.751**	0.311	0.280	0.113

续表

测量问项（简化表述）	因子			
	1	2	3	4
学会听取家人的人生建议	**0.717**	0.359	0.244	0.142
懂得旅游对家庭的重要作用	**0.667**	0.170	0.334	0.180
学会开放地面对新鲜事物	**0.655**	0.317	0.169	0.209
应该常和家人出游	**0.615**	0.281	0.041	0.005
反思自己与外界的联系	**0.583**	0.377	0.357	0.035
学会承担家庭责任	**0.563**	0.301	0.384	0.298
了解家人观念态度	**0.550**	0.350	0.273	0.096
懂得管理资源	**0.535**	0.264	0.338	0.270
学会自我控制	0.220	**0.734**	0.210	0.237
重新审视我的未来	0.177	**0.710**	0.337	0.005
懂得自尊	0.342	**0.687**	0.332	0.065
学会社交沟通	0.472	**0.677**	0.108	0.215
获得自信	0.341	**0.670**	0.296	0.081
学会适应新环境	0.416	**0.646**	0.112	0.213
懂得尊老爱幼	0.466	**0.616**	0.206	0.124
学会独立自主	0.396	**0.614**	0.009	0.270
学会制定计划	0.361	**0.596**	0.237	0.137
懂得努力经营人生	0.486	**0.585**	0.193	0.129
了解自己性格的优缺点	0.235	0.276	**0.724**	0.155
了解家人的兴趣爱好	0.288	0.147	**0.715**	0.161
发现自己新的兴趣爱好	0.187	0.241	**0.704**	0.265
了解家人眼中的自己	0.372	0.319	**0.675**	0.206
了解当地历史文化	0.173	0.138	0.251	**0.826**
了解当地风土人情	0.250	0.093	0.187	**0.813**
获得旅游地的地理知识	0.068	0.218	0.131	**0.791**
特征根	7.785	5.887	3.529	2.794
方差解释量（%）	25.951	19.622	11.762	9.315
累计方差解释量（%）	25.951	45.573	57.335	**66.650**

　　至此，探索性因子分析结束，删除 16 个问项，生成四个维度，共 30 个问项。第一个维度包括 13 个问项：懂得珍惜自己所拥有的生活、懂得与

他人和谐共处、懂得关注家庭和谐、懂得家人为家庭的付出、意识到自己的家庭责任、学会听取家人的人生建议、懂得旅游对家庭的重要作用、学会开放地面对新鲜事物、应该常和家人出游、反思自己与外界的联系、学会承担家庭责任、了解家人观念态度、懂得管理资源。第二个维度包括 10 个问项：学会自我控制、重新审视我的未来、懂得自尊、学会社交沟通、获得自信、学会适应新环境、懂得尊老爱幼、学会独立自主、学会制定计划、懂得努力经营人生。第三个维度包括 4 个问项：了解自己性格的优缺点、了解家人的兴趣爱好、发现自己新的兴趣爱好、了解家人眼中的自己。第四个维度包括 3 个问项：了解当地历史文化、了解当地风土人情、获得旅游地的地理知识。

从维度中的问项可以对因子进行更深刻的理解。第一个维度更多是有关对家人和家庭的反思和领悟，是一种家庭意识。第二个维度更多的是有关个人能力的提升，是一种个人能力方面的学习。第三个维度更多的是发现自我、了解自我的学习。第四个维度是对旅游目的地知识的学习。

3. 各维度的 CITC 分析和内部一致性信度分析

经过四次探索性因子分析后，本研究进一步通过 CITC 分析和内部一致性信度分析对各个维度所包含的测量问项进行筛选。根据前人研究观点（Hinkin，1995；Farh，Earley & Lin，1997；Nunnally，1978），本研究采取以下筛选标准：CITC > 0.4；删除该问项后 Cronbach's α 系数并未显著提高；Cronbach's α 系数应大于 0.7。

学习结果测量量表各因子的 CITC 值和内部一致性信度分析结果如表 4 - 12 所示。结果表明，各因子上的所有问项的 CITC 值均高于 0.4，删除问项后的 α 系数未显著提高。四个因子的 Cronbach's α 系数分别为 0.951、0.934、0.853、0.842 均大于 0.7，说明量表的信度较好。

表 4 - 12　预测试学习结果各因子的 CITC 值和内部一致性信度分析结果 （n = 271）

家庭意识问项（13）	CITC	删除该问项后 α 系数	α 系数
意识到自己的家庭责任	0.832	0.944	0.951
懂得珍惜自己所拥有的生活	0.831	0.944	
懂得与他人和谐共处	0.831	0.945	

家庭意识问项（13）	CITC	删除该问项后α系数	α系数
懂得关注家庭和谐	0.806	0.945	
懂得家人为家庭的付出	0.840	0.944	
学会听取家人的人生建议	0.819	0.945	
懂得旅游对家庭的重要作用	0.729	0.947	
学会开放地面对新鲜事物	0.727	0.947	
应该常和家人出游	0.576	0.952	0.951
反思自己与外界的联系	0.726	0.948	
学会承担家庭责任	0.734	0.947	
了解家人观念态度	0.664	0.949	
懂得管理资源	0.679	0.949	
个人能力问项（10）	CITC	删除该问项后α系数	α系数
学会自我控制	0.741	0.926	
重新审视我的未来	0.688	0.930	
懂得自尊	0.779	0.925	
学会社交沟通	0.803	0.923	
获得自信	0.751	0.926	0.934
学会适应新环境	0.743	0.926	
懂得尊老爱幼	0.759	0.925	
学会独立自主	0.680	0.930	
学会制定计划	0.693	0.929	
懂得努力经营人生	0.742	0.926	
了解自我问项（4）	CITC	删除该问项后α系数	α系数
了解自己性格的优缺点	0.693	0.813	
发现自己新的兴趣爱好	0.695	0.812	0.853
了解家人的兴趣爱好	0.637	0.835	
了解家人眼中的自己	0.750	0.787	
目的地知识问项（3）	CITC	删除该问项后α系数	α系数
了解当地历史文化	0.759	0.728	
了解当地风土人情	0.732	0.756	0.842
获得旅游地的地理知识	0.632	0.851	

注：问项为简化表述。

三 初始量表的修正和完善

1. 删除不具代表性的测量问项

经过四次探索性因子分析发现，"学会解决突发问题""懂得旅游对生活的意义""见识旅游地景观""了解家人生活习惯""反思自己的过去""获得身体技能""获得旅行相关技能""了解家人近况""了解家人性格禀性""了解家庭往事"10 个问项在所有因子上的因子载荷小于 0.5，"懂得家庭的重要性""懂得享受生活""了解当地特色美食""对家人有耐心""学会照顾家人"5 个问项在两个及以上因子上的因子载荷均大于 0.5，"方言或外语水平提高"问项独自成一个因子，共 16 个问项均予以删除。

2. CITC 分析和信度检验

后续的 CITC 分析和内部一致性信度分析显示四个维度上的测量问项的 CITC 值和内部一致性系数均通过了检验。

至此，预测试中的量表初步修正已完成，由 30 个问项组成，以下将进一步收集大样本数据并进行问项再分析。

第三节 大样本数据及问项再分析

该部分数据分析的主要内容包括：数据获取，数据基本特征描述，将数据随机分为大、小两个样本，维度生成和信度检验（对小样本采用探索性因子分析和 CITC 分析进行再次问项净化），以及效度检验（对大样本进行验证性因子分析）。

一 数据获取

样本对象。本研究主要关注青少年子女在家庭旅游过程中的学习结果。因此，选择中学生和低年级大学生为研究对象。

抽样方法。采用方便抽样方法，选取浙江和江西为调研地。面向位于杭州、金华、萍乡的 3 所大学以及位于杭州、温州、萍乡的 3 所中学的学生发放问卷。

问卷收集。本次调研时间为 2017 年 6 月至 8 月。笔者亲自收集杭州 1

所大学的数据，其他学校的数据均由笔者熟识的在校学生或教师负责向学生发放并回收。本次调研共发放问卷1000份，回收924份，回收率为92.4%。

问卷筛选。收集问卷后，本研究主要依照以下标准对问卷进行筛选：①填写人员不符，不是中学生及低年级大学生（比如研究生），或并非与家人出游（比如和同学、朋友出游），或并非中国学生（比如留学生）；②问卷主体部分缺答问项累计达到或超过10%；③量表填写出现明显规律性，例如选择大部分或所有问项选择一样，或呈Z字形循环出现；④同一问项给出两个及以上选择。经过筛选后，预测试调研最终得到792份有效问卷，有效回收率为85.71%。

二　样本数据特征描述

1. 个体基本特征的统计描述

回收的792份有效样本中，在性别分布上，有393位男性，占总数的49.6%；有399位女性，占总数的50.4%。

在年龄分布上，主要分布在15~22岁；其中有392位是12~18岁，占总数的49.5%；有400位是19~24岁，占总数的50.5%。

在年级分布上，有356位是中学，占总数的45.0%；有436位是大学，占总数的55.0%。

在家庭年收入上，有214位是10万元以下，占总数的27.0%；有335位是10万~20万元（不含），占总数的42.3%；有151位是20万~40万元（不含），占总数的19.1%；有49位是40万~80万元（不含），占总数的6.2%；有35位是80万元及以上，占总数的4.4%；有8位未填写，占总数的1.0%。

在家庭情况上，有446位是独生子女，占总数的56.3%；有707位是与父母同住，占总数的89.3%；有188位是与祖父母同住，占总数的23.7%。

在家庭所在地上，有444位是浙江，占总数的56.1%；有243位是江西，占总数的30.7%；有105位是其他，占总数的13.3%。

样本个体基本特征的统计描述如表4-13所示。

表 4 – 13 大样本数据个体基本特征的统计描述（n = 792）

单位：个，%

统计内容	内容分类	频次	占比
性别	男	393	49.6
	女	399	50.4
年龄	12 ~ 18 岁	392	49.5
	19 ~ 24 岁	400	50.5
年级	中学	356	45.0
	大学	436	55.0
家庭年收入	10 万元以下	214	27.0
	10 万 ~ 20 万元（不含）	335	42.3
	20 万 ~ 40 万元（不含）	151	19.1
	40 万 ~ 80 万元（不含）	49	6.2
	80 万元及以上	35	4.4
	缺失值	8	1.0
家庭情况	独生子女	446	56.3
	与父母同住	707	89.3
	与祖父母同住	188	23.7
家庭所在地	浙江	444	56.1
	江西	243	30.7
	其他	105	13.3

2. 旅游基本特征的统计描述

回收的 792 份有效样本中，在出游时间上，有 637 位是寒暑假，占总数的 80.4%；有 38 位是周末，占总数的 4.8%；有 56 位是黄金周，占总数的 7.1%；有 47 位是个人休假期，占总数的 5.9%；有 14 位是其他，占总数的 1.8%。

在出游同伴上，有 674 位是父母，占总数的 85.1%；有 269 位是兄弟姐妹，占总数的 34.0%；有 54 位是祖父母，占总数的 6.8%；有 69 位是其他，占总数的 8.7%。

在出游时长上，有 410 位是 1 ~ 3 天，占总数的 51.8%；有 276 位是 4 ~ 7 天，占总数的 34.8%；有 79 位是 8 ~ 15 天，占总数的 10.0%；有 27 位是 15 天以上，占总数的 3.4%。

在游览次数上，有544位是一次，占总数的68.7%；有248位是两次及以上，占总数的31.3%。

在目的地类型上，有519位是自然风光，占总数的65.5%；有290位是文化旅游，占总数的36.6%；有121位是养生度假，占总数的15.3%；有285位是都市风光，占总数的36.0%；有114位是探亲访友，占总数的14.4%；有110位是主题公园，占总数的13.9%；有61位是户外探险，占总数的7.7%；有91位是农家体验，占总数的11.5%；有56位是亲子互动，占总数的7.1%；有43位是游轮旅游，占总数的5.4%。

在出游形式上，有608位是自助游，占总数的76.8%；有74位是半自助游，占总数的9.3%；有110位是跟团游，占总数的13.9%。

在出游频率上，有186位是多年一次，占总数的23.5%；有262位是一年一次，占总数的33.1%；有227位是一年两次，占总数的28.7%；有117位是一年三次及以上，占总数的14.8%。

样本旅游基本特征的统计描述如表4-14所示。

表4-14　大样本数据旅游基本特征的统计描述（n=792）

单位：个，%

统计内容	内容分类	频次	占比
出游时间	寒暑假	637	80.4
	周末	38	4.8
	黄金周	56	7.1
	个人休假期	47	5.9
	其他	14	1.8
出游同伴	父母	674	85.1
	兄弟姐妹	269	34.0
	祖父母	54	6.8
	其他	69	8.7
出游时长	1~3天	410	51.8
	4~7天	276	34.8
	8~15天	79	10.0
	15天以上	27	3.4

续表

统计内容	内容分类	频次	占比
游览次数	一次	544	68.7
	两次及以上	248	31.3
目的地类型	自然风光	519	65.5
	文化旅游	290	36.6
	养生度假	121	15.3
	都市风光	285	36.0
	探亲访友	114	14.4
	主题公园	110	13.9
	户外探险	61	7.7
	农家体验	91	11.5
	亲子互动	56	7.1
	游轮旅游	43	5.4
出游形式	自助游	608	76.8
	半自助游	74	9.3
	跟团游	110	13.9
出游频率	多年一次	186	23.5
	一年一次	262	33.1
	一年两次	227	28.7
	一年三次及以上	117	14.8

3. 学习结果问项评价值的统计描述

首先对有效数据进行描述性统计分析，以检测样本是否适合进行下一步分析。各测量问项的描述性统计结果如表4-15所示，包括均值、标准差、偏度和峰度。根据 Kline（1998）的观点，偏度绝对值小于3，峰度绝对值小于10，则可判别符合正态分布。由表4-15结果可知，各测量问项的偏度绝对值在0.248与0.958之间，峰度绝对值在0.002与1.065之间。因此，该样本的数据服从正态分布，可进行下一步分析。

根据以往研究者（Bennett & Robinson，2000）的观点，若各测量问项的标准差不足够大，则不容易产生区分。因此，参照前人的做法，将标准差低于0.75的测量问项删除。由表4-15可知，各问项中标准差最小为1.078 > 0.75。因此，各测量问项的标准差足够大，适合进一步分析。

表 4 – 15　大样本数据描述性统计结果（$n = 792$）

测量问项（简化表述）	均值	标准差	偏度	峰度
懂得关注家庭和谐	3.83	1.144	− 0.771	− 0.074
懂得尊老爱幼	3.51	1.220	− 0.537	− 0.556
懂得家人为家庭的付出	3.78	1.128	− 0.756	− 0.084
应该常和家人出游	3.73	1.257	− 0.716	− 0.509
意识到自己的家庭责任	3.61	1.176	− 0.555	− 0.438
学会承担家庭责任	3.64	1.121	− 0.630	− 0.188
懂得旅游对家庭的重要作用	3.50	1.275	− 0.461	− 0.771
懂得自尊	3.45	1.280	− 0.442	− 0.806
学会听取家人的人生建议	3.43	1.225	− 0.378	− 0.762
重新审视我的未来	3.26	1.327	− 0.270	**− 1.065**
反思自己与外界的联系	3.47	1.252	− 0.473	− 0.726
懂得努力经营人生	3.28	1.313	− 0.276	− 1.009
懂得珍惜自己所拥有的生活	3.98	1.106	− 0.984	0.273
懂得与他人和谐共处	3.77	1.113	− 0.642	− 0.280
学会独立自主	3.84	1.176	− 0.882	− 0.022
学会社交沟通	3.76	1.103	− 0.638	− 0.302
学会开放地面对新鲜事物	3.95	1.082	**− 0.958**	0.380
学会自我控制	3.41	1.163	− 0.286	− 0.673
学会制定计划	3.60	1.174	− 0.498	− 0.526
学会适应新环境	3.74	1.169	− 0.850	**0.002**
懂得管理资源	3.65	1.200	− 0.690	− 0.354
获得自信	3.30	1.276	− 0.256	− 0.939
了解家人的观念态度	3.67	**1.078**	− 0.640	0.043
了解家人的兴趣爱好	3.44	1.220	− 0.446	− 0.659
发现自己新的兴趣爱好	3.42	1.296	− 0.433	− 0.853
了解家人眼中的自己	3.25	1.245	**− 0.248**	− 0.798
了解自己性格的优缺点	3.40	1.215	− 0.383	− 0.740
了解当地风土人情	3.79	1.163	− 0.781	− 0.188
获得旅游地的地理知识	3.51	1.259	− 0.518	− 0.667
了解当地历史文化	3.75	1.227	− 0.799	− 0.293

　　本研究将 792 个大样本数据随机分为 264 个样本数据和 528 个样本数据。由表 4-16 可知，大小样本不存在显著差异。较小样本数据用于探索性因子分析、CITC 分析和内部一致性信度分析，从而生成量表维度并净化问项。较大样本数据用于验证性因子分析，检验量表的效度。

表 4-16　两个子样本数据基本特征的统计描述比较

单位：个，%

统计内容	内容分类	频次		占比	
		小样本（264）	大样本（528）	小样本	大样本
性别	男	141	252	53.4	47.7
	女	123	276	46.6	52.3
年龄	12~18 岁	133	263	50.4	49.8
	19~24 岁	131	265	49.6	50.2
年级	中学	120	236	45.5	44.7
	大学	144	292	54.5	55.3
家庭年收入	10 万元以下	68	146	25.8	27.7
	10 万~20 万元（不含）	112	223	42.4	42.2
	20 万~40 万元（不含）	51	100	19.3	18.9
	40 万~80 万元（不含）	18	31	6.8	5.9
	80 万元及以上	13	22	4.9	4.2
	缺失值	2	6	0.8	1.1
家庭情况	独生子女	151	295	57.2	55.9
	与父母同住	233	474	88.3	89.8
	与祖父母同住	66	123	25.0	23.3
出游时间	寒暑假	211	426	79.9	80.7
	周末	15	23	5.7	4.4
	黄金周	17	39	6.4	7.4
	个人休假期	16	31	6.1	5.9
	其他	5	9	1.9	1.7

续表

统计内容	内容分类	频次		占比	
		小样本（264）	大样本（528）	小样本	大样本
出游同伴	父母	224	450	84.8	85.2
	兄弟姐妹	89	180	33.7	34.1
	祖父母	17	37	6.4	7.0
	其他	27	42	10.2	8.0
出游时长	1~3 天	136	274	51.5	51.9
	4~7 天	93	183	35.2	34.7
	8~15 天	25	56	9.5	10.6
	15 天以上	10	15	3.8	2.8
游览次数	一次	178	366	67.4	69.3
	两次及以上	86	162	32.6	30.7
目的地类型	自然风光	175	346	66.3	65.5
	文化旅游	100	190	37.9	36.0
	养生度假	39	82	14.8	15.5
	都市风光	96	189	36.4	35.8
	探亲访友	38	76	14.4	14.4
	主题公园	35	75	13.3	14.2
	户外探险	21	40	8.0	7.6
	农家体验	30	61	11.4	11.6
	亲子互动	18	38	6.8	7.2
	游轮旅游	14	29	5.3	5.5
出游形式	自助游	198	410	75.0	77.7
	半自助游	25	49	9.5	9.3
	跟团游	41	69	15.5	13.1
出游频率	多年一次	63	123	23.9	23.3
	一年一次	82	180	31.1	34.1
	一年两次	78	149	29.5	28.2
	一年三次及以上	41	76	15.5	14.4

三 维度生成及信度检验

1. 探索性因子分析

为了进一步提取出学习结果的维度结构，对较小样本数据进行探索性因子分析。本研究进行探索性因子分析的问项共有 30 个，样本量为 264 个，有效样本量与问项数量比例为 8.8，符合因子分析对样本量的最低要求（Rummel, 1970）。分析结果显示，测量问项的 KMO 值为 0.918，Bartlett 球体检验的显著性统计值小于 0.001。根据 Kaiser（1974）的观点，KMO > 0.9，表示数据非常适合因子分析。因此，本研究进一步采取主成分分析方法以及最大方差的因子旋转方法，对测量问项进行分析以及删减。删减问项依据以下标准（Hinkin, 1995）：删除在所有因子上的因子载荷均小于 0.5 的问项；删除在两个及以上因子上的因子载荷均大于 0.5 的问项；删除独自成一个因子的单一测量条款。第一次探索性因子分析的结果如表 4-17 所示。结果显示，共提取出 6 个特征根大于 1 的公因子，累计方差的解释量为 65.139% > 60%，表明因子分析提取结果是可接受的（Hinkin, 1995）。根据删减问项的标准，"发现自己新的兴趣爱好""懂得珍惜自己所拥有的生活""了解自己性格的优缺点"3 个问项在所有因子上的因子载荷小于 0.5，予以删除。

表 4-17　大样本数据第一次探索性因子分析结果（$n = 264$）

测量问项（简化表述）	因子					
	1	2	3	4	5	6
意识到自己的家庭责任	**0.770**	0.187	0.117	0.132	0.167	0.090
懂得家人为家庭的付出	**0.753**	0.240	-0.018	0.026	0.210	0.124
学会承担家庭责任	**0.716**	0.208	-0.002	0.101	0.303	0.189
了解家人的观念态度	**0.715**	0.064	0.327	0.121	0.150	-0.100
懂得关注家庭和谐	**0.699**	0.156	-0.027	-0.025	0.321	0.223
了解家人眼中的自己	**0.670**	0.186	0.359	0.272	-0.085	-0.113
懂得尊老爱幼	**0.613**	0.410	-0.005	0.137	0.115	0.110
了解家人的兴趣爱好	**0.598**	0.189	0.381	0.298	-0.024	0.089
学会听取家人的人生建议	**0.551**	0.387	0.082	0.280	0.047	0.190

续表

测量问项（简化表述）	因子					
	1	2	3	4	5	6
懂得自尊	**0.524**	0.395	0.060	0.374	-0.028	0.005
发现自己新的兴趣爱好	0.384	0.235	0.258	0.346	0.331	-0.229
懂得与他人和谐共处	0.240	**0.765**	0.122	0.057	0.243	0.038
学会社交沟通	0.181	**0.728**	0.278	0.152	0.080	0.105
学会适应新环境	0.280	**0.613**	0.280	0.191	0.192	0.033
获得自信	0.332	**0.585**	0.237	0.299	0.064	-0.052
学会自我控制	0.255	**0.501**	0.343	0.272	0.079	0.114
了解当地历史文化	0.091	0.153	**0.837**	0.083	0.141	0.064
了解当地风土人情	0.135	0.229	**0.773**	0.144	0.225	0.054
获得旅游地的地理知识	0.042	0.224	**0.757**	0.037	0.105	0.038
重新审视我的未来	0.131	0.218	0.048	**0.802**	0.115	0.151
懂得努力经营人生	0.149	0.224	0.147	**0.761**	0.241	0.058
反思自己与外界的联系	0.182	0.145	0.160	**0.591**	0.348	-0.004
学会制定计划	0.167	0.110	0.417	0.175	**0.631**	0.206
懂得管理资源	0.240	0.020	0.372	0.304	**0.592**	0.056
学会开放地面对新鲜事物	0.174	0.437	0.086	0.195	**0.588**	0.032
学会独立自主	0.216	0.487	0.144	0.225	**0.521**	-0.030
懂得珍惜自己所拥有的生活	0.336	0.449	0.068	0.321	0.466	0.006
应该常和家人出游	0.312	0.179	0.143	0.144	0.109	**0.683**
懂得旅游对家庭的重要作用	0.464	0.066	0.283	0.221	0.171	**0.543**
了解自己性格的优缺点	0.392	0.330	0.314	0.221	0.211	-0.445
特征根	5.768	3.879	3.283	2.822	2.479	1.311
方差解释量（%）	19.227	12.930	10.942	9.406	8.264	4.369
累计方差解释量（%）	19.227	32.158	43.100	52.506	60.770	**65.139**

　　用相同的方法，将剔除后的测量问项再次进行探索性因子分析。结果显示，测量问项的 KMO 值为 0.913，Bartlett 球体检验的显著性统计值小于 0.001，表明数据非常适合因子分析。第二次探索性因子分析的结果如表 4-18 所示。结果显示，共提取出 5 个特征根大于 1 的公因子，累计方差的解释量为 63.308% >60%，表明因子分析提取结果可接受（Hinkin，1995）。

根据删减问项的标准，"应该常和家人出游" 1 个问项在所有因子上的因子载荷小于 0.5，予以删除。

表 4 - 18 大样本数据第二次探索性因子分析结果（$n = 264$）

测量问项（简化表述）	因子				
	1	2	3	4	5
意识到自己的家庭责任	**0.766**	0.204	0.113	0.151	0.158
懂得家人为家庭的付出	**0.756**	0.256	-0.010	0.031	0.187
学会承担家庭责任	**0.718**	0.237	-0.012	0.109	0.326
懂得关注家庭和谐	**0.703**	0.183	-0.031	-0.007	0.350
了解家人的观念态度	**0.679**	0.108	0.336	0.130	0.065
了解家人眼中的自己	**0.660**	0.177	0.365	0.268	-0.147
懂得尊老爱幼	**0.627**	0.422	-0.004	0.138	0.086
了解家人的兴趣爱好	**0.624**	0.153	0.385	0.277	-0.006
学会听取家人的人生建议	**0.584**	0.363	0.063	0.269	0.105
懂得旅游对家庭的重要作用	**0.543**	-0.006	0.252	0.193	0.432
懂得自尊	**0.542**	0.379	0.063	0.343	-0.070
懂得与他人和谐共处	0.252	**0.768**	0.119	0.054	0.178
学会社交沟通	0.217	**0.715**	0.275	0.165	0.044
学会适应新环境	0.293	**0.621**	0.284	0.194	0.122
获得自信	0.335	**0.597**	0.230	0.299	-0.018
学会独立自主	0.191	**0.564**	0.154	0.288	0.352
学会开放地面对新鲜事物	0.145	**0.525**	0.073	0.225	0.498
学会自我控制	0.284	**0.501**	0.336	0.277	0.062
了解当地历史文化	0.103	0.153	**0.844**	0.097	0.143
了解当地风土人情	0.143	0.238	**0.779**	0.155	0.207
获得旅游地的地理知识	0.051	0.220	**0.753**	0.037	0.120
重新审视我的未来	0.177	0.202	0.037	**0.782**	0.115
懂得努力经营人生	0.172	0.234	0.154	**0.781**	0.152
反思自己与外界的联系	0.171	0.193	0.156	**0.638**	0.250
学会制定计划	0.148	0.202	0.394	0.234	**0.634**
懂得管理资源	0.192	0.145	0.343	0.371	**0.535**
应该常和家人出游	0.420	0.085	0.094	0.073	0.471

续表

测量问项（简化表述）	因子				
	1	2	3	4	5
特征根	5.582	3.737	3.063	2.677	2.034
方差解释量（%）	20.672	13.842	11.344	9.914	7.535
累计方差解释量（%）	20.672	34.514	45.859	55.773	**63.308**

用相同的方法，将剔除后的测量问项再次进行探索性因子分析。结果显示，测量问项的 KMO 值为 0.916，Bartlett 球体检验的显著性统计值小于 0.001，表明数据非常适合因子分析。第三次探索性因子分析的结果如表 4-19 所示。结果显示，共提取出 5 个特征根大于 1 的公因子，累计方差的解释量为 64.615% > 60%，表明因子分析提取结果是可接受的（Hinkin，1995）。根据删减问项的标准，"学会开放地面对新鲜事物" 1 个问项在两个因子上的因子载荷大于 0.5，予以删除。

表 4-19　大样本数据第三次探索性因子分析结果（$n = 264$）

测量问项（简化表述）	因子				
	1	2	3	4	5
意识到自己的家庭责任	**0.782**	0.200	0.112	0.143	0.150
懂得家人为家庭的付出	**0.775**	0.252	-0.009	0.029	0.152
懂得关注家庭和谐	**0.741**	0.169	-0.033	-0.017	0.304
学会承担家庭责任	**0.740**	0.235	-0.011	0.106	0.271
了解家人的观念态度	**0.685**	0.108	0.333	0.117	0.081
了解家人眼中的自己	**0.632**	0.199	0.370	0.276	-0.137
懂得尊老爱幼	**0.622**	0.431	-0.002	0.140	0.070
了解家人的兴趣爱好	**0.599**	0.181	0.396	0.295	-0.046
学会听取家人的人生建议	**0.574**	0.380	0.072	0.286	0.059
懂得旅游对家庭的重要作用	**0.558**	0.012	0.272	0.224	0.280
懂得自尊	**0.511**	0.406	0.075	0.367	-0.101
懂得与他人和谐共处	0.245	**0.771**	0.118	0.055	0.173
学会社交沟通	0.199	**0.720**	0.272	0.163	0.081
学会适应新环境	0.280	**0.628**	0.282	0.192	0.139
获得自信	0.311	**0.608**	0.229	0.298	0.021

续表

测量问项（简化表述）	因子				
	1	2	3	4	5
学会独立自主	0.223	**0.528**	0.133	0.241	0.452
学会自我控制	0.269	**0.507**	0.332	0.269	0.101
了解当地历史文化	0.103	0.151	**0.842**	0.088	0.167
了解当地风土人情	0.146	0.235	**0.776**	0.145	0.227
获得旅游地的地理知识	0.042	0.227	**0.754**	0.037	0.121
重新审视我的未来	0.158	0.216	0.047	**0.799**	0.107
懂得努力经营人生	0.168	0.229	0.151	**0.770**	0.212
反思自己与外界的联系	0.182	0.176	0.145	**0.609**	0.323
学会制定计划	0.206	0.161	0.374	0.181	**0.683**
懂得管理资源	0.248	0.097	0.316	0.305	**0.636**
学会开放地面对新鲜事物	0.178	0.501	0.061	0.197	0.516
特征根	5.478	3.725	3.021	2.578	1.998
方差解释量（%）	21.070	14.326	11.619	9.915	7.685
累计方差解释量（%）	21.070	35.396	47.015	56.930	**64.615**

　　用相同的方法，将剔除后的测量问项再次进行探索性因子分析。结果显示，测量问项的 KMO 值为 0.915，Bartlett 球体检验的显著性统计值小于 0.001，表明数据非常适合因子分析。第四次探索性因子分析的结果如表 4-20 所示。结果显示，共提取出 4 个特征根大于 1 的公因子，累计方差的解释量为 61.394% > 60%，表明因子分析提取结果是可接受的（Hinkin，1995）。根据删减问项的标准，"懂得自尊""学会独立自主"两个问项在所有因子上的因子载荷小于 0.5，予以删除。

表 4-20　大样本数据第四次探索性因子分析结果（n=264）

测量问项（简化表述）	因子			
	1	2	3	4
意识到自己的家庭责任	**0.784**	0.217	0.120	0.175
懂得家人为家庭的付出	**0.783**	0.242	0.018	0.082
懂得关注家庭和谐	**0.764**	0.124	0.035	0.130
学会承担家庭责任	**0.758**	0.210	0.038	0.212

续表

测量问项（简化表述）	因子			
	1	2	3	4
了解家人的观念态度	**0.687**	0.139	0.325	0.092
懂得尊老爱幼	**0.616**	0.444	-0.007	0.143
了解家人眼中的自己	**0.601**	0.300	0.286	0.124
了解家人的兴趣爱好	**0.571**	0.275	0.327	0.201
懂得旅游对家庭的重要作用	**0.570**	0.023	0.300	0.312
学会听取家人的人生建议	**0.570**	0.409	0.053	0.244
懂得自尊	0.489	0.476	0.009	0.231
懂得与他人和谐共处	0.248	**0.737**	0.147	0.131
学会社交沟通	0.183	**0.737**	0.258	0.179
获得自信	0.294	**0.649**	0.193	0.248
学会适应新环境	0.281	**0.628**	0.288	0.208
学会自我控制	0.253	**0.545**	0.309	0.274
学会独立自主	0.252	0.467	0.215	0.431
了解当地历史文化	0.107	0.177	**0.846**	0.109
了解当地风土人情	0.154	0.251	**0.791**	0.192
获得旅游地的地理知识	0.039	0.252	**0.752**	0.058
学会制定计划	0.258	0.075	**0.510**	0.492
懂得努力经营人生	0.163	0.293	0.121	**0.754**
重新审视我的未来	0.145	0.295	-0.007	**0.724**
反思自己与外界的联系	0.190	0.203	0.156	**0.682**
懂得管理资源	0.292	0.039	0.428	**0.579**
特征根	5.472	3.736	3.144	2.997
方差解释量（%）	21.888	14.945	12.575	11.986
累计方差解释量（%）	21.888	36.833	49.408	**61.394**

　　用相同的方法，将剔除后的测量问项再次进行探索性因子分析。结果显示，测量问项的 KMO 值为 0.913，Bartlett 球体检验的显著性统计值小于 0.001，表明数据非常适合因子分析。第五次探索性因子分析的结果如表 4-21 所示。结果显示，共提取出 4 个特征根大于 1 的公因子，累计方差的解释量为 62.637% > 60%，表明因子分析提取结果是可接受的（Hinkin, 1995）。发现"学会制定计划"与其所在因子的其他问项（旅游目的地知

识）在内容上存在明显差异，且因子载荷较小，予以删除。

表 4 - 21　大样本数据第五次探索性因子分析结果 （n = 264）

测量问项（简化表述）	因子			
	1	2	3	4
懂得家人为家庭的付出	**0.789**	0.245	0.008	0.080
意识到自己的家庭责任	**0.784**	0.217	0.117	0.178
懂得关注家庭和谐	**0.779**	0.127	0.025	0.108
学会承担家庭责任	**0.767**	0.174	0.056	0.194
了解家人的观念态度	**0.680**	0.130	0.331	0.097
懂得尊老爱幼	**0.623**	0.426	-0.003	0.145
了解家人眼中的自己	**0.598**	0.302	0.281	0.141
学会听取家人的人生建议	**0.571**	0.406	0.050	0.258
了解家人的兴趣爱好	**0.568**	0.271	0.327	0.209
懂得旅游对家庭的重要作用	**0.568**	0.029	0.299	0.311
懂得与他人和谐共处	0.263	**0.754**	0.127	0.133
学会社交沟通	0.194	**0.754**	0.240	0.187
学会适应新环境	0.286	**0.628**	0.283	0.219
获得自信	0.302	**0.623**	0.203	0.254
学会自我控制	0.257	**0.558**	0.297	0.286
了解当地历史文化	0.104	0.180	**0.850**	0.102
了解当地风土人情	0.152	0.251	**0.796**	0.184
获得旅游地的地理知识	0.042	0.255	**0.752**	0.045
学会制定计划	0.274	0.063	0.520	0.458
懂得努力经营人生	0.166	0.276	0.134	**0.767**
重新审视我的未来	0.140	0.277	0.009	**0.751**
反思自己与外界的联系	0.198	0.204	0.155	**0.680**
懂得管理资源	0.299	0.038	0.435	**0.561**
特征根	5.244	3.272	3.113	2.777
方差解释量（%）	22.800	14.227	13.536	12.075
累计方差解释量（%）	22.800	37.026	50.562	**62.637**

用相同的方法，将剔除后的测量问项再次进行探索性因子分析。结果显示，测量问项的 KMO 值为 0.916，Bartlett 球体检验的显著性统计值小于

0.001，表明数据非常适合因子分析。第六次探索性因子分析的结果如表4-22所示。结果显示，共提取出4个特征根大于1的公因子，累计方差的解释量为63.402% > 60%，表明因子分析提取结果是可接受的（Hinkin，1995）。"懂得管理资源"在所有因子上的因子载荷小于0.5，予以删除。

表 4-22　大样本数据第六次探索性因子分析结果（$n = 264$）

测量问项（简化表述）	因子			
	1	2	3	4
懂得家人为家庭的付出	**0.787**	0.248	0.001	0.079
意识到自己的家庭责任	**0.785**	0.221	0.111	0.177
懂得关注家庭和谐	**0.778**	0.140	0.013	0.099
学会承担家庭责任	**0.766**	0.200	0.036	0.174
了解家人的观念态度	**0.685**	0.131	0.328	0.099
懂得尊老爱幼	**0.616**	0.446	-0.021	0.130
了解家人眼中的自己	**0.605**	0.259	0.301	0.177
了解家人的兴趣爱好	**0.575**	0.252	0.333	0.225
懂得旅游对家庭的重要作用	**0.574**	0.048	0.283	0.296
学会听取家人的人生建议	**0.569**	0.403	0.045	0.262
懂得与他人和谐共处	0.253	**0.770**	0.117	0.127
学会社交沟通	0.187	**0.760**	0.234	0.187
学会适应新环境	0.279	**0.660**	0.258	0.196
获得自信	0.298	**0.633**	0.193	0.249
学会自我控制	0.253	**0.576**	0.288	0.277
了解当地历史文化	0.119	0.156	**0.863**	0.124
了解当地风土人情	0.165	0.236	**0.805**	0.199
获得旅游地的地理知识	0.054	0.219	**0.774**	0.077
懂得努力经营人生	0.177	0.235	0.155	**0.798**
重新审视我的未来	0.151	0.229	0.030	**0.786**
反思自己与外界的联系	0.209	0.179	0.165	**0.698**
懂得管理资源	0.301	0.131	0.373	0.484
特征根	5.189	3.306	2.845	2.609
方差解释量（%）	23.587	15.026	12.930	11.859
累计方差解释量（%）	23.587	38.613	51.543	**63.402**

用相同的方法，将剔除后的测量问项再次进行探索性因子分析。结果显示，测量问项的 KMO 值为 0.915，Bartlett 球体检验的显著性统计值小于 0.001，表明数据非常适合因子分析。第七次探索性因子分析的结果如表 4-23 所示。

表 4-23　大样本数据第七次探索性因子分析结果（n = 264）

测量问项（简化表述）	因子			
	1	2	3	4
懂得家人为家庭的付出	**0.788**	0.242	0.000	0.079
意识到自己的家庭责任	**0.787**	0.229	0.105	0.158
懂得关注家庭和谐	**0.779**	0.141	0.009	0.090
学会承担家庭责任	**0.767**	0.212	0.028	0.151
了解家人的观念态度	**0.687**	0.150	0.316	0.065
懂得尊老爱幼	**0.616**	0.450	-0.029	0.118
了解家人眼中的自己	**0.610**	0.249	0.308	0.185
懂得旅游对家庭的重要作用	0.580	0.054	0.284	0.281
了解家人的兴趣爱好	0.580	0.249	0.338	0.224
学会听取家人的人生建议	0.574	0.387	0.053	0.277
懂得与他人和谐共处	0.252	**0.772**	0.111	0.121
学会社交沟通	0.188	**0.764**	0.229	0.178
学会适应新环境	0.281	**0.664**	0.253	0.186
获得自信	0.300	**0.637**	0.189	0.239
学会自我控制	0.255	**0.604**	0.273	0.235
了解当地历史文化	0.127	0.154	**0.871**	0.122
了解当地风土人情	0.172	0.244	**0.806**	0.182
获得旅游地的地理知识	0.060	0.216	**0.780**	0.076
重新审视我的未来	0.164	0.208	0.057	**0.815**
懂得努力经营人生	0.190	0.234	0.171	**0.800**
反思自己与外界的联系	0.219	0.189	0.173	**0.684**
特征根	5.153	3.331	2.723	2.340
方差解释量（%）	24.540	15.864	12.967	11.141
累计方差解释量（%）	24.540	40.404	53.371	**64.512**

结果显示，共提取出 4 个特征根大于 1 的公因子，累计方差的解释量

为 64.512% >60%，表明因子分析提取结果是可接受的（Hinkin，1995）。考虑到量表的简洁性和效度，最后将因子负荷小于 0.6 的问项删除（Hair 等，2006）。因此，将"懂得旅游对家庭的重要作用""了解家人的兴趣爱好""学会听取家人的人生建议"3 个问项予以删除。

用相同的方法，将剔除后的测量问项再次进行探索性因子分析。结果显示，测量问项的 KMO 值为 0.903，Bartlett 球体检验的显著性统计值小于 0.001，表明数据非常适合因子分析。第八次探索性因子分析的结果如表 4-24所示。结果显示，共提取出 4 个特征根大于 1 的公因子，累计方差的解释量为 67.225% >60%，表明因子分析提取结果是可接受的（Hinkin，1995）。根据删减问项的标准，没有问项予以删除。

表 4-24　大样本数据第八次探索性因子分析结果（$n=264$）

测量问项（简化表述）	因子			
	1	2	3	4
懂得家人为家庭的付出	**0.806**	0.230	0.021	0.103
懂得关注家庭和谐	**0.791**	0.141	0.024	0.108
意识到自己的家庭责任	**0.784**	0.224	0.123	0.175
学会承担家庭责任	**0.780**	0.206	0.048	0.170
了解家人的观念态度	**0.681**	0.139	0.332	0.091
懂得尊老爱幼	**0.636**	0.430	-0.013	0.140
了解家人眼中的自己	**0.602**	0.235	0.320	0.211
懂得与他人和谐共处	0.260	**0.777**	0.099	0.123
学会社交沟通	0.183	**0.760**	0.228	0.176
学会适应新环境	0.268	**0.671**	0.249	0.184
获得自信	0.284	**0.651**	0.178	0.239
学会自我控制	0.231	**0.630**	0.255	0.230
了解当地历史文化	0.116	0.152	**0.886**	0.127
了解当地风土人情	0.154	0.261	**0.805**	0.185
获得旅游地的地理知识	0.059	0.219	**0.782**	0.084
重新审视我的未来	0.147	0.216	0.057	**0.816**
懂得努力经营人生	0.172	0.249	0.163	**0.804**
反思自己与外界的联系	0.222	0.165	0.189	**0.704**

测量问项（简化表述）	因子			
	1	2	3	4
特征根	4.177	3.152	2.562	2.210
方差解释量（%）	23.205	17.511	14.232	12.276
累计方差解释量（%）	23.205	40.716	54.949	**67.225**

至此，探索性因子分析结束。删除 12 个问项，生成四个维度共 18 个问项。第一个维度包括 7 个问项——懂得家人为家庭的付出、懂得关注家庭和谐、意识到自己的家庭责任、学会承担家庭责任、了解家人的观念态度、懂得尊老爱幼、了解家人眼中的自己，是有关对家人的了解、对家庭的反思和领悟，将该因子命名为"家庭意识"。第二个维度包括 5 个问项——懂得与他人和谐共处、学会社交沟通、学会适应新环境、获得自信、学会自我控制，是有关个人能力的提升，将该因子命名为"个人能力"。第三个维度包括 3 个问项——了解当地历史文化、了解当地风土人情、获得旅游地的地理知识，是有关旅游目的地的事实信息，将该因子命名为"目的地知识"。第四个维度包括 3 个问项——重新审视我的未来、懂得努力经营人生、反思自己与外界的联系，是对自己现在、未来和人生的反思，将该因子命名为"自我反思"。

2. CITC 分析和内部一致性信度分析

经过八次探索性因子分析后，本研究进一步通过 CITC 分析和内部一致性信度分析对各个维度所包含的测量问项进行筛选。本研究采取以下筛选标准：CITC > 0.4；删除该问项后 Cronbach's α 系数并未显著提高；Cronbach's α 系数应大于 0.7。

家庭意识（Family awareness，FA）、个人能力（Personal capability，PA）、旅游目的地知识（Destination knowledge，DK）、自我反思（Self - reflection，SR）测量量表的 CITC 值和内部一致性信度分析如表 4 - 25 所示。结果表明，所有问项的 CITC 值均高于 0.4，删除问项后的 α 系数未显著提高；四个维度的 Cronbach's α 系数依次为 0.896、0.852、0.851、0.786，均大于 0.7。

表 4 – 25　大样本数据 CITC 分析和内部一致性信度分析结果（$n = 264$）

家庭意识问项（7）	CITC	删除该问项后 α 系数	α 系数
FA1 懂得家人为家庭的付出	0.749	0.875	
FA2 懂得关注家庭和谐	0.691	0.881	
FA3 意识到自己的家庭责任	0.762	0.873	
FA4 学会承担家庭责任	0.734	0.877	0.896
FA5 了解家人的观念态度	0.650	0.886	
FA6 懂得尊老爱幼	0.666	0.885	
FA7 了解家人眼中的自己	0.636	0.888	
个人能力问项（5）	CITC	删除该问项后 α 系数	α 系数
PC1 懂得与他人和谐共处	0.672	0.820	
PC2 学会社交沟通	0.694	0.814	
PC3 学会适应新环境	0.677	0.818	0.852
PC4 获得自信	0.651	0.827	
PC5 学会自我控制	0.632	0.830	
旅游目的地知识问项（3）	CITC	删除该问项后 α 系数	α 系数
DK1 了解当地历史文化	0.796	0.719	
DK2 了解当地风土人情	0.734	0.782	0.851
DK3 获得旅游地的地理知识	0.642	0.870	
自我反思问项（3）	CITC	删除该问项后 α 系数	α 系数
SR1 重新审视我的未来	0.635	0.699	
SR2 懂得努力经营人生	0.685	0.642	0.786
SR3 反思自己与外界的联系	0.558	0.779	

注：问项为简化表述。

四　效度检验：验证性因子分析

本研究采用另一个较大样本（528 个）在 Amos21.0 软件中进行验证性因子分析，以进一步确认量表的聚合效度和区分效度，验证结果如表 4 – 26 所示。

表 4 - 26　家庭旅游学习结果量表聚合效度验证结果（n = 528）

因子	问项	标准化因素负荷量	临界比	R^2	CR	AVE
家庭意识	FA1	0.723	—	0.540	0.8746	0.5013
	FA2	0.741	19.823	0.624		
	FA3	0.651	18.773	0.498		
	FA4	0.734	17.008	0.631		
	FA5	0.674	13.716	0.410		
	FA6	0.643	13.725	0.405		
	FA7	0.676	13.469	0.402		
个人能力	PC1	0.707	—	0.503	0.8604	0.5524
	PC2	0.741	18.354	0.550		
	PC3	0.780	16.091	0.607		
	PC4	0.724	15.051	0.522		
	PC5	0.760	15.741	0.577		
旅游目的地知识	DK1	0.901	—	0.814	0.8497	0.6576
	DK2	0.861	21.717	0.738		
	DK3	0.648	16.043	0.421		
自我反思	SR1	0.766	—	0.586	0.7953	0.5681
	SR2	0.848	16.734	0.726		
	SR3	0.631	13.469	0.393		
拟合度	χ^2/df = 2.918；GFI = 0.931；NFI = 0.928；IFI = 0.951；TLI = 0.940；CFI = 0.951；RMSEA = 0.060					

拟合度。由表 4 - 26 可知，χ^2/df 值为 2.918，小于 3；GFI 值为 0.931，NFI 值为 0.928，IFI 值为 0.951，TLI 值为 0.940，CFI 值为 0.951，均大于 0.9；RMSEA 值为 0.060，小于 0.08。总体来看，验证性因子分析的拟合指标值满足研究要求（Hair 等，2006；吴明隆，2010）。

聚合效度。由表 4 - 26 可知，各测量问项在公因子上的标准载荷值最低为 0.631，表明聚合效度较好。同时，大多数问项的 R^2 值介于 0.5 与 0.95 之间，表明本研究开发的量表具有较好的聚合效度。另外，除了自我反思因子的建构信度（CR）接近 0.8，其他所有因子的 CR 值均大于 0.8，平均方差抽取量（AVE）均大于 0.5，亦表明各因子的聚合效度较好（Fornell & Larcker，1981；吴明隆，2010）。

区分效度。若每个因子的 AVE 值大于相关系数的平方值，则说明区分效度较好（Fornell & Larcker，1981；吴明隆，2010）。结果如表 4 - 27 所示，可知各因子之间的相关系数小于 AVE 的平方根，表明本研究开发的量表具有较好的区分效度。

表 4 - 27　家庭旅游学习结果量表区分效度验证结果（n = 528）

变量	家庭意识	个人能力	旅游目的地知识	自我反思
家庭意识	(0.7080)			
个人能力	0.666	(0.7432)		
旅游目的地知识	0.392	0.536	(0.8109)	
自我反思	0.536	0.653	0.396	(0.8682)

注：对角线括号里的数值为每个变量的 AVE 值的平方根。

至此，家庭旅游学习结果量表开发完成。结果表明，该量表由家庭意识、个人能力、旅游目的地知识和自我反思四个维度构成，并具备较好的信度和效度。

第四节　人口统计学特征与旅游基本特征对旅游学习结果的影响

由前文文献综述可知，不同的旅游类型以及不同人群所获得的旅游学习结果在内容和程度上均存在差异（e. g. Falk 等，2012）。因此，本研究采用单因素方差分析方法，分别对人口统计学特征与学习结果、旅游基本特征与学习结果之间的关系进行探索。

一　人口统计学特征与家庭旅游学习结果

方差分析结果显示，旅游学习结果在性别上无显著差异。

在年龄上，不同年龄个体所获得的个人能力（F = 2.221，P = 0.012 < 0.05）和旅游目的地知识（F = 2.090，P = 0.020 < 0.05）存在显著差异。且通过比较均值发现，年龄较大的群组获得的个人能力更少，获得的旅游目的地知识更多。

在年级上，不同年级的个体所获得的家庭意识（F = 7. 342，P = 0. 007 < 0. 05）、个人能力（F = 11. 689，P = 0. 001 < 0. 05）、旅游目的地知识（F = 12. 031，P = 0. 001 < 0. 05）和自我反思（F = 4. 513，P = 0. 034 < 0. 05）均存在显著差异。且通过比较均值发现，中学生在个人能力和自我反思上的获取更多，而大学生在家庭意识和旅游目的地知识上的获取更多。

在家庭收入上，不同家庭收入的个体所获得的旅游目的地知识存在显著差异（F = 2. 722，P = 0. 019 < 0. 05）。且通过比较均值发现，家庭收入越高，获得的旅游目的地知识越多。

在家庭情况上，是否为独生子女在所获得的旅游目的地知识（F = 5. 812，P = 0. 016 < 0. 05）和自我反思（F = 7. 091，P = 0. 008 < 0. 05）上存在显著差异。且通过比较均值发现，独生子女获取的旅游目的地知识更多，自我反思更少。是否与父母同住在总体学习结果上存在显著差异（F = 4. 294，P = 0. 039 < 0. 05）。且通过比较均值发现，与父母同住的个体获得的总体学习结果更多。是否与祖父母同住在自我反思（F = 5. 570，P = 0. 019 < 0. 05）和总体学习结果（F = 6. 184，P = 0. 013 < 0. 05）上存在显著差异。且通过比较均值发现，与祖父母同住的个体获得更多的自我反思和总体学习结果。

二　旅游基本特征与家庭旅游学习结果

分析结果显示，旅游学习结果在出游时间、是否与祖父母出游、是否为农家体验/户外探险/养生度假/亲子互动旅游类型上均无显著差异。

在出游同伴上，是否和父母出游的个体在所获得的家庭意识（F = 6. 265，P = 0. 013 < 0. 05）和个人能力（F = 9. 101，P = 0. 003 < 0. 05）上存在显著差异。且通过比较均值发现，和父母出游的个体获得的家庭意识更多，获得的个人能力更少。是否和兄弟姐妹出游在所获得的个人能力（F = 9. 971，P = 0. 002 < 0. 05）和总体学习结果（F = 6. 388，P = 0. 012 < 0. 05）上存在显著差异。且通过比较均值发现，和兄弟姐妹出游的个体获得的个人能力和总体学习结果更多。

在出游时长上，个体所获得的旅游目的地知识存在显著差异（F = 5. 122，P = 0. 002 < 0. 05）。且通过比较均值发现，出游三天以上的个体获

得的旅游目的地知识更多。

在游览次数上，个体所获得的自我反思存在显著差异（F = 4.355，P = 0.037 < 0.05）。且通过比较均值发现，已多次游览个体所获得的自我反思比首次游览的个体更多。

在旅游目的地类型上，是否为都市观光（F = 10.955，P = 0.001 < 0.05）、自然风光（F = 4.355，P = 0.037 < 0.05）和文化旅游（F = 11.424，P = 0.001 < 0.05）的旅游类型对个体所获得的旅游目的地知识产生显著影响（F = 9.311，P = 0.002 < 0.05）。是否为主题公园（F = 6.053，P = 0.014 < 0.05）和游轮旅游（F = 7.063，P = 0.008 < 0.05）的旅游类型对个体所获得的个人能力产生显著影响。是否为探亲访友的旅游类型对个体所获得的自我反思产生显著影响（F = 4.015，P = 0.046 < 0.05）。是否为都市观光（F = 5.061，P = 0.025 < 0.05）、自然风光（F = 5.415，P = 0.020 < 0.05）和游轮旅游（F = 6.591，P = 0.010 < 0.05）在总体学习结果上存在显著差异。且通过比较均值发现，参加以上任何一种旅游类型均比未参与的人群在具有显著差异的学习维度上获得更多学习结果。

在出游形式上，跟团游和自助游个体在获得的家庭意识上存在显著差异（F = 2.870，P = 0.045 < 0.05）。且通过比较均值发现，自助游比跟团游的个体获得的家庭意识更多。

在出游频率上，一年出游三次及以上和多年出游一次的个体在获得的总体学习结果上存在显著差异（F = 3.668，P = 0.011 < 0.05）。且通过比较均值发现，一年出游三次及以上的个体获得的总体学习结果更多。

最后，将方差分析结果总结如表 4 - 28 所示。

表 4 - 28　方差分析结果

项目	家庭意识	个人能力	旅游目的地知识	自我反思	总学习结果
年龄		-	+		
年级	+	-	+	-	
家庭收入			+		
独生子女			+	-	
与父母同住					+

续表

项目	家庭意识	个人能力	旅游目的地知识	自我反思	总学习结果
与祖父母同住				+	+
与父母出游	+	-			
与兄弟姐妹出游		+			+
出游时长			+		
游览次数				+	
都市观光			+		+
自然风光			+		+
文化旅游			+		
主题公园		+			
游轮旅游		+			+
探亲访友				+	
出游形式—自助游	+				
出游频率					+

注：空缺表示无显著差异，" + "表示有类正向相关，" - "表示有类负向相关。

第五节 小结与讨论

本文主要基于 Churchill Jr（1979）、DeVellis（2003）和 Tsaur 等（2010）有关量表开发过程的建议，开发出家庭旅游者学习结果的量表。首先，通过文献研究，对家庭旅游者学习结果的内涵和构念进行界定；其次，基于前期主题分析结果和相关文献，设计初始量表；再次，通过预测试的探索性因子分析、CITC 分析和内部一致性信度分析，对量表问项进行调整；最后，进行大样本调研，将大样本数据随机分为较小的样本一和较大的样本二，对样本一进行探索性因子分析、CITC 分析和内部一致性信度分析，从而生成量表的四个子维度，并依次命名为家庭意识、个人能力、旅游目的地知识、自我反思；对样本二进行验证性因子分析，检验四个维度的建构效度、聚合效度和区分效度，结果表明该量表具有较好的信度和效度。

家庭意识维度包括关注家庭、了解家人、懂得家庭责任和意义，内容最为丰富，涵盖知识、能力和智慧三个层面，主要来源于家庭系统。知识层面包括了解家人，通过家人了解自己；能力层面包括学会承担家庭责任；智慧层面包括对家庭责任和关系的感知、理解。其中，有关家庭关系的内容与 Minnaert（2012），以及 Bos、McCabe 和 Johnson（2015）在社会旅游的质性研究中提出的"旅游使人们对家庭关系的态度和价值观念产生改变"的研究结论相一致。然而，之前尚未有研究对其他内容进行界定和探讨。因此，本研究中家庭意识的研究结果较之于其他类型旅游的学习结果而言，是一种理论构念的创新，是由特定的旅游同伴（即家人）形成的特殊情境所致。

个人能力维度属于技能方面，包括与他人相处、社交沟通、自信、自控和适应环境能力，来源于与家庭和旅游系统的社会交互中。在个人能力层面，除了与 Pearce 和 Foster（2007）以及 Chen、Bao 和 Huang（2014）发现背包客获得"社交沟通"、"适应新环境"、"获得自信"和"自我控制"等一般能力相一致之外，本研究还发现"懂得与他人和谐共处"的能力。该结果反映了家庭旅游对子女和谐意识的影响，符合以儒家思想为主流的中国传统家庭观念对和谐关系的重视（Bond & Hwang，1986；Moise，1995；Mok & DeFranco，2000）。但本研究并没有发现 Tsaur、Yen 和 Chen（2010），以及 Tsaur 和 Huang（2016）在自助旅游和工作假期旅游中提出的"组织和计划能力""独立""身体能力""空间识别""职业能力"等内容，这可能是由于研究对象不同所致。本研究以家庭旅游中尚未自立的子女（中学生及低年级大学生）为研究对象，所参与家庭旅游大多是由父母主导整个旅游的计划、组织、准备和实施；而子女作为较为依赖的角色，并不能获得较多以上自助旅游者或工作假期旅游者所反映的能力。

旅游目的地知识属于知识层面，来源于旅游系统，在所有家庭旅游学习结果中是最为直接、容易获取的基本信息。在旅游目的地知识层面，本研究结果与 Tsaur 和 Huang（2016）发现的工作假期旅游者学习结果中的"了解当地环境"因子相一致，与 Lu（2013）的中国出境旅游者学习结果量表中的"基础事实"因子相一致。另外，该量表子维度与 Byrnes（2001），Alexander、Bakir 和 Wickens（2010），LaTorre（2011），Bos、McCabe 和 Johnson（2015），Stone 和 Petrick（2017）等人发现不同旅游类型中获得知识的定性探索结果相符。这表明旅游目的地知识维度属于一般性旅游的知识获得，在不同类型的旅游中均存在。

自我反思是对自己的生活现状、未来规划以及与外界联系的审视和思考，属于智慧层面，会受到家庭和旅游系统的激发，主要来源于个体内部系统，是较高层次的认知行为。在自我反思层面，该结果与 Chen、Bao 和 Huang（2014）发现的背包客个人发展中的世界观因子和自我意识因子的内涵相似，同时也验证了 Minnaert（2012）关于低保人群家庭旅游后获得的"反思人生""面对生活难题的勇气"以及 Pearce 和 Lu（2011）关于出境旅游者获得的"反思社会""产生新观念"等结论。这表明与其他更为自主的旅游类型相似，家庭旅游经历同样会带来旅游者对自己和世界的反思。

最后，基于成功开发的量表，采用方差分析方法对人口统计学特征和旅游基本特征对学习结果的影响进行探索。结果表明，年龄、年级、家庭收入、家庭情况、旅游同伴、出游时长、游览次数、旅游目的地类型、出游形式和出游频率对家庭旅游学习结果具有不同程度的影响。这与 Vygotsky（1978）提出学习行为受到所处社会情境因素的影响，以及 Falk 等（2012）认为旅游学习结果高度个人化等观点保持一致。

家庭意识受到年级、是否与父母出游和出游形式的影响。具体而言，年级较高或与父母出游或自助游的群组，获得家庭意识的学习结果更多。年级较高，则知识储备和认知水平更高（Giedd 等，1999），因而在其他条件相同的情况下，对家庭的认识和理解能力更强，则获得的家庭意识更多。一般相较于祖父母、兄弟姐妹和其他亲友而言，父母是家庭中核心的要素和功能支持，且子女对父母的情感联接和物质依赖更强，因此在其他条件相同的情况下，与父母出游能够让子女意识到家庭的作用和意义，有更多家庭互动，从而获得更多家庭意识。相较于跟团旅游，自助游需要家庭系统内部更多沟通、互动、分工和协作以制定旅游计划和组织实施，因此在其他条件相同的情况下，自助游比跟团游有更多的家庭交互，从而让子女获得更多有关家人和家庭的学习结果。这与已有的一些研究结果一致，认为和家人旅游能够有机会了解家人、家庭动态和促进家庭互动（Minnaert，2012；Bos，McCabe & Johnson，2015；Briseño-Garzón，2013），表明自助游是一个更能促进家庭互动和增进家庭了解的旅游形式。

个人能力受到年龄、年级、是否与父母出游、是否与兄弟姐妹出游、是否主题公园、是否游轮旅游的影响。个人能力被认为受到旅游动机（Pearce & Foster，2007）和旅游经历（Scarinci & Pearce，2012）的影响。具体而言，年龄较大或年级较高，获得个人能力较少。这可能是因为，较大年龄或较高年级的子女已经基本完成诸如社会沟通、与人相处、自信、自控、适应力等个人能力的塑造，在其他条件相同的情况下，个人能力的提升动机和提升空间都较小，因而获得的个人能力较少。与父母出游的子女获得的个人能力较少，这可能是因为与父母出游使子女对家庭产生依赖，而较不关注在与外界交互中锻炼自己的机会，导致在旅游过程中提升个人能力的动机较弱，因而个人能力获得较少。相反，与兄弟姐妹出游的子女获得的个人能力较多，这可能是因为与兄弟姐妹出游更多是共同承担旅游中的事务和责任（比如计划和安排行程），且提升能力的动机也较强，从中更能得到历练，因而个人能力获得较多。选择主题公园和游轮旅游能够获得更多个人能力，可能是因为相较于其他旅游类型（自然风光、都市观光、文化旅游）来说，主题公园和游轮旅游不是简单的观光属性，而是为旅游者提供更具参与体验性的社会交互情境，从而在与外界更多地交互中提升个人能力；同时，富有参与性的体验环境本身能够增强锻炼自身能力的动机，因而提升个人能力。

旅游目的地知识与年龄、年级、家庭收入、独生子女、旅游时长和是否都市观光、自然风光和文化旅游有关。旅游目的地知识的获取大多属于观察学习，即通过观察而学习。根据 Bandura（1977）的观点，观察学习由四个组成部分：注意、保持、行为再现和动机。而观察者学习失效的原因可能是：没有注意有关的信息，在记忆表象中信息的编码不适当，不能保持所学的信息，没有能力去操作，或者没有足够的动因。事实上，这也是关于信息的获取、处理和存储的认知过程，因此与个体认知能力、外部的资源支持、精力的投入、信息获取等有关。具体而言，年龄较大或年级较高，则知识储备和认知水平更高（Giedd 等，1999），能够获取更多目的地知识。家庭收入越高，则家庭可以为子女探索旅游目的地提供更多物质和经济支持，因此子女获得的目的地知识增多。与多子女家庭相比，独生子女能够获得更多家庭资源以支持其对旅游目的地的探索，因此有利于目的地知识的获取。旅游过程持续时间越长，意味着旅游者能够接触更多旅游目的地信息，同时有足够的时间进行知识信息的处理和贮存，促进目的地知识的获取。都市风光、自然风光和文化旅游是以观光为主的旅游类型，旅游者大部分精力投入目的地的信息，包括景观、历史文化和风土人情，因此能够获得较多目的地知识。

自我反思与年级、是否独生子女、是否与祖父母同住、游览次数、是否探亲访友相关。基于 Piaget（1962）关于认知图式形成的观点，学习是基于个人原有的经验、心理结构和信念，对新知识意义进行建构和理解，从而改造和重组原有心理结构和信念，形成新的认知图式。自我反思即这种主动建构知识意义的行为。这个过程需要足够的个人空间，并基于已有认知图式对生活现状、未来规划和外界进行审视和思考，从而形成新的认知。具体而言，年级较高，自我反思较少。与中学生相比，同个人能力情况类似，大学生的已有经验更为丰富，已经完成基本的人生观、价值观的塑造，较多家庭旅游中的环境刺激不足以引发已有认知图式的改变，因而自我反思的学习结果较少。而与多子女家庭相比，独生子女获得家庭关注更多，个人足够的独立空间更少，因而自我反思较少。与独自生活或和父母生活的人相比，三代同堂家庭意味着更复杂的家庭关系和责任，尤其长辈会向晚辈分享丰富的过去经历、信仰、价值观（Ellenbogen 等，2004），使晚辈的认知储备和层次处于较高水平，因而在家庭旅游环境的刺激下，子女能够基于已有认知框架进行更深层的自我反思。而游览次数越多，对于目的地的基础信息已经足够了解，会有更多的精力和空间关注自我，因而自我反思越多。而探亲访友旅游过程中，通过亲友间更深入的沟通产生多元化的观念、态度，促使旅游者进行自我审视，产生认知图式的改变，从而获得较多的自我反思学习结果。

此外，家庭为旅游学习提供必要场景，同时也是有力的学习支持系统。因此，总体学习结果受到是否与父母同住、是否与祖父母同住、是否与兄弟姐妹出游的家庭情境因素的影响。由于出游频率高的旅游者具备较多的旅游经验、进行都市观光/自然风光旅游能够获得较多的目的地知识、进行游轮旅游能够获得较多的个人能力，因而出游频率和目的地类型对总体学习结果产生一定的影响。

综上，本研究完成了家庭旅游学习结果量表的开发，并探索个体、家庭和旅游基本特征对学习结果的影响，从而深化理解学习结果的内涵和特征，为进一步的关系研究提供理论基础和测量工具。

第五章

子研究三：家庭旅游学习行为结果的关系研究

第一节　研究问题

在子研究一和二的基础上，本研究进一步探索家庭旅游学习行为结果的关系因素及其作用机制。学习是个体在某种社会、心理以及个人的情境当中获得的。旅游中的学习行为及结果受到所处社会环境的影响。根据社会学习理论的三元交互决定观点，个体的学习行为与环境及认知因素之间产生交互作用影响。同样地，在家庭旅游情境下，旅游者的学习结果是家庭环境、旅游环境和个体认知交互作用的产物。本部分将以家庭旅游中的青少年子女为研究对象，通过文献回顾、假设提出与假设检验，重点探究家庭功能（家庭环境因素）对旅游学习结果（行为结果因素）的影响以及该学习结果对旅游幸福感（个体内部因素）的影响。

第二节　文献回顾

一　社会学习理论

20 世纪前半叶是心理学各个学派蓬勃发展的时期，学者们试图从不同的角度解释人类行为的起源、发生和发展的过程。这些理论体系庞大，特色鲜明，至 20 世纪六七十年代大多基本完备，同时各自的局限性也逐渐清晰；由最初单一地探讨个体因素或环境因素对行为的影响，逐渐发展到个体与环境因素交互影响的系统视角。

其中，社会学习理论代表的是一类对人类行为具有解释力的一般性理论，被许多心理学家（e. g. Bandura，1969，1977，1986；Dollard & Miller，1950；Mischel，1973；Rotter，1954）和社会学家（e. g. Akers，1977；Akers 等，1979）提及并探究。这类理论主要用于解释个体的社会和个人能力如何在社会情境中得以发展，即个体如何在社会环境中学习（Hilgard & Bower，1975，p599）；其共同点均侧重于社会环境的影响，无论是通过直接的个人经验，抑或是通过间接的他人的榜样作用。特别地，Bandura（1969，1977，1986）可以说是对社会学习理论发展最具影响力的贡献者，其思想体系是有关个体行为发展的认知理论的集成，并发展成为一门相对完整而又独特的学说，为该领域的实践探索奠定了基础。Bandura（1969）在充分分析了行为的形成过程及其决定因素后，认为人的认知行为并不是单一由个体的心理/生理因素（比如性格、态度、情绪、基因、身体素质等）或环境因素决定，亦不是简单地由个体和环境因素共同决定，而是由人、行为和环境这三种因素之间连续不断的交互作用所决定，强调在行为习得过程中各种认知活动与环境因素的交互作用和自我调节功能，由此构建出三元交互决定论。交互作用是指因素之间互为因果，从而形成个体行为螺旋上升发展的过程。具体而言，一方面，人的内部因素与行为能作为交互决定因素而相互作用，例如人的期望影响行为，而行为结果又改变期望。另一方面，为了讨论简便，Bandura 把人的内部因素及其行为所产生的影响并称为人的因素，认为人的因素和环境因素并不是传统行为理论所理解的两个各自独立的实体，它们都仅仅是一种潜在的性能。环境的潜能只有在特定的行为使之现实化之后才能起作用（例如，子女如果不愿意听父母的教诲，则不会受到父母影响）；而人的潜能也须被特定的环境激发，才能对环境产生作用（例如，沟通能力强的人，只有在他愿意发挥该能力时才能影响他人）。因此，行为部分地决定哪些环境因素将产生何种形式的作用，环境也部分地影响哪些行为潜能得以发展和应用，从而人和环境交互影响。三元交互决定理论作用关系如图 5 - 1 所示。

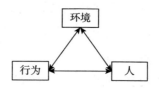

图 5 - 1　Bandura 三元交互决定理论作用关系

由此看出，环境、行为和人三个因素既可以是原因也可以是结果。三者连续不断地交互产生作用（即社会交互），从而使认知行为得以发展。而对个体行为发展过程的阐释取决于社会互动的连续序列从何处开始分析，应根据研究范畴和情境确定决定因素和作用机制。

而在本书中的家庭旅游研究情境下，旅游者学习相关的认知行为及其结果将受到所处社会环境因素（即家庭环境和旅游环境）的影响。由于家庭旅游与其他旅游形式最大的不同在于旅游中的家庭环境，因此本研究首先重点探讨家庭因素对家庭旅游者学习行为结果的影响。此外，行为与人的内部因素具有交互作用，因而学习行为结果对个体的内部因素具有一定的影响。而在旅游情境中，个体内部因素主要是对旅游体验结果的感知。因此，本研究进一步探讨学习行为结果对旅游体验感知的影响。

由此，本研究从三元交互决定理论提取出家庭旅游学习行为中"环境→行为→人"的逻辑关系，并进一步展开探讨，基本的关系模型如图 5 - 2 所示。

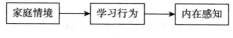

图 5 - 2　家庭旅游学习行为的关系模型

二　情境因素：家庭功能

家庭情境是区别于其他旅游形式的环境因素，且家庭系统中包括家人这类会对个体行为产生影响的"重要他人"。而在家庭治疗的理论和实践研究中，描绘家庭系统最主要的变量是家庭功能。因此，本研究重点探究家庭功能对旅游者学习行为的影响。

家庭功能刻画的是家庭系统中成员之间的行为互动，相关研究始于20世纪 70 年代，然而并没有形成一致的家庭功能的定义。许多学者对家庭功能的定义和理论模型进行探讨，第一类是从系统结构的静态视角，基于内容维度构建家庭功能的概念模型，第二类是基于过程的动态视角对家庭功能进行阐释。

1. 家庭功能的系统模型

这一类模型研究中，受到广泛讨论的主要有 McMaster 模型、Beavers 系统模型和环状模型。

（1）McMaster 模型

基于家庭分类模式（Epstein 等，1962），Epstein 等（1978）从一般系统理论视角提出家庭功能的 McMaster 模型（McMaster model of family functioning）以描绘家庭的结构、组织形式和交互类型。他们将家庭视作一个开放的系统，由内部的个体和婚姻配对系统组成，并与其他系统（如拓展家庭、学校、行业、宗教）相互联系。该模型具有以下属性：①家庭的各个部分相互联系；②若与其他部分独立，家庭的任一部分无法被合理解释；③家庭功能并不是家庭各个局部的总和；④家庭结构和组织形式对家庭成员的行为具有重要影响；⑤家庭系统的交互模式与塑造家庭成员的行为有关。

McMaster 模型中家庭功能具有六个维度，分别是问题解决、沟通、家庭角色、情感回应、情感投入和行为控制。①问题解决是指一个家庭解决问题以使家庭系统保持有效运作的能力，其步骤包括问题的界定、对问题进行沟通以获得家庭系统内外合适的资源、制定可选的行动方案、做出有关适当行动的决策、采取行动、监控行动、评估行动。②沟通是指家庭如何交换语言信息，包括功能性的沟通和情感沟通；最有效的沟通是清晰而直接的，而最失效的沟通是模糊而间接的。③家庭角色是指个体用以实现家庭功能所采取的重复性的行为模式；家庭功能类型有两种——必要和其他；其中，必要的家庭功能包括提供资源、养育和支持、成人性满足、提高生活技能、系统维护和管理；依据家庭的责任分配和问责处理可以评估家庭角色功能；而有效的家庭角色应具有清晰合理的责任分配和问责制度。④情感回应是指对一系列刺激做出恰当程度和内容的情绪和感觉回应的能力，分为福利型情绪（比如爱、温和、喜悦等）和应急型情绪（比如害怕、生气、失望、沮丧等）；而有效的情感回应是能够对刺激做出恰当程度和内容的反应。⑤情感投入是指家人对其他家庭成员的兴趣、爱好和活动所感兴趣和重视的程度；情感投入类型分为缺乏投入、感情匮乏的投入、自恋式投入、同理心投入、过度投入、共生式投入；其中，最有效的是同理心投入，而最失效的是缺乏投入和共生式投入。⑥行为控制是指家庭在三种特定情形下（即危及生命、涉及心理需求和驱动的会面和表达、涉及家庭内部和外部的社交行为）所采取的处理行为模式；行为控制类型分为严格行为控制、弹性行为控制、自由行为控制和混乱行为控制；其中，最有效的是弹性行为控制，而最失效的是混乱行为控制。

之后，Epstein 等（1983）根据 McMaster 模型开发出家庭评估工具（Family Assessment Device，FAD），针对以上六个维度共设计 41 个问项，此外还增加了总体功能（general functioning）维度共 12 个问项。

（2）Beavers 系统模型

Beavers 和 Hampson（2000）认为家庭功能的内涵包括家庭的关系结构、反应灵活性、家庭成员交往质量以及家庭亲密度和适应性。在此之前，Beavers（1981）整合已有的 20 年有关家庭系统的研究，提出反映家庭功能健康程度的系统分类模型（The Beavers Systems Model）。该模型有两个维度——家庭能力（Family competence）和家庭运作风格（Family operating style）。

家庭能力是家庭应对不同环境改变时的适应力，包括家庭的结构（权利结构、家长联合、家人亲密度）、神话（Mythology，指家庭如何看待自己）、目标导向的协商、家庭成员的自主性、家庭情感与情感表达。具体而言，家庭能力的低、中、高水平意味着家庭适应能力从混乱（即家庭成员人际边界不清晰）到严格（即严格的人际控制、亲密度较低）再到越来越具有弹性（即家庭结构良好、尊重独立的同时保持亲密度和协调沟通）；且弹性和适应性越强，家庭功能越好。同样地，该维度的连续性与个人的心理发展、自主水平、分离程度、边界明晰度的连续性也保持一致。

家庭运作风格的界定借鉴了 Stierlin（1972）对外界联系类型的分类，根据家庭与外界关系的导向不同，分为离心型（Centrifugal）、混合型（Mixed）和向心型（Centripetal）。向心型是内部导向，对家庭成员来说离开或在家庭之外进行大量情感投入是困难的；离心型是外部导向，家庭成员倡导独立，且倾向于从外界获取满足感。而功能良好的家庭能够针对变化的情形做出适当的不同反应。

根据家庭能力和家庭运作风格两个维度，Beavers 将家庭分为功能健康、中度功能失调、严重功能失调三类。健康家庭有最佳和适当家庭系统，其家庭能力较强，家庭运作风格适当；中度失调家庭有中度向心、中度离心、中度混合家庭系统；严重失调家庭有严重失调向心、严重失调离心家庭系统。总体来说，健康家庭的成员能够通过协商沟通解决问题，而失调的家庭在家庭能力和风格上存在不同程度的问题，从而阻碍家庭系统在面对不同情形时的有效运行。而后，Beavers 根据家庭类型的属性特征，对失调家庭的干预策略和方法进行讨论。

Green 等（1985）基于 Beavers 系统模型中的家庭能力维度开发出家庭意识量表（Family Awareness Scales，FAS），共 15 个问项。而 Beavers 等（1985）认为 FAS 缺乏对家庭运作风格的衡量，并开发出自报告家庭调查量表（Self-Report Family Inventory，SFI），包括健康、表达、领导和风格四个因子，共 44 个问项。

（3）环状模型

Olson 和他的同事们对环状模型（Circumplex Model of Marital and Family Systems）的概念和量表开发进行了一系列子研究，该模型最初由 Olson、Sprenkle 和 Russell 在 1979 年提出。在子研究一中，Olson 等（1979）界定了家庭功能的两个维度，分别是家庭成员之间的亲密度/凝聚力（Family cohesion）和应对外部事件的适应性（Family adaptation），并综合两个维度的不同水平提炼出 16 种家庭系统类型，以此作为家庭诊断和干预的依据。在之后的研究中，他们继续将该模型和测量量表进行优化（比如，增加了第三个维度家庭沟通，量表开发从 FACES 到 FACESⅡ、FACESⅢ，从截面模型到三维拓展模型），并应用到各种人群和临床实践中（如学生、儿童或夫妻的家庭功能诊断和治疗），检验模型以及量表的信度和效度（Olson 等，1979；Russell，1979；Olson 等，1983；Olson，1986，1991，1994，2000）。由于强解释力和稳健性，环状模型被学界引用最多。

Olson（2000）对该模型的研究成果进行了总结，认为家庭功能由三个维度组成，分别是亲密度、适应性和沟通（Family communication）。这三个维度从大量描述婚姻和家庭动态的概念中发展而来。其中，核心维度是亲密度和适应性，这两者决定家庭系统的类型和互动模式；而第三个维度家庭沟通是辅助性变量，能够促进亲密度和适应性这两个中心维度的运转。

具体而言，亲密度是指家庭成员之间的情感联系。与该维度相关的变量有情感联系、边界、同盟、时间、空间、朋友、决策、利益和娱乐。一方面，个体有独立的需求，另一方面，个体也需要家庭的支持。因此，亲密度关注的是如何在家庭成员的独立和亲密之间达到平衡。根据亲密度水平高低的不同，分为疏离（disengaged，非常低）、独立（separated，低到中）、亲密（connected，中到高）和羁绊（enmeshed，非常高）这四种类型。处于均衡水平的亲密度（独立和亲密）时，个体能够既拥有相对独立人格又能与家庭保持适当的亲密，因而能够实现较为优化的家庭功能；反之，处于极端的不均衡水平的亲密度（疏离和羁绊）时，个体对于家庭过于独立或过于依赖将会导致长期的家庭关系问题。

适应性与家庭应对外界环境的弹性有关，是指家庭中领导力、角色关系和关系规则上的改变量。与之相关的概念包括领导力（权力、控制、纪律）、协商方式、角色关系和关系规则。一方面，家庭系统需要维持现状并稳定运行；另一方面，面对变化的环境，家庭系统也要改变和适应环境的需求，并在不同经验和情景中不断学习。因此，适应性关注的是家庭系统如何在稳定性和变化中达到平衡。根据适应性水平高低的不同，分为严格（rigid，非常低）、结构化（structured，低到中）、弹性化（flexible，中到高）和混乱（chaotic，非常高）这四种类型。和亲密度类型一样，均衡的适应性水平（结构化和弹性化），意味着较为民主的领导风格、共同承担且能被改变的适当角色、开放且积极的协商，因而能够达到较优的家庭功能；反之，极端的适应性水平（严格和混乱）将造成家庭系统问题。

作为一个促进变量，家庭沟通被定义为能够让信息、观念、想法和感觉在家庭成员中共享的行为，主要衡量家庭中的倾听能力（同理心和专注聆听）、谈话能力（发表个人意见）、自我表达（表达有关自己或家庭关系的感受）、清晰（沟通清楚明晰）、持续关注和尊重。研究表明，均衡的家庭系统往往具有良好的沟通，而不均衡的家庭则沟通不足。

通过分析亲密度和适应性各自的四个类型，Olson 等（1979）将家庭系统分为"4×4"16 种类型。其中，均衡类型（Balanced）有 4 种，即结构化—独立、结构化—亲密、弹性化—独立、弹性化—亲密；不均衡类型（Unbalanced）有 4 种，即严格—疏离、严格—羁绊、混乱—疏离、混乱—羁绊；其他 8 种为中等均衡类型（Midrange）。为了更好地解释现实情况以及与其他家庭系统模型进行整合，Olson（1991）进一步提出具有二阶变化的三维拓展模型。第一阶变化是在既定的家庭系统类型下，适应性水平与家庭功能的曲线变化关系（即在极端适应性水平上，家庭功能失效；而在均衡适应性水平上，家庭功能良好）。第二阶变化是在面对环境改变时家庭系统类型产生的变化。在面对压力时，均衡系统倾向于向其他类型的均衡系统变动而达到最终均衡；不均衡系统陷于原来的极端形态无法做出合理改变而失效。第二阶变化与 Beavers 系统模型中提到的家庭能力类似，即均衡系统（结构化和弹性化）的家庭功能较好，而不均衡系统（严格和混乱）的家庭功能较差。

在量表开发上，环状模型家庭适应性和亲密度量表（Family Adaptability and Cohesion Scales，FACES）目前共有 5 个版本，每个版本都是对亲密度和适应性两个维度设计问项。其中应用比较广泛的是 FACES II，共 30 个问项。且研究表明，虽然亲密度和适应性与家庭功能在理论上存在曲线关系，但多数采用 FACES、FACES II、FACES III 的实践研究中得到的关系是线性的（Olson，2000）。这是因为在极端家庭类型中才会出现亲密度和适应性与家庭功能的逆向关系，而现实中亲密度和适应性达到极端高水平而导致家庭功能极端失效的样本较少。

2. 家庭功能的过程模型

这一类是基于过程的动态视角对家庭功能进行阐释，即认为家庭的基本功能是为家庭成员的健康发展过程提供一定的环境条件。与 McMaster 模型相同，Steinhauer、Santa-Barbara 和 Skinner（1984）基于家庭分类模式提出家庭功能的过程模型（Process Model of Family Functioning），认为以过程导向构建家庭功能模型具有三点不同：①不仅仅是通过家庭结构来描述家庭功能，而是强调家庭功能的主要维度之间的动态互动，以及个人和家庭之间不断作用且互相关联的发展过程；②将个体的精神病理学和系统理论进行整合；③更加侧重于定义家庭与更大的社会系统之间的交互。该模型的基本假设前提是，家庭的最高目标是为家人提供生理、心理和社会上的发展和维护所需的支持，从而保证家庭得以存续；因此需要在家庭生命周期的不同阶段，通过一些基本的技能和过程完成特定的任务。

该模型由七大基本要素组成，分别是任务完成、角色扮演、包括情感表达在内的沟通、情感投入、控制、价值和规范。任务完成分为基本型任务（提供必需品）、发展型任务（在家庭生命周期发展过程中出现）和危机型任务（需要超额的家庭资源），是从任务界定、探索可行方案、实施行动到评估和调整的过程。角色扮演分为常规角色扮演（与任务相关，有效的）和异常角色扮演（与任务无关，失效的）；过程包括活动角色分配（指派、相互同意、实施）、角色整合（包括家庭内部及外部）、全面覆盖（任务完成）或角色互补（达到角色冲突最小或角色满意度适当）。沟通包括工具性沟通和情感沟通，是从口头或非口头的信息交换到相互理解的过程。情感投入是家庭成员对其他成员感兴趣和关心的程度，不同的投入程度可导致家人的情感需求得到满足，也可导致相互独立自主。控制是家人对其他成员施加影响的过程，一种是为了维持原有的家庭系统功能，另一种是为了适应环境而改变系统功能。价值和规范包括道德和宗教价值、个人/社会目标、行为标准和规则；而影响价值和规范的因素有：①家长在他们原生家庭获得的经验而衍生的内部心理特征；②核心家庭共有的历史和经验；③文化和亚文化的作用。

以上各要素之间通过有机的相互作用过程实现家庭功能。第一，家庭系统的功能是完成一系列的任务（即任务完成）；一些任务是文化导向的，一些是特有的家庭价值和规范所决定的。第二，完成这些任务需要家庭成员成功地完成一系列的角色任务（即角色扮演）。第三，有效的角色扮演需要对任务完成和所担任角色的定位有关的重要信息进行沟通，包括能够阻碍或促进任务完成和角色扮演的情感、情绪上的沟通（即情绪表达）。第四，家庭成员相互投入的情感（情感投入）以及相互影响的方式（控制）也能够帮助或妨碍家庭任务的完成。第五，价值和规范对其他要素以及要素之间的相互关联的方式产生影响，因此对个人、家庭以及其他相关系统也有影响。

基于家庭功能的过程模型，Skinner 等（1983，2000）从三个层面开发出家庭评估衡量量表（Family Assessment Measure，FAM）以衡量上述七个构念，分别为家庭系统整体评估（15 个问项）、对家庭中多种二元关系的评价（如夫妻、兄弟、父子等，42 个问项）和个体在家庭中的功能自评（42 个问项）。每个量表的简易版本均为 14 个问项。

3. 其他家庭功能测量

除了以上学界广泛讨论的家庭功能模型外，许多学者也尝试从不同角度测量家庭功能。比如，Pless 和 Satterwhite（1973）从关系和生活方式的角度去衡量家庭功能，包括婚姻满意度、分歧频率、幸福感、沟通、周末团聚、问题解决，每个维度分别设计 1 个问项。Smilkstein（1978）提出 APGAR 家庭功能量表用于测试患者家庭状况，为医生进行治疗提供参考。该量表包括五个维度，分别是适应（Adaptation）、合伙（Partnership）、成长（Growth）、情感（Affection）和决议（Resolve），每个维度分别设计 1 个问项。其中，适应所衡量的是当需要家庭资源支持时，家庭成员对获得帮助的满意程度；合伙衡量家人对家庭沟通和问题解决的满意度；成长衡量家人对家庭角色转换和获得生理和心理成长时所持有自由的满意度；情感衡量家人对家庭中的亲密感和情感互动的满意度；决议衡量家人对在家庭中时间投入的满意度。同样，Roberts & Feetham（1982）为了临床实践的需要，从社会关系的视角开发家庭功能问卷（Feetham Family Functioning Survey，FFFS），包括三个社会关系因子：家庭与个人的关系、家庭与其他子系统（如朋友、其他亲戚、邻居等）的关系、家庭与其他社会单元（如学校、工作单位等）的关系。Bloom（1985）通过因子分析方法将家庭环境量表（Moos & Moos，1981，FES）、家庭概念分类量表（van Der Veen，1964，Family-Concept Q Sort，FCQS）、家庭亲密度和适应性量表（Olson 等，1979，FACES）和家庭评估量表（Skinner 等，1983，FAM）这四种量表进行整合，得出 15 个子维度（亲密度、表达、冲突、思想文化活动、运动娱乐活动、宗教活动、组织管理、家庭社交、内部控制、家庭理想化、疏离、民主家庭风格、放任自由家庭风格、专制家庭风格、羁绊）75 个问项的家庭功能量表，且合并成关系、个人成长和系统维护这三个维度。Stratton 等（2010）通过实证研究开发出测量家庭功能的 SCORE40 量表共 40

个问项，包括家庭强度和适应性、困难克服和受扰沟通三个维度；简易版
SCORE15 为 15 个问项。

4. 主要模型比较和总结

将以上四种主要模型的代表学者、研究视角、主要维度、维度与家庭
功能的关系、家庭系统类型、测量工具和问项总数总结如表 5 - 1 所示。

表 5 - 1　家庭功能主要模型比较

项目	McMaster 模型	Beavers 系统模型	环状模型	过程模型
代表学者	Epstein	Beavers	Olson	Skinner
研究视角	系统结构	系统结构	系统结构	动态过程
主要维度	问题解决、沟通、家庭角色、情感回应、情感投入、行为控制	家庭能力家庭运作风格	亲密度适应性家庭沟通	任务完成、角色扮演、包括情感表达的沟通、情感投入、控制、价值和规范
维度与家庭功能的关系	各维度上不同程度地相关	正向线性关系	曲线关系，现实中多为线性关系	各维度上不同程度地相关
家庭系统类型	无明确分类	功能健康：2 种中等功能失调：3 种严重功能失调：2 种	均衡型：4 种中等均衡：8 种不均衡：4 种	无明确分类
测量工具	FAD	SFI	FACES II	FAM
问项总数	53 个	44 个	30 个	42 个

资料来源：笔者整理。

可以看出，四种模型存在一定程度的异同。其中，在测量工具上，Ol-
son 的 FACES 家庭功能量表最为简洁；在结构和维度上，McMaster 模型和
过程模型较为相似，Beavers 系统模型和 Olson 环状模型较为相似。

（1）McMaster 模型与 Skinner 过程模型比较

McMaster 模型和 Skinner 过程模型都是从 Epstein 等（1962）的家庭分
类模式发展而来，因此模型中的基本要素（解决问题或任务、角色、情感
表达、情感投入和控制）基本一致。但是二者视角不同，McMaster 模型是
静态视角，分析在不同情形下的各基本要素的形态；而 Skinner 等人的过
程模型是过程的动态视角，分析各基本要素在不同情形下运作和实现的过
程，因此还考虑了重要情境因素，即价值和规范的影响作用。并且，过程

模型对不同群体的家庭功能评估进行了层次区分（家庭中的个体、家庭中的亚关系群体、家庭系统整体），研究者可依据研究需求选择测量量表。

（2）Beavers 系统模型与 Olson 环状模型比较

Beavers 系统模型与 Olson 环状模型引起了学界广泛的比较和讨论。比如，Beavers 和 Voeller（1983）认为 Olson 环状模型具有以下缺陷：在维度定义上存在逻辑不足，与家庭发展的临床现实不相符，未将家庭系统与人类发展理论相结合，进而认为 Beavers 系统模型在模型定义和理论解释力上表现更好。此外，许多学者运用不同理论模型中的测量量表，分析不同模型中各维度之间的相关性。比如，Green 等（1985）采用 Beavers 系统模型中的家庭能力维度量表 FAS 和 Olson 环状模型量表 FACES，分别将亲密度和适应性与家庭能力进行比较；Beavers 等（1985）通过将 SFI 分别与FACESⅡ 和 FAS 进行比较；Hampson、Beavers 和 Hulgus（1988）通过将SFI 分别与 FACESⅡ、FACESⅢ、FAD 进行比较，均发现各量表中的各维度之间存在不同程度的相关性。

通过模型分析可知，一方面，两个理论模型存在相似之处。首先，两个模型都对家庭系统应对外界环境的能力进行了探讨，在 Beavers 系统模型中表现为家庭能力，在 Olson 环状模型中表现为家庭适应性。而模型的提出者也认为两个模型在维度定义上存在一致和重合（Beavers & Voeller，1983；Olson，Russell & Sprenkle，1983）。其次，两个模型都分别依据家庭功能的维度对家庭系统的类型进行了分类。另一方面，二者也有显著区别。首先，模型中的维度不同，因此模型中的家庭功能描述和家庭类型也不同。其次，模型中的主要维度与家庭功能之间的关系不同。Beavers 系统模型中，家庭能力和家庭运作风格与家庭功能之间是正向的线性关系；而Olson 环状模型中，家庭亲密度和适应性与家庭功能之间是曲线的非线性关系（即便在现实中，极端水平的亲密度和适应性的家庭样本并不常见）。

三　行为因素：学习结果

家庭旅游者的学习行为是本研究的重点。由前文文献综述可知，目前学界对家庭旅游中子女的学习结果的研究十分有限，尚未有学者开发家庭旅游者学习结果量表。学习行为结果可分为知识、技能和智慧三类，且受到个体所处的情境因素的影响（Falk 等，2012）。基于子研究二的成果（Wu 等，2021），本章将从结果视角测度家庭旅游学习行为，包括四个维度，即家庭意识、个人能力、旅游目的地知识和自我反思。

家庭意识是指在家庭旅游过程中旅游者获得的与家庭相关的学习结果，内容最为丰富，涵盖知识、能力和智慧三个层面，主要来源于家庭系统。知识层面包括了解家人，通过家人了解自己；能力层面包括学会承担家庭责任；智慧层面包括对家庭责任和关系的感知、理解。该维度具体包括 7 个问项"懂得家人为家庭的付出""懂得关注家庭和谐""意识到自己的家庭责任""学会承担家庭责任""了解家人的观念态度""懂得尊老爱幼""了解家人眼中的自己"。个人能力是指旅游者从家庭或旅游环境中获得的与自我发展相关的能力，属于技能领域，主要来源于与家庭和旅游系统的社会交互。该维度具体包括"懂得与他人和谐共处""学会社交沟通""学会适应新环境""获得自信""学会自我控制"。旅游目的地知识属于知识层面，主要来源于旅游系统，是所有家庭旅游学习结果中最为直接、容易获取的基本信息。该维度具体包括"了解当地历史文化""了解当地风土人情""获得旅游地的地理知识"。自我反思是旅游者在家庭和旅游环境的影响下，通过较为深层次的心理认知过程而获得的学习结果，是对自己的生活现状、未来规划以及与外界联系的审视和思考；属于智慧层面，是较高层次的认知行为；会受到家庭和旅游系统的激发，主要来源于个体内部系统。该维度具体包括"重新审视我的未来""懂得努力经营人生""反思自己与外界的联系"。本子研究将分别探讨家庭情境因素（家庭功能）对以上四个学习结果维度的影响，以及学习结果维度对旅游者体验感知的影响。

四　人的内在感知：幸福感

1. 幸福感（Happiness，Well-being）研究

人类行为发展的终极目的是获得幸福感。随着社会进步和经济发展，从 20 世纪末以来，人们越来越多关注个体、家庭和社会在各个领域的幸福感，而不仅是研究心理精神病理和干预（Ryan & Deci，2001）。

幸福感是追求获得心理或生理上的愉悦和享受最大化（Kahneman 等，

1999）。长久以来，人们将幸福等同于享乐。此外，还有学者认为人不仅是为了追求表意的快乐，更重要的是感受真我、发掘潜能从而实现自我、获得幸福（Waterman，1993；Ryff & Keyes，1995）。因此，许多学者将二者结合以多角度、更加全面地定义和解释幸福感（Waterman，1993；Compton 等，1996；King & Napa，1998；McGregor & Little，1998）。

Ryan 和 Deci（2001）总结了有关幸福感的研究主题，包括性格、个体差异与幸福感的关系，情绪与幸福感的关系，以及生理健康与幸福感的关系。一些研究探讨性格与幸福感的关系，比如 DeNeve 和 Cooper（1998）研究表明外向和亲和友善型性格与幸福感具有正相关关系，而神经质型人格与幸福感具有负相关关系。Diener 和 Lucas（1999）进一步表明责任心和开放性与幸福感的关系较弱，是因为这两种类型更多地受到环境的影响。还有研究表明幸福感高的人更为积极、属于自我提升类型（e. g. Lyubomirsky & Ross，1999）。Ryff 和他的同事也发现外向、责任心和低神经质与幸福感有关（Schmutte & Ryff，1997）。其次，在情绪与幸福感的关系研究中，一些学者认为大部分人在大部分时候具有积极的情绪，因此总体来说人们的幸福感较高（e. g. Diener & Lucas，2000）。而一些学者致力于研究人们如何评估情绪以及幸福感，比如，在不同事件中对情绪的判断（Kahneman 等，1999）。积极或消极的事件能够影响幸福感，但是该影响是短暂的；且幸福感高的人更倾向于积极地看待事件（Suh 等，1996）。然而，不同的人生事件对幸福感影响有多大尚不明晰。还有相关研究表明，获得幸福感并不是简单地减少或压抑消极情绪，而在于人们在事件中，能够通过正确面对消极情绪而最终获得更大的幸福感（Butzel & Ryan，1997）；而自我实现相关的心理状态也与幸福感显著相关（Reis 等，2000）。此外，在生理健康与幸福感的关系研究中，客观的健康状况与幸福感之间关系并不清晰（Okun 等，1984），而主观活力（Subjective Vitality）与幸福感甚至身体因素有显著关系（Ryan & Frederick，1997），且高幸福感对健康状况的提升具有重要作用（Ryff & Singer，1998）。

有关幸福感影响因素的研究较多，主要有社会阶层和财富、情感依恋和关系、目标达成、不同人生阶段和文化差异。Diener 和 Biswas-Diener（2002）从国家和个人层面综述了财富与幸福感的关系，研究表明较为富裕国家的人相比较为贫穷国家的人更加幸福，发达国家国民财富的增长不会带来幸福感的提升，国家内部的财富差异与幸福感之间具有较小的正向关系，个人财富的增长并不导致幸福感的提升，渴望财富的人比较不幸福。而由于缺乏自主性和控制力等，关注实现与财富或物质相关的目标，不能增强反而降低幸福感（e. g. Carver & Baird，1998；Ryan 等，1999）。大量研究表明，情感依恋、信任、支持性的人际关系对提升幸福感有积极的作用（e. g. Nezlek 等，2000；Uchino 等，1999）。而在目标达成和幸福感研究方面，许多研究认为对目标达成感到胜任（感知能力）和自信（自我效能）能够提升幸福感（e. g. Carver & Scheier，1999；McGregor & Little，1998），而对目标的自主程度和自我认可与幸福感之间具有正相关关系（e. g. Ryan & Deci，2000；Chirkov & Ryan，2001）。此外，还有学者研究不同人生阶段和文化在幸福感上的差异。比如，人们对幸福感的定义（关注的维度）是否会随年龄而改变（e. g. Ryff，1991；Carstensen，1998），幸福感的不同维度在各个年龄段存在什么差异（e. g. La Guardia 等，2000；Diener & Lucas，2000）。幸福感的定义是植根于文化的，因此不同价值取向的国家和个体侧重的幸福感维度不同。比如，个人主义国家中自尊与国民幸福感密切相关（Diener & Diener，1995），而集体主义的国家中社会规范对国民幸福感产生较大影响（Suh 等，1998）。

2. 旅游者的幸福感研究

在旅游的情境下，值得探究的旅游者的内部感知是旅游幸福感。近二十年来，越来越多积极心理学领域的学者关注旅游行为，尤其是旅游者体验对幸福感长期和短期的影响研究（Kroesen & Handy，2014；Morgan 等，2015；Uysal 等，2016；Yu，Smale & Xiao，2021）。最早，Milman（1998）分析老年旅游者游前游后的心理幸福感的变化以初步探讨旅游体验对幸福感的影响。之后，更多的学者关注旅游幸福感，主要有幸福感的差异比较以及影响关系研究。

在对比研究中，主要包括对不同时间（游前和游后）、不同空间（旅游和平时）、不同人群（低收入人群和一般人群）、不同效应（长期和短期）的幸福感比较。比如，Gilbert 和 Abdullah（2004）设置了非旅游者作为对照组，对比分析旅游者和非旅游者游前游后的主观幸福感变化，发现旅游者比非旅游者幸福，且游后幸福感略有上升。Nawijn（2011）发现旅游时的积极情绪比平时的更高，且积极情绪是消极情绪的 4 倍，但二者的人生满意度差别不大。McCabe 和 Johnson（2013）研究表明，社会旅游者（低收入人群）的主观幸福感低于一般水平，而旅游体验能够提升他们在心理资源、休闲和家庭生活领域的主观幸福感。Chen 等（2013）通过纵向准实验方法对中国游客的主观幸福感进行研究，发现游后的主观幸福感短期内显著上升，两个月后慢慢恢复，因此旅游度假对长期的主观幸福感没有影响。

在影响关系研究中，相关的分析结果表明，影响主观幸福感的因素有旅游相关因素（比如旅游同伴、旅游类型、天气等）、旅游压力和态度（Nawijn，2011）、游客类型（Bimonte & Faralla，2012，2014，2015）、感知服务质量、重购意愿和关系质量（Su 等，2016）；影响生活满意度的因素有情绪（Sirgy 等，2011）。而在关系研究中，通过结构方程模型分析，Kim 等（2015）探讨了活动参与、感知价值、旅游满意度、休闲生活满意度、总体生活满意度和重游意愿之间的关系；Chen 等（2016）分析了恢复体验、旅游满意度和生活满意度之间的关系，并认为能够在旅游度假中控制自己想要的、感到放松、远离工作以及经历新的挑战的游客的旅游满意度和生活满意度更高。

至此，有学者对当前旅游幸福感的研究进行批判，呼吁学界对自我实现幸福感的关注。Nawijn（2016）认为已有旅游领域的积极心理学研究专注于享乐角度的幸福感，而缺乏对旅游中自我实现幸福感的探讨；且夸大了对旅游者幸福感的长期影响。Filep（2016）对此基本赞同，但认为之前提出的旅游幸福感理论框架（Filep & Deery，2010）已包含自我实现幸福感的内容，并同样倡导学界重视自我实现幸福观。之后，Nawijn 和 Filep（2016）共同提出旅游者幸福的两个研究方向，即方法论上的多元（须对旅游者自我实现幸福感进行探讨）以及更多因果关系的研究。

近来学界开始对旅游体验与自我实现幸福感进行质性探讨（Knobloch 等，2017；Farkić, Filep & Taylor，2020），表明旅游者能够通过在旅游体验中获得自主、个人成长、自我接受、人生意义、掌控、积极关联等认知结果从而实现自我、提升幸福感。比如，Li 和 Chan（2017）采用深度访谈和内容分析发现,中国华侨的返乡旅游对自我实现幸福观中的个人成长、自我接受、探索的兴趣、情感关系、返回的能力(与自主和自由有关)、人生意义具有积极影响。Laing 和 Frost(2017)采用定性现象学研究方法,通过分析女性旅游者的写实游记发现其心理转变和自我发现,从而获得幸福感。Moal-Ulvoas(2017)采用深度访谈和内容分析方法,研究旅游体验是如何通过赋予老年人生活积极意义和促进对人生意义的反思来充实他们的精神世界。

最后,少数学者对已有旅游幸福感研究从不同角度进行综述。Holm 等(2017)对已有探险旅游者的主观幸福感研究进行综述,提出探险旅游通过情绪和意义与幸福感产生联系。Smith 和 Diekmann(2017)综述了与幸福感有关的各构念和视角,按照旅游的作用时效分为短期(享乐幸福感)、中期(享乐和自我实现幸福感)、长期(自我实现幸福感、存在真实性)和永久(功利幸福感,即生活满意度最大化和真实幸福感),并将产生幸福感的旅游体验分为:快乐和享乐、休息和放松、有意义的体验(比如教育、自我发展和自我实现)、利他活动和可持续性(比如环境友好、利于社区)。

总体来看,旅游者幸福感研究在进展上具有以下几个特点:研究视角从单一关注享乐幸福感发展为对自我实现幸福感的探索;研究对象主要包括老年人旅游、女性旅游、入境旅游、社会旅游、探险旅游、中国旅游者、自然资源旅游;在研究方法上,整体来看是从定性方法发展到定量方法以及混合方法,而定量方法则是由较为简单的比较研究到采用结构方程模型的因果关系研究。可以看出,旅游者幸福感研究进展迅速,但仍需要整合享乐幸福感和自我实现幸福感,对更广泛的旅游主体(如家庭旅游者、青少年等)、对更多旅游体验相关因素(如旅游学习行为及其结果)的影响机制,进行更为全面地研究。

第三节　研究假设

本研究基于"家庭旅游学习行为的关系模型"(家庭情境—学习行为—内在感知),厘清关键表征变量后,进一步具体提出家庭功能、学习结果与旅游幸福感之间的关系假设。

一 家庭功能与学习结果

家庭旅游与其他旅游形式的不同之处在于家庭情境因素，本研究将用家庭功能予以衡量。学界已对家庭功能的影响因素进行初步探讨，包括受教育水平、家庭结构、家庭收入地位、家庭发展阶段、父母教养方式等（e. g. McFarlane，Bellissimo & Norman，1995；Chen，Chen & Gau，2015）。另外，家庭功能对个人的身体健康和心理认知产生深远影响。尤其是，大量研究探讨了良好的家庭功能对幼儿、学生、女性、老年人、残患人士的身心状态、生活质量、工作绩效、自我认知和学习表现的影响（e. g. Keitner 等，1987；Leach 等，1994；Wentzel，1994；Dyson，1996；Annunziata 等，2006；Rodríguez-Sánchez 等，2011）。其中，以 Shek 为首的研究团队（e. g. 1997，1999a，1999b，2001a，2001b，2002，2005）主要以中国家庭为研究对象，就家庭功能对家庭关系、家庭成员行为的影响进行了一系列研究，发现积极的亲子关系与良好的家庭功能显著相关，良好的家庭功能对青少年的正面行为以及幸福感具有积极的作用。特别地，大量研究表明，家庭环境因素与学生在校表现和学习成绩显著相关（e. g. Ginsburg & Bronstein，1993；Halawah，2006；Brown & Iyengar，2008）。同样地，家庭旅游过程中青少年子女的学习结果也将受到家庭功能的影响。

根据家庭功能模型理论，家庭系统能够为个人在旅游中的学习过程提供支持。由 Olson（2000）家庭功能模型中的三大维度分析可知，较高水平的家庭亲密度意味着家庭成员之间的情感联系较为紧密，具有同盟倾向，会在时间、空间、朋友、决策、利益和娱乐方面进行更多的交互共享。而紧密的情感联系和交互共享能够为个人学习提供更多的资源和情感支持，从而获取更多的家庭旅游学习结果。具体而言，家庭亲密度越高，家庭成员之间情感联接越紧密，在一起互动的时间和空间越多，从而能够获得更多关于家人和家庭的信息，并引发关于家庭的深思，因而家庭意识方面的学习结果越多；家庭亲密度越高，不仅与家人的交互越多，而且在与外界交互时家庭给予的支持也越多，因而能够促进包括社交能力、自我发展等个人能力的提高；家庭亲密度越高，在与旅游目的地交互时家庭能够提供更多支持，旅游者能获得更多旅游目的地知识；家庭亲密度越高，与家庭交互更多也更有效，能够激发旅游者对自己、对人生和对未来更深层的思考，从而获得更多自我反思。因此，提出以下研究假设：

H1a：亲密度对家庭意识具有正向影响；

H1b：亲密度对个人能力具有正向影响；

H1c：亲密度对目的地知识具有正向影响；

H1d：亲密度对自我反思具有正向影响。

同样地，较强的适应性意味着家庭系统在不同的环境下具有自调节能力，使家庭系统效用达到最优、绩效最大化。在旅游的情境下，家庭系统的适应性水平高，则能够通过合理调节各成员的角色地位和权利，有效发挥各自的作用，为个人提供良好的学习环境，从而促进旅游者增强家庭意识、提升个人能力、获得目的地知识以及激发自我反思。因此，提出以下研究假设：

H2a：适应性对家庭意识具有正向影响；

H2b：适应性对个人能力具有正向影响；

H2c：适应性对目的地知识具有正向影响；

H2d：适应性对自我反思具有正向影响。

由 Olson（2000）家庭环状系统模型可知，家庭沟通是一个辅助变量，对家庭亲密度和适应性的运作具有促进作用。即家庭沟通充分畅通能够使家庭亲密度和适应性对家庭功能的促进作用增强，从而实现相应的家庭功能。因此，家庭沟通对亲密度和适应性发挥家庭功能具有调节作用。具体而言，家庭沟通越多，意味着更多的信息、观念、想法和感觉在家庭成员中共享，家人之间能够互相倾听、清晰表达、持续关注和尊重，从而使家庭成员亲密度的作用增强。然而，个体的精力是有限的，在家庭内部投入过多，必将导致与外部的交互被削弱。根据 Olson（2000）的观点，这种沟通的增强作用在一定程度上会让本处于较高水平亲密度的作用达到极端值，使家人之间达到羁绊或过度依赖的状态，从而导致家庭功能失效。也就是说，在家庭旅游情境下，沟通越多，会使本处于较强亲密度的家人之间产生过度依赖而无法与外部旅游环境进行较多的交互，从而获得的学习结果反而减少。由于针对中国学生的实证研究表明，中国家庭的亲密度大多数处于较高水平（e.g. 罗薇、戴晓阳，2006；何心展、尤海燕，2006；李文华等，2014），因而较强的沟通反而产生负向调节作用。因此，提出以下研究假设：

H3a：沟通对亲密度与家庭意识之间的关系具有负向调节作用；

H3b：沟通对亲密度与个人能力之间的关系具有负向调节作用；

H3c：沟通对亲密度与目的地知识之间的关系具有负向调节作用；

H3d：沟通对亲密度与自我反思之间的关系具有负向调节作用。

同样地，家庭沟通越多，使家庭系统在发挥适应能力时越顺畅，从而使家庭系统越均衡有效。而在家庭旅游情境下，充分的家庭沟通使家庭系统通过更为有效的调节适应，为旅游者提供更加良好的学习环境，从而提高学习结果。然而与亲密度不同的是，中国家庭的适应性大多数处于中等偏低水平（e.g. 罗薇、戴晓阳，2006；何心展、尤海燕，2006；李文华等，2014），则较强的沟通并不会产生上述的负向调节作用。因此，提出以下研究假设：

H4a：沟通对适应性与家庭意识之间的关系具有正向调节作用；

H4b：沟通对适应性与个人能力之间的关系具有正向调节作用；

H4c：沟通对适应性与目的地知识之间的关系具有正向调节作用；

H4d：沟通对适应性与自我反思之间的关系具有正向调节作用。

二 学习结果与幸福感

本研究将综合享乐和自我实现两种幸福感理论视角，采用 Waterman（1993）的量表，对幸福感进行较为整体的探究。一些学者初步论证了学习与幸福感之间的正向关系。从享乐角度，学习可以是一个快乐的过程（e.g. Csikszentmihalyi，1990；Packer，2006；Falk 等，2012），尤其在家庭旅游情境中，旅游时积极情绪更高，更加快乐和幸福（e.g. Gilbert & Abdullah，2004；Nawijin，2011；Chen 等，2013），因而旅游者的非正式自由学习过程也更加轻松和享受。从自我实现角度，学习行为是一种获得知识、技能和智慧的过程，本质上与自我实现幸福观中的发现自我、挖掘潜能和实现个人成长保持一致（Csikszentmihalyi，2014）。此外，Veenhoven（2010）讨论了能力和幸福感之间的关系，认为拥有能力能够使人幸福，因为有能力解决生活中的难题、处理想要和需要完成的事务，可以带来幸福感。而 Bergsma 和 Ardelt（2012）认为智慧就是幸福感的高级形式，并通过实证表明智慧能够提升幸福感。具体而言，自我实现幸福感的主要构念包括自主、个人成长、自我接受、人生意义、掌控和积极关系；而根据家庭旅游者学习结果内容可知，获得家庭意识（即关爱和懂得家人、关注家庭和谐及责任）主要能够相应地实现个人成长以及获得与家人的积极关系；获得个人能力（即自我控制、社交沟通、适应力、自信）能够相应地实现自主性、个人成长、自我接受、获得与他人的积极关系；获得目的地知识能够实现积累知识方面的个人成长；而自我反思（即思考未来、人生以及与外界的联系）能够相应地实现自主、个人成长、自我接受、人生意义、掌控、积极关系。因此，提出以下研究假设：

H5a：家庭意识对幸福感具有正向影响；

H5b：个人能力对幸福感具有正向影响；

H5c：目的地知识对幸福感具有正向影响；

H5d：自我反思对幸福感具有正向影响。

综上，基于本研究提出的关系假设，家庭功能、学习结果和幸福感的关系即家庭旅游学习行为研究模型如图 5-3 所示。

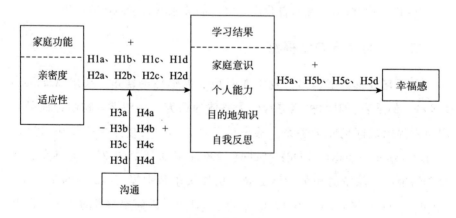

图 5-3 家庭旅游学习行为研究模型

第四节　问卷设计与变量测量

　　子研究三与子研究二使用的样本相同，均进行了小样本预测试和大样本的正式调研。在家庭旅游学习行为关系研究中，涉及的变量有家庭功能、学习结果和幸福感。对于学习结果变量，本研究采用子研究二已开发的具备信度和效度的家庭旅游学习结果量表予以衡量，分别为家庭意识、个人能力、目的地知识和自我反思四个维度。对于其他变量，为了提高本研究测量的信度和效度，均采用以往文献中使用过的成熟量表和问项进行测量。家庭功能量表采用 Olson（1983）开发的成熟量表，包括三个维度——亲密度（Cohesion）、适应性（Adaptability）和沟通（Communication）。幸福感量表主要借鉴 Waterman（1993）使用的量表。在问卷设计时，采用"反向翻译"的方法，由两名掌握中英双语的博士生分别将英文问项转译为中文，再共同对存在差异的翻译内容进行讨论、修改，进而达成一致。而后，笔者根据家庭旅游的研究情境对问项的表述做出相应修改，比如亲密度中"遇到困难我们会互相扶持"改为"旅游时遇到困难，我们会互相扶持"；幸福感中"我感到极其享受和快乐"改为"这次旅游让我感到极其享受和快乐"。而后，邀请旅游研究领域的 3 名专家学者根据本研究的目的和要求，对问卷中的量表和其他问项进行评议。在根据专家意见做出相应问项修改后，由于量表较长，为避免回答者惯性作答，将家庭功能量表中三个维度的问项随机打乱，最终形成待测试的问卷。待测量表问项内容如表 5 - 2 所示。

表 5 - 2　家庭旅游者学习行为研究量表问项

变量	编号	测量问项（＊为反向表述）
亲密度（16 个） 6 个反向问项	CH01	旅游时遇到困难，我们会互相扶持
	CH02	和家人讨论问题比和其他人讨论更困难＊
	CH03	旅游时我们会聚在一起进行活动（如游览、聊天、吃饭）
	CH04	一家人会共同参与一些旅游活动

续表

变量	编号	测量问项（＊为反向表述）
亲密度（16个） 6个反向问项	CH05	每个人都能做自己想做的事情而不用考虑其他家人的想法＊
	CH06	我们熟悉各自的好友
	CH07	家庭成员做决定之前会和家人一起商量
	CH08	我们很难找到一家人能一起参与的旅游活动＊
	CH09	我们一家关系亲密
	CH10	和家人相比，我们和陌生人的关系更亲密＊
	CH11	我们尊重家人的共同决定
	CH12	我们喜欢和家人一起度过旅游的时光
	CH13	家人之间互有嫌隙＊
	CH14	我们认可各自的好友
	CH15	我们更愿意分开进行旅游活动，而不是和家人一起＊
	CH16	我们可以分享彼此的兴趣爱好
适应性（14个） 3个反向问项	AD01	在旅游中，每个人都能随意发表自己的观点
	AD02	每个家庭成员都能参与重大的家庭旅游决策
	AD03	晚辈可以对长辈的教导发表自己的意见
	AD04	遇到事情我们会一起讨论，并商讨出满意的解决方案
	AD05	我们共同分担旅途中的事务
	AD06	我们家没有明确的规矩＊
	AD07	每个人都可以畅所欲言
	AD08	解决问题时，家长也会考虑孩子的意见
	AD09	我们家的管教方式是合理的
	AD10	我们家会尝试用新方法解决旅途中遇到的问题
	AD11	大家共同承担旅游中的责任
	AD12	我们的家庭生活规律和家规难以改变＊
	AD13	旅游中出现矛盾时，我们会相互妥协达成一致
	AD14	当旅途中产生矛盾，家人不会说出自己真实的想法＊
沟通（10个） 无反向问项	CM01	我们对互相沟通的方式感到满意
	CM02	在旅游中，家人是很好的倾听者
	CM03	家人会时常互相表达关爱
	CM04	家人可以互相提出自己的要求
	CM05	我们能够心平气和地互相谈论各种话题

续表

变量	编号	测量问项（＊为反向表述）
沟通（10个） 无反向问项	CM06	我们会互相讨论心里的想法和追求
	CM07	我们都能够真诚地回答家人的提问
	CM08	我们会努力相互理解家人的感受
	CM09	生气时，家人之间也很少恶语相向
	CM10	我们会互相表达真实的感受
幸福感（4个） 无反向问项	HP01	这次旅游让我感觉到一种真正活着的存在感
	HP02	这次旅游让我找到真正的自己
	HP03	这次旅游让我感觉极大的愉悦
	HP04	这次旅游让我感到极其享受和快乐

第五节　预测试

虽然本研究的家庭功能和幸福感采用西方学者开发使用的成熟量表，并加入家庭旅游情境进行调整，但是根据 Hinkin（1995）等学者的观点，由于研究对象及情境因素的差别，在正式进行大规模调研之前，须进行小样本预测试，以修正和完善测量问项。

一　样本取样及数据描述

本次问卷收集与子研究二中学习结果量表的预测试一致，数据获取过程不再赘述。共发放问卷 400 份，回收 330 份，回收率为 82.5%。但由于家庭功能量表中设计了逆向问题，问卷筛选的标准略有不同：除之前的标准外，若答卷中的正向问题与逆向问题的回答明显相互矛盾，则判定为无效问卷并予以剔除。经过再次筛选后，预测试调研最终得到 263 份有效问卷，有效回收率为 79.7%。另外，由于子研究二和三的样本相同，样本特征描述以及家庭旅游学习结果变量的描述性统计分析、数据检验方法和结果同样在此不再赘述。

二　预测试数据的描述性统计分析

本研究首先对有效数据进行描述性统计分析，以检测样本是否适合进行下一步分析。首先，分别对 9 个反向问项（比如"和家人讨论问题比和其他人讨论更困难""家人之间互有嫌隙"）进行分值转换。由于问项采取的是五点李克特量表设计，因此转换分值等于 6 减去初始分值。

根据 Kline（1998）的观点，样本数据符合正态分布则适合统计分析；偏度绝对值小于 3，峰度绝对值小于 10，则可判别符合正态分布。家庭功能各测量问项的描述性统计结果如表 5 - 3 所示（为表格美观，问项表述适当简化），包括均值、标准差、偏度和峰度，用以判断样本数据是否服从正态分布。

表 5 - 3　家庭功能和幸福感测量问项的描述性统计结果（$n = 263$）

测量问项（表述简化）	均值	标准差	偏度	峰度
旅游时遇到困难我们互相扶持	4.49	**0.776**	- 1.660	2.932
每个人都能轻松发表个人观点	4.28	0.901	- 1.113	0.639
和外人讨论问题比家人更容易	3.07	1.247	0.029	- 0.970
我们对互相沟通的方式感到满意	4.05	0.874	- 0.717	0.216
每个家庭成员都能参与重大决策	4.01	0.951	- 0.694	- 0.094
旅游时我们会待在一起	4.55	0.696	**- 1.859**	**4.719**
孩子可以对教育问题发表意见	4.09	0.912	- 0.730	- 0.065
家人是很好的倾听者	4.17	0.938	- 0.982	0.434
一家人有共同参与的活动	4.33	0.797	- 1.313	2.072
一起讨论并商讨出认可的方案	4.16	0.868	- 0.775	**- 0.020**
家里每个人都做自己想做的事情	3.69	1.081	- 0.422	- 0.608
家人会互相表达爱意	4.00	1.015	- 0.640	- 0.674
我们共同分担旅途中的事务	4.22	0.897	- 0.985	0.440
我们认识各自的朋友	3.59	1.158	- 0.362	- 0.785
我们家里没有明确的规矩	3.58	1.176	- 0.380	- 0.863
家人能互相索求想要的东西	3.98	0.918	- 0.618	- 0.161
做决定之前会和其他家人讨论	4.16	0.847	- 0.774	0.096
家里每个人可以畅所欲言	4.17	0.909	- 0.890	0.072
难以找到我们能一起参与的活动	2.94	1.316	0.171	- 1.128
家人可以平心静气地讨论问题	3.99	0.918	- 0.871	0.637
解决问题时也会考虑孩子的意见	4.17	0.863	- 0.876	0.288

续表

测量问项（表述简化）	均值	标准差	偏度	峰度
我们一家亲密无间	4.13	0.879	-0.807	0.090
我们家所有人的家教严格	3.40	1.117	-0.166	-0.732
家人会讨论各自的想法和追求	3.97	0.946	-0.585	-0.466
觉得和陌生人比和家人更亲密	2.45	1.448	0.612	-1.037
我们家会尝试用新方法解决问题	3.84	0.991	-0.410	-0.790
每个人都尊重我们的共同决定	4.13	0.849	-0.733	0.254
家人互相提问时能够诚实回答	4.01	0.860	-0.486	-0.524
在我们家大家共同承担责任	4.24	0.859	-1.166	1.266
喜欢和家人一起度过空闲时间	4.21	0.887	-0.993	0.392
我们的家规难以改变	3.19	1.127	**-0.025**	-0.676
家人会努力相互理解各自的感受	4.07	0.884	-0.869	0.513
家人之间互有嫌隙	2.39	1.209	0.518	-0.698
有问题我们会协商达成一致	3.98	0.899	-0.717	0.160
我们认可每个人的朋友	3.75	0.963	-0.366	-0.577
生气时家人很少恶语相向	3.70	1.082	-0.498	-0.486
家人害怕说出自己真实的想法	2.75	1.136	0.309	-0.513
家人有单独的或者小群体的活动	2.73	1.195	0.291	-0.719
我们有共同的兴趣爱好	3.90	0.958	-0.647	-0.231
家人会互相表达真实的感受	4.09	0.860	-0.757	0.163
这次旅游让我感觉到真正地活着	3.68	1.024	-0.453	-0.314
这次旅游让我找到真正的自己	3.57	1.053	-0.375	-0.350
这次旅游让我感觉极大的愉悦	4.02	0.918	-0.723	0.149
这次旅游让我感到很享受和快乐	4.11	0.866	-0.755	0.232

由表 5 - 3 结果可知，各测量问项的偏度绝对值在 0.025 与 1.859 之间，均小于 3；峰度绝对值在 0.020 与 4.719 之间，均小于 10。因此，本研究的预测试数据服从正态分布，可进行下一步分析。

根据以往研究者（Bennett & Robinson，2000）的观点，若各测量问项的标准差不足够大，则不容易产生区分。因此，参照前人的做法，将标准差低于 0.75 的测量问项删除。由表 5 - 3 可知，各问项中标准差最小为 0.776 > 0.75。因此，各测量问项的标准差足够大，适合进一步分析。

三　预测试检验方法及结果

1. 量表信度分析

首先，通过量表信度分析对问项进行初步筛选。根据前人（Farh, Earley & Lin, 1997）的观点，本研究采取以下筛选标准：CITC > 0.4；删除该问项后 Cronbach's α 系数并未显著提高；筛选后，Cronbach's α 系数应大于 0.7。家庭功能和幸福感量表的信度分析结果如表 5 - 4 所示。

表 5 - 4　家庭功能和幸福感量表的信度分析结果（$n = 263$）

测量问项（表述简化）	CITC	删除该问项后 α 系数	α 系数
旅游时遇到困难我们互相扶持	0.612	0.934	
每个人都能轻松发表个人观点	0.570	0.934	
和外人讨论问题比和家人更容易	**0.084**	0.939	
我们对互相沟通的方式感到满意	0.657	0.934	
每个家庭成员都能参与重大决策	0.605	0.934	
旅游时我们会待在一起	0.483	0.935	
孩子可以对教育问题发表意见	0.528	0.935	
家人是很好的倾听者	0.664	0.933	
一家人有共同参与的活动	0.537	0.935	
一起讨论并商讨出认可的方案	0.663	0.934	
家里每个人都做自己想做的事情	**0.397**	0.934	
家人会互相表达爱意	0.610	0.934	
我们共同分担旅途中的事务	0.714	0.933	
我们认识各自的朋友	0.498	0.935	
我们家里没有明确的规矩	**0.245**	0.937	
家人能互相索求想要的东西	0.607	0.934	
做决定之前会和其他家人讨论	0.652	0.934	
家里每个人可以畅所欲言	0.629	0.934	
难以找到我们能一起参与的活动	**0.201**	0.938	
家人可以平心静气地讨论问题	0.633	0.934	
解决问题时也会考虑孩子的意见	0.670	0.934	
我们一家亲密无间	0.697	0.933	
我们家所有人的家教严格	0.523	0.934	

续表

测量问项（表述简化）	CITC	删除该问项后 α 系数	α 系数
家人会讨论各自的想法和追求	0.703	0.933	
觉得和陌生人比和家人更亲密	**0.083**	0.940	
我们家会尝试用新方法解决问题	0.642	0.934	
每个人都尊重我们的共同决定	0.665	0.934	
家人互相提问时能够诚实回答	0.678	0.934	
在我们家大家共同承担责任	0.640	0.934	
喜欢和家人一起度过空闲时间	0.648	0.934	
我们的家规难以改变	**0.277**	0.937	
家人会努力相互理解各自的感受	0.724	0.933	
家人之间互有嫌隙	**- 0.107**	0.940	0.936
有问题我们会协商达成一致	0.590	0.934	
我们认可每个人的朋友	0.566	0.934	
生气时家人很少恶语相向	0.494	0.935	
家人害怕说出自己真实的想法	**- 0.023**	0.939	
家人有单独的或者小群体的活动	**- 0.081**	0.940	
我们有共同的兴趣爱好	0.713	0.933	
家人会互相表达真实的感受	0.705	0.933	
这次旅游让我感觉到真正地活着	0.510	0.935	
这次旅游我找到真正的自己	0.540	0.934	
这次旅游让我感觉极大的愉悦	0.603	0.934	
这次旅游让我感到很享受和快乐	0.613	0.934	

该量表的 Cronbach's α 系数为 0.936 > 0.9，表明信度结果非常好（Nunnally，1978）。观察各测量问项的 CITC 值发现，所有家庭功能的 9 个反向问项的 CITC 值均小于 0.4，因此予以删除；其他问项的 CITC 值均大于 0.4，且删除问项后的 α 系数并未显著提高，因此予以保留并进行下一步检测和净化。

2. CITC 分析和内部一致性检验

本研究中家庭功能和幸福感变量采用的是较为成熟的量表。因此，在预测试阶段无须进行探索性因子分析得出变量的维度结构，直接对既定维度进行 CITC 分析和内部一致性检验。

根据前人研究观点（Hinkin，1995；Farh，Earley & Lin，1997；Nunnally，1978），本研究采取以下筛选标准：CITC > 0.4；删除该问项后Cronbach's α 系数并未显著提高；Cronbach's α 系数应大于 0.7。

家庭功能和幸福感测量量表各因子的 CITC 值和内部一致性信度分析结果如表 5 – 5 所示。结果表明，各因子的所有问项的 CITC 值均高于 0.4，删除该问项后的 α 系数未显著提高。四个因子的 Cronbach's α 系数分别为0.882、0.888、0.897、0.883 均大于 0.7，说明量表的信度较好。

表 5 – 5　家庭功能和幸福感测量量表各因子的 CITC 值和
内部一致性信度分析结果（ n = 263）

亲密度问项（10）（表述简化）	CITC	删除该问项后 α 系数	α 系数
旅游时遇到困难我们互相扶持	0.640	0.869	
旅游时我们会待在一起	0.523	0.876	
一家人有共同参与的活动	0.590	0.872	
我们认识各自的朋友	0.515	0.882	
做决定之前会和其他家人讨论	0.641	0.868	
我们一家亲密无间	0.704	0.863	0.882
每个人都尊重我们的共同决定	0.641	0.868	
我们喜欢和家人一起度过空闲时间	0.695	0.864	
我们认可每个人的朋友	0.552	0.875	
我们有共同的兴趣爱好	0.680	0.865	
适应性问项（11）（表述简化）	CITC	删除该问项后 α 系数	α 系数
每个人都能轻松发表个人观点	0.561	0.880	
每个家庭成员都能参与重大决策	0.614	0.877	
孩子可以对自己的教育问题发表意见	0.568	0.880	
一起讨论并商讨出大家认可的方案	0.671	0.874	
我们共同分担旅途中的事务	0.693	0.872	
家里每个人可以畅所欲言	0.653	0.875	
解决问题时也会考虑孩子的意见	0.708	0.872	0.888
我们家所有人的家教严格	0.449	0.890	
我们家会尝试用新方法解决问题	0.600	0.878	
在我们家大家共同承担责任	0.625	0.877	
有问题我们会协商达成一致	0.588	0.879	

续表

沟通问项（10）（表述简化）	CITC	删除该问项后 α 系数	α 系数
我们对互相沟通的方式感到满意	0.646	0.886	
家人是很好的倾听者	0.686	0.884	
家人会互相表达爱意	0.586	0.891	
家人能互相索求想要的东西	0.551	0.892	
家人可以平心静气地互相讨论问题	0.615	0.888	
家人会互相讨论各自的想法和追求	0.706	0.882	0.897
家人互相提问时能够诚实回答	0.688	0.884	
家人会努力相互理解各自的感受	0.741	0.880	
生气时家人很少恶语相向	0.528	0.896	
家人会互相表达真实的感受	0.726	0.881	
幸福感问项（4）（表述简化）	CITC	删除该问项后 α 系数	α 系数
这次旅游让我感觉到真正地活着	0.718	0.862	
这次旅游让我找到真正的自己	0.759	0.847	0.883
这次旅游让我感觉极大的愉悦	0.781	0.838	
这次旅游让我感到很享受和快乐	0.743	0.854	

四　初始量表修正及完善

加入标签变量问项。由于本研究采用问卷的方式收集数据，可能会存在共同方法偏差问题。为了检验是否存在共同方法偏差，在设计问卷时加入标签变量，而该标签变量在理论上应与本研究设计的其他研究变量均不相关。因此，基于前人研究，本文采用的标签变量为领域美观度，如表 5-6 所示。主要针对周围景观的绿化程度、美观度等进行测量（Carlson 等，2012）。该标签变量信度为 0.77，共包含 4 个测量问项。

表 5-6　标签变量问项

变量	编号	问项
领域美观度	MV1	我家附近有沿街树木
	MV2	我家附近有很多美观的建筑

变量	编号	问项
领域美观度	MV3	在我家附近能看到许多有趣的东西
	MV4	在我家附近有许多迷人的自然景观

第六节　正式调研：数据收集、描述与质量评价

在预测试形成修改完善的问卷后，通过正式调研获取数据，对样本数据质量进行评价，包括探索性因子分析、CITC 分析以及验证性因子分析等，以进行下一步的假设模型验证。

一　数据获取和特征描述

正式调研共获取样本 792 份，用以进行数据质量评价和假设检验。该部分的数据获取方法、人口统计学特征描述、旅游基本特征描述详见子研究二。

二　样本数据的变量统计描述

学习结果问项评价值的统计描述详见子研究二。家庭功能、幸福感和标签变量问项评价值的统计描述结果如表 5 - 7 所示，包括均值、标准差、偏度和峰度。根据 Kline（1998）的观点，偏度绝对值小于 3，峰度绝对值小于 10，则可判别符合正态分布。由表 5 - 7 可知，各测量问项的偏度绝对值在 0.108 与 1.477 之间，峰度绝对值在 0.067 与 2.097 之间。因此，该样本的数据服从正态分布，可进行下一步分析。各问项中标准差最小为 0.903 > 0.75。因此，各测量问项的标准差足够大，适合进一步分析。

表 5 - 7　家庭功能、幸福感和标签变量问项评价值统计的描述结果 （$n = 792$）

测量问项（表述简化）	均值	标准差	偏度	峰度
CH01 遇到困难互相扶持	4.17	0.944	- 1.019	0.599
CH02 聚在一起进行活动	4.34	**0.903**	**- 1.477**	**2.097**
CH03 共同参与许多活动	4.18	0.956	- 1.131	0.887

续表

测量问项（表述简化）	均值	标准差	偏度	峰度
CH04 熟悉各自的好友	3.41	1.163	-0.232	-0.769
CH05 做决定前和家人商量	4.10	1.038	-1.049	0.453
CH06 我们关系非常密切	4.17	0.999	-1.183	0.931
CH07 我们尊重家人的决定	4.25	0.908	-1.172	1.091
CH08 喜欢一起度过时光	4.23	0.986	-1.275	1.169
CH09 我们认可各自的好友	3.69	1.072	-0.633	**-0.067**
CH10 乐于分享兴趣爱好	3.81	1.057	-0.517	-0.493
AD01 能随意发表观点	4.05	0.980	-0.875	0.294
AD02 参与重要的旅游决策	3.84	1.057	-0.678	-0.173
AD03 晚辈可发表意见	3.93	1.065	-0.950	0.374
AD04 一起商讨解决方案	3.98	1.032	-0.983	0.521
AD05 共同分担旅途事务	3.96	0.956	-0.843	0.539
AD06 每个人可以畅所欲言	4.03	1.023	-0.914	0.237
AD07 也会考虑孩子的意见	4.01	1.006	-0.978	0.533
AD08 管教方式合理	3.95	1.048	-0.889	0.331
AD09 用新方法解决问题	3.75	1.050	-0.492	-0.387
AD10 共同承担旅游责任	4.07	0.932	-0.883	0.485
AD11 产生矛盾会相互妥协	3.94	1.025	-0.822	0.110
CM01 对沟通方式感到满意	3.89	1.021	-0.727	0.069
CM02 家人是很好的倾听者	3.89	1.085	-0.850	0.128
CM03 家人会时常表达关爱	4.01	1.000	-0.877	0.336
CM04 可以互相提出要求	4.10	0.935	-0.954	0.678
CM05 心平气和地互相谈论	3.83	1.033	-0.735	0.105
CM06 会互相讨论想法	3.71	1.094	-0.574	-0.387
CM07 能够真诚回答家人	3.94	0.976	-0.853	0.492
CM08 努力理解家人的感受	3.94	0.981	-0.846	0.449
CM09 家人间很少恶语相向	3.78	1.095	-0.683	-0.206
CM10 会表达真实的感受	3.98	0.963	-0.794	0.174
MV01 我家附近有沿街树木	4.05	1.102	-1.089	0.479
MV02 附近有很多美观建筑	3.32	1.175	**-0.108**	-0.802
MV03 有许多有趣的东西	3.46	1.145	-0.368	-0.521
MV04 有许多迷人自然景观	3.41	1.189	-0.307	-0.787

续表

测量问项（表述简化）	均值	标准差	偏度	峰度
HP01 感觉到一种真正活着	3.54	1.156	−0.442	−0.534
HP02 找到真正的自己	3.39	1.165	−0.319	−0.569
HP03 让我感觉极大的愉悦	3.98	1.005	−0.819	0.208
HP04 让我感到享受和快乐	4.09	0.966	−1.026	0.761

三 变量的质量及结构分析

在进行假设模型检验之前，还需要对变量数据的质量和结构进行分析。通过探索性因子分析和 CITC 分析初步检验维度结构和内部信度，通过验证性因子分析进一步检验量表信度和效度。

1. 探索性因子分析

本研究将所有研究变量，包括家庭功能（31 个问项）、学习结果（18 个问项）、幸福感（4 个问项）和标签变量（领域美观度，4 个问项），纳入整体模型进行探索性因子分析。

（1）探索性因子分析的条件

本研究探索性因子分析的测量问项共 57 个，采用的样本数量为 792 份，有效样本量与问项数量比例为 13.89，符合因子分析对样本量的最低要求（Rummel，1970）。分析结果显示，测量问项的 KMO 值为 0.934，Bartlett 球体检验的显著性统计值小于 0.001。根据 Kaiser（1974）的观点，KMO > 0.9，表示数据非常适合因子分析。

（2）探索性因子分析过程及结果

本研究进一步采取主成分分析方法以及最大方差的因子旋转方法，对测量问项进行分析以及删减。删减问项依据以下标准（Hinkin，1995）：删除在所有因子上的因子载荷均小于 0.5 的问项；删除在两个及以上因子上的因子载荷均大于 0.5 的问项；删除独自成一个因子的单一测量条款。

第一次探索性因子分析的结果如表 5 - 8 所示。结果显示，共提取出 10 个特征根大于 1 的公因子，累计方差解释量为 64.419% > 60%，表明因子分析提取结果是可接受的（Hinkin，1995）。根据删减问项的标准，AD11、CH10、CM03、FA06、FA07 5 个问项在所有因子上的因子载荷小于

0.5，予以删除。将不符合因子设定的 CM01、CM02、CM04 3 个问项删除。
CH04 和 CH09 两个问项单独成一个因子，予以删除。

表 5 - 8　第一次探索性因子分析结果（$n = 792$）

测量问项	因子									
	1	2	3	4	5	6	7	8	9	10
AD07	**0.719**	0.201	0.196	0.062	0.128	0.096	0.123	0.072	- 0.011	- 0.003
AD03	**0.697**	0.127	0.079	0.069	0.185	0.011	0.146	0.033	0.023	0.178
AD04	**0.678**	0.173	0.222	0.031	0.178	0.107	0.070	0.092	0.056	0.204
AD06	**0.639**	0.278	0.134	0.043	0.091	0.142	0.095	0.141	- 0.107	0.082
AD02	**0.622**	0.117	0.138	0.022	0.161	0.107	0.051	0.198	0.132	0.358
AD01	**0.620**	0.192	0.132	0.042	0.095	0.130	0.017	0.187	- 0.042	0.208
AD05	**0.599**	0.147	0.151	0.043	0.172	0.081	0.091	0.156	0.049	0.179
AD10	**0.587**	0.231	0.283	0.182	0.115	0.022	0.164	0.098	0.095	0.004
AD08	**0.570**	0.217	0.383	0.078	0.094	0.120	0.117	- 0.136	0.091	- 0.050
CM02	**0.549**	0.493	0.193	0.079	0.163	0.208	0.075	- 0.056	- 0.010	- 0.095
AD09	**0.538**	0.220	0.105	0.277	0.015	0.165	0.185	- 0.010	0.157	- 0.083
CM04	**0.508**	0.348	0.278	0.098	0.086	0.165	0.114	0.110	0.015	- 0.148
CM01	**0.508**	0.432	0.227	0.114	0.135	0.171	0.040	0.023	0.015	- 0.141
AD11	0.486	0.434	0.306	0.100	0.163	0.047	0.083	0.110	0.035	- 0.143
CH10	0.363	0.167	0.332	0.316	- 0.039	0.208	0.118	0.072	0.083	0.232
CM06	0.323	**0.713**	0.143	0.029	0.104	0.197	0.039	0.051	0.097	0.044
CM07	0.287	**0.705**	0.138	0.083	0.137	0.138	0.059	0.061	- 0.020	0.127
CM09	0.223	**0.682**	0.102	0.101	0.052	0.028	0.094	0.010	0.000	0.243
CM05	0.427	**0.658**	0.221	0.079	0.066	0.152	0.013	0.019	0.027	0.024
CM08	0.316	**0.653**	0.223	0.052	0.219	0.068	0.109	0.186	0.036	0.095
CM10	0.190	**0.620**	0.279	0.027	0.208	0.224	0.096	0.071	0.028	0.021
CM03	0.459	0.493	0.255	0.065	0.187	0.177	0.113	0.025	- 0.013	- 0.137
CH02	0.207	0.143	**0.699**	0.022	0.166	0.032	0.010	0.191	- 0.123	0.215
CH06	0.424	0.216	**0.656**	0.167	0.071	0.129	0.064	0.018	0.027	0.002
CH08	0.353	0.291	**0.647**	0.005	0.113	0.150	0.021	- 0.032	0.119	0.004
CH03	0.237	0.194	**0.647**	0.040	0.130	0.056	0.076	0.104	- 0.037	0.272

测量问项	因子									
	1	2	3	4	5	6	7	8	9	10
CH07	0.405	0.223	**0.640**	0.089	0.099	0.122	0.095	0.001	0.128	0.030
CH01	0.204	0.248	**0.542**	0.194	0.269	0.099	0.050	0.191	-0.147	0.079
CH05	0.403	0.224	**0.504**	0.194	0.007	0.106	0.184	0.018	0.088	0.212
PC05	0.047	0.074	0.035	**0.776**	0.209	-0.005	0.000	0.123	0.150	0.034
PC02	0.124	-0.003	0.137	**0.746**	0.153	0.113	0.050	0.184	0.125	0.027
PC03	0.068	0.067	0.115	**0.733**	0.166	0.107	-0.011	0.194	0.160	0.097
PC01	0.123	0.086	0.164	**0.703**	0.260	0.062	0.081	0.084	0.093	0.059
PC04	0.086	0.089	-0.043	**0.654**	0.222	0.231	-0.078	0.107	0.207	0.032
FA03	0.157	0.114	0.073	0.182	**0.766**	0.118	0.029	0.069	0.166	-0.065
FA01	0.172	0.114	0.202	0.168	**0.764**	0.089	0.143	-0.022	0.104	-0.048
FA02	0.220	0.134	0.120	0.110	**0.717**	0.118	0.167	-0.082	0.075	-0.083
FA04	0.137	0.126	0.116	0.188	**0.716**	0.112	0.053	0.088	0.190	-0.003
FA05	0.143	0.156	0.105	0.269	**0.601**	0.026	0.040	0.210	-0.018	0.116
FA06	0.153	0.044	-0.035	0.364	0.483	0.045	0.195	-0.097	0.202	0.177
FA07	0.103	0.212	0.027	0.373	0.461	0.100	-0.001	0.230	0.075	0.156
HP01	0.200	0.170	0.078	0.089	0.107	**0.771**	0.061	0.107	0.157	0.120
HP04	0.221	0.195	0.192	0.153	0.148	**0.747**	0.093	0.123	-0.021	0.000
HP02	0.162	0.167	-0.022	0.229	0.108	**0.728**	0.095	-0.005	0.230	0.222
HP03	0.199	0.251	0.277	0.099	0.183	**0.715**	0.113	0.123	0.011	-0.053
MV02	0.120	0.057	-0.017	0.006	0.118	0.034	**0.832**	0.065	-0.022	0.112
MV03	0.153	0.072	0.065	0.005	0.128	0.084	**0.821**	0.047	0.018	0.063
MV04	0.148	0.119	0.024	0.017	0.128	0.116	**0.729**	0.059	0.038	0.098
MV01	0.173	0.060	0.306	0.053	-0.012	0.023	**0.621**	0.214	0.049	-0.086
DK01	0.191	0.114	0.068	0.197	0.058	0.099	0.111	**0.823**	0.111	0.074
DK02	0.202	0.188	0.109	0.230	0.107	0.066	0.125	**0.768**	0.093	0.047
DK03	0.083	-0.067	0.102	0.312	0.034	0.129	0.150	**0.653**	0.139	-0.027
SR02	0.043	0.108	0.024	0.242	0.211	0.091	-0.029	0.181	**0.783**	0.103
SR01	-0.007	-0.092	0.023	0.310	0.174	0.100	-0.062	0.057	**0.765**	0.047
SR03	0.101	0.061	-0.031	0.235	0.199	0.115	0.191	0.107	**0.622**	0.045
CH04	0.184	0.057	0.283	0.150	0.005	0.117	0.170	0.094	0.073	0.644
CH09	0.258	0.203	0.256	0.200	-0.063	0.138	0.115	-0.030	0.173	0.579

续表

测量问项	因子									
	1	2	3	4	5	6	7	8	9	10
特征根	7.343	4.922	4.327	4.047	4.041	2.962	2.840	2.405	2.163	1.668
方差解释量（%）	12.882	8.636	7.591	7.100	7.089	5.197	4.983	4.220	3.795	2.926
累计方差解释量（%）	12.882	21.517	29.109	36.209	43.298	48.495	53.478	57.698	61.493	**64.419**

用相同的方法，将剔除后的测量问项再次进行探索性因子分析。结果显示，测量问项的 KMO 值为 0.939，Bartlett 球体检验的显著性统计值小于 0.001，表明数据非常适合因子分析。

第二次探索性因子分析的结果如表 5-9 所示。结果显示，共提取出 9 个特征根大于 1 的公因子，累计方差的解释量为 65.824% > 60%，表明因子分析提取结果是可接受的（Hinkin，1995）。为进一步净化问项，根据 Hair 等（2006）提出的标准，将因子负荷小于 0.6 的 AD08、AD09、AD10、CH01、CH05、FA05 6 个问项予以删除。

表 5-9 第二次探索性因子分析结果（$n = 792$）

测量问项	因子								
	1	2	3	4	5	6	7	8	9
AD07	**0.705**	0.141	0.124	0.067	0.163	0.021	0.161	0.035	0.049
AD03	**0.698**	0.267	0.186	0.052	0.151	0.120	0.076	0.088	0.057
AD04	**0.698**	0.234	0.195	0.066	0.134	0.119	0.125	0.054	-0.037
AD06	**0.665**	0.200	0.141	0.034	0.107	0.106	0.072	0.198	0.187
AD02	**0.632**	0.183	0.281	0.039	0.085	0.161	0.094	0.140	-0.116
AD01	**0.628**	0.165	0.167	0.083	0.168	0.088	0.100	0.128	0.038
AD05	**0.615**	0.190	0.205	0.025	0.088	0.129	0.026	0.205	-0.003
AD10	0.568	0.304	0.226	0.182	0.122	0.051	0.162	0.084	0.059
AD08	0.540	0.411	0.207	0.071	0.099	0.145	0.118	-0.161	0.057
AD09	0.524	0.107	0.226	0.278	0.029	0.198	0.177	-0.042	0.092
CH02	0.196	**0.749**	0.117	0.045	0.117	0.035	0.031	0.188	-0.072
CH06	0.233	**0.688**	0.176	0.052	0.095	0.065	0.091	0.117	-0.002

测量问项	因子								
	1	2	3	4	5	6	7	8	9
CH08	0.386	**0.678**	0.191	0.160	0.080	0.146	0.064	0.005	0.010
CH03	0.313	**0.664**	0.266	0.001	0.138	0.158	0.028	-0.049	0.104
CH07	0.378	**0.657**	0.210	0.090	0.106	0.140	0.097	-0.011	0.104
CH01	0.178	0.574	0.219	0.199	0.261	0.103	0.068	0.184	-0.113
CH05	0.395	0.558	0.206	0.180	-0.030	0.122	0.196	0.026	0.118
CM06	0.292	0.175	**0.729**	0.087	0.136	0.152	0.061	0.059	-0.021
CM07	0.311	0.182	**0.716**	0.034	0.108	0.214	0.047	0.030	0.091
CM09	0.243	0.150	**0.689**	0.103	0.034	0.048	0.100	0.029	0.008
CM05	0.309	0.263	**0.655**	0.053	0.218	0.087	0.114	0.183	0.041
CM08	0.396	0.267	**0.654**	0.076	0.080	0.169	0.016	0.015	0.017
CM10	0.176	0.294	**0.628**	0.035	0.224	0.231	0.098	0.057	0.015
PC05	0.055	0.040	0.076	**0.779**	0.190	-0.002	0.013	0.114	0.176
PC02	0.127	0.140	0.010	**0.760**	0.132	0.117	0.054	0.177	0.130
PC03	0.077	0.120	0.060	**0.745**	0.149	0.112	-0.005	0.200	0.174
PC01	0.117	0.172	0.091	**0.721**	0.243	0.070	0.080	0.101	0.096
PC04	0.092	-0.027	0.088	**0.656**	0.185	0.241	-0.066	0.091	0.234
FA03	0.158	0.180	0.105	0.185	**0.794**	0.090	0.143	-0.022	0.096
FA01	0.152	0.055	0.107	0.197	**0.788**	0.119	0.031	0.065	0.166
FA02	0.205	0.100	0.131	0.131	**0.747**	0.125	0.158	-0.075	0.049
FA04	0.127	0.124	0.107	0.187	**0.711**	0.120	0.054	0.103	0.209
FA05	0.155	0.134	0.144	0.278	0.574	0.023	0.058	0.208	0.037
HP01	0.193	0.100	0.148	0.085	0.094	**0.778**	0.070	0.109	0.173
HP04	0.195	0.206	0.184	0.147	0.156	**0.753**	0.087	0.132	-0.034
HP02	0.184	0.009	0.162	0.231	0.064	**0.739**	0.102	0.007	0.252
HP03	0.164	0.288	0.226	0.088	0.196	**0.727**	0.111	0.119	-0.005
MV02	0.136	-0.008	0.055	0.013	0.102	0.034	**0.843**	0.059	-0.006
MV03	0.150	0.077	0.065	0.003	0.115	0.090	**0.825**	0.050	0.028
MV04	0.158	0.051	0.104	0.030	0.094	0.121	**0.746**	0.043	0.062
MV01	0.138	0.293	0.062	0.036	0.025	0.026	**0.610**	0.217	0.010
DK01	0.196	0.083	0.111	0.179	0.054	0.105	0.107	**0.836**	0.114
DK02	0.204	0.132	0.171	0.222	0.093	0.079	0.125	**0.769**	0.095

续表

测量问项	因子								
	1	2	3	4	5	6	7	8	9
DK03	0.080	0.081	−0.055	0.316	0.043	0.129	0.139	**0.654**	0.112
SR02	0.059	0.036	0.104	0.244	0.182	0.095	−0.015	0.174	**0.808**
SR01	0.006	0.024	−0.084	0.308	0.137	0.103	−0.050	0.042	**0.781**
SR03	0.116	−0.023	0.057	0.243	0.171	0.125	0.200	0.096	**0.623**
特征根	5.673	4.282	3.776	3.656	3.430	2.895	2.761	2.317	2.148
方差解释量（%）	12.070	9.110	8.035	7.778	7.297	6.159	5.875	4.929	4.571
累计方差解释量（%）	12.070	21.180	29.216	36.993	44.291	50.449	56.324	61.253	**65.824**

用相同的方法，将剔除后的测量问项再次进行探索性因子分析。结果显示，测量问项的 KMO 值为 0.929，Bartlett 球体检验的显著性统计值小于 0.001，表明数据非常适合因子分析。

第三次探索性因子分析的结果如表 5−10 所示。结果显示，共提取出 9 个特征根大于 1 的公因子，累计方差的解释量为 68.299% > 60%，表明因子分析提取结果是可接受的（Hinkin，1995）。根据删减问项的标准，没有问项予以删除。

表 5−10　第三次探索性因子分析结果（n = 792）

测量问项	因子								
	1	2	3	4	5	6	7	8	9
AD07	**0.735**	0.155	0.105	0.130	0.122	0.032	0.188	−0.017	0.068
AD03	**0.685**	0.219	0.072	0.287	0.160	0.122	0.090	0.080	0.052
AD04	**0.682**	0.169	0.064	0.201	0.073	0.121	0.093	0.152	0.194
AD06	**0.670**	0.226	0.065	0.160	0.041	0.142	0.050	0.132	0.016
AD02	**0.649**	0.240	0.072	0.251	0.149	0.125	0.136	0.079	−0.042
AD01	**0.626**	0.315	0.051	0.176	0.065	0.174	0.110	0.120	−0.103
AD05	**0.609**	0.191	0.097	0.213	0.151	0.096	0.118	0.100	0.056
CH02	0.271	**0.745**	0.097	0.143	0.126	0.156	0.066	0.050	−0.018
CH06	0.270	**0.735**	0.031	0.167	0.099	0.216	0.052	0.035	0.102

测量问项	因子								
	1	2	3	4	5	6	7	8	9
CH08	0.198	**0.705**	0.102	0.136	0.023	0.054	0.104	0.034	0.012
CH03	0.300	**0.676**	0.074	0.224	0.198	0.092	0.123	0.170	0.043
CH07	0.360	**0.676**	0.090	0.269	0.068	0.172	0.026	0.011	0.014
CM06	0.127	**0.648**	0.039	0.283	0.227	0.229	0.099	0.082	0.010
CM07	0.057	0.084	**0.789**	0.016	0.158	0.001	0.018	0.113	0.181
CM09	0.116	0.025	**0.774**	0.130	0.101	0.125	0.063	0.176	0.132
CM05	0.069	0.071	**0.746**	0.102	0.135	0.114	-0.004	0.209	0.177
CM08	0.103	0.100	**0.742**	0.177	0.216	0.075	0.090	0.094	0.095
CM10	0.080	0.096	**0.660**	-0.043	0.170	0.245	-0.064	0.096	0.237
PC05	0.226	0.138	0.087	**0.742**	0.059	0.045	0.058	0.133	-0.052
PC02	0.222	0.200	0.079	**0.696**	0.086	0.063	0.104	0.113	-0.010
PC03	0.325	0.237	0.162	**0.688**	0.097	0.155	0.071	0.046	-0.006
PC01	0.261	0.305	0.007	**0.680**	0.139	0.169	0.038	-0.027	0.097
PC04	0.315	0.251	0.098	**0.676**	0.136	0.148	0.101	0.029	0.077
FA03	0.141	0.124	0.211	0.041	**0.804**	0.111	0.027	0.097	0.160
FA01	0.136	0.131	0.199	0.164	**0.798**	0.087	0.145	0.016	0.097
FA02	0.179	0.150	0.148	0.108	**0.770**	0.117	0.156	-0.041	0.038
FA04	0.119	0.120	0.215	0.125	**0.712**	0.115	0.054	0.122	0.193
HP01	0.173	0.162	0.087	0.090	0.080	**0.782**	0.077	0.107	0.183
HP04	0.184	0.199	0.152	0.184	0.151	**0.758**	0.090	0.129	-0.032
HP02	0.160	0.172	0.236	0.005	0.061	**0.742**	0.106	0.005	0.250
HP03	0.145	0.243	0.091	0.268	0.194	**0.733**	0.112	0.123	-0.004
MV02	0.125	0.061	0.018	-0.018	0.099	0.034	**0.847**	0.062	-0.004
MV03	0.144	0.072	0.017	0.070	0.108	0.090	**0.832**	0.043	0.028
MV04	0.145	0.113	0.027	0.041	0.069	0.130	**0.753**	0.032	0.084
MV01	0.104	0.081	0.036	0.288	0.037	0.033	**0.608**	0.244	-0.008
DK01	0.196	0.123	0.172	0.059	0.047	0.104	0.098	**0.858**	0.105
DK02	0.192	0.185	0.214	0.121	0.081	0.078	0.117	**0.794**	0.087
DK03	0.057	-0.047	0.299	0.087	0.040	0.125	0.132	**0.686**	0.114
SR02	0.062	0.104	0.254	0.036	0.174	0.092	-0.014	0.167	**0.803**
SR01	-0.009	-0.081	0.298	0.032	0.121	0.106	-0.049	0.047	**0.797**

续表

测量问项	因子								
	1	2	3	4	5	6	7	8	9
SR03	0.109	0.064	0.243	-0.032	0.151	0.129	0.205	0.090	**0.639**
特征根	4.299	3.899	3.518	3.350	2.964	2.861	2.708	2.268	2.136
方差解释量（%）	10.484	9.511	8.580	8.170	7.229	6.977	6.606	5.532	5.211
累计方差解释量（%）	10.484	19.995	28.575	36.745	43.974	50.951	57.556	63.088	**68.299**

至此，探索性因子分析结束。删除 16 个问项，生成 9 个维度，共 41 个问项。9 个变量分别是家庭亲密度（5）、家庭适应性（7）、家庭沟通（6）、家庭意识（4）、个人能力（5）、旅游目的地知识（3）、自我反思（3）、幸福感（4）、领域美观度（即标签变量，4）。

2. CITC 分析和内部一致性信度检验

本研究采取以下筛选标准：CITC > 0.4；删除该问项后 Cronbach's α 系数并未显著提高；Cronbach's α 系数应大于 0.7。九个变量的分析结果如表 5 - 11 所示。结果表明，所有问项的 CITC 值均高于 0.4，删除问项后的 α 系数未显著提高；9 个变量的 Cronbach's α 系数依次为 0.870、0.883、0.888、0.873、0.852、0.851、0.786、0.813、0.859，均大于 0.7，表明具有较好信度。

表 5 - 11　CITC 分析和内部一致性信度检验结果（$n = 792$）

变量	问项	CITC	删除该问项后 α 系数	α 系数
家庭亲密度	CH02	0.660	0.852	0.870
	CH03	0.648	0.855	
	CH06	0.745	0.831	
	CH07	0.729	0.836	
	CH08	0.699	0.842	
家庭适应性	AD01	0.649	0.868	0.883
	AD02	0.672	0.865	
	AD03	0.663	0.866	
	AD04	0.724	0.859	

变量	问项	CITC	删除该问项后 α 系数	α 系数
家庭适应性	AD05	0.629	0.871	0.883
	AD06	0.659	0.867	
	AD07	0.692	0.863	
家庭沟通	CM05	0.739	0.862	0.888
	CM06	0.739	0.862	
	CM07	0.734	0.864	
	CM08	0.724	0.865	
	CM09	0.619	0.883	
	CM10	0.672	0.873	
家庭意识	FL01	0.710	0.844	0.873
	FL02	0.771	0.820	
	FL03	0.757	0.825	
	FL04	0.674	0.858	
个人能力	SL01	0.672	0.820	0.852
	SL02	0.694	0.814	
	SL03	0.677	0.818	
	SL04	0.651	0.827	
	SL05	0.632	0.830	
旅游目的地知识	DL01	0.796	0.719	0.851
	DL02	0.734	0.782	
	DL03	0.642	0.870	
自我反思	RL01	0.635	0.699	0.786
	RL02	0.685	0.642	
	RL03	0.558	0.779	
领域美观度	MV01	0.493	0.826	0.813
	MV02	0.704	0.730	
	MV03	0.726	0.720	
	MV04	0.616	0.774	
幸福感	HP01	0.720	0.814	0.859
	HP02	0.695	0.826	
	HP03	0.709	0.819	
	HP04	0.707	0.821	

3. 验证性因子分析

本研究采用大样本数据在 Amos21.0 软件中进行验证性因子分析，以进一步确认各变量的聚合效度和区分效度，验证结果如表 5 - 12 所示。

表 5 - 12　验证性因子分析结果 （n =792）

变量	问项	标准载荷值	临界比	R^2	CR	AVE
家庭亲密度	CH02	0. 640	—	0. 409	0. 8639	0. 5629
	CH03	0. 637	19. 923	0. 406		
	CH05	0. 841	19. 077	0. 707		
	CH07	0. 820	18. 767	0. 673		
	CH08	0. 787	18. 230	0. 620		
家庭适应性	AD01	0. 686	—	0. 470	0. 8827	0. 5185
	AD02	0. 717	18. 395	0. 514		
	AD03	0. 698	17. 950	0. 487		
	AD04	0. 782	19. 896	0. 612		
	AD05	0. 681	17. 556	0. 464		
	AD06	0. 720	18. 459	0. 518		
	AD07	0. 751	19. 175	0. 563		
家庭沟通	CM05	0. 782	—	0. 611	0. 8899	0. 5750
	CM06	0. 772	27. 597	0. 597		
	CM07	0. 796	23. 549	0. 634		
	CM08	0. 804	23. 828	0. 647		
	CM09	0. 652	18. 653	0. 425		
	CM10	0. 733	21. 368	0. 538		
家庭意识	FA1	0. 849	—	0. 721	0. 8742	0. 6354
	FA2	0. 779	24. 790	0. 607		
	FA3	0. 820	26. 524	0. 672		
	FA4	0. 736	22. 956	0. 542		
个人能力	PC1	0. 75	—	0. 562	0. 8699	0. 5725
	PC2	0. 786	21. 735	0. 618		
	PC3	0. 781	21. 579	0. 609		
	PC4	0. 700	19. 219	0. 489		
	PC5	0. 763	21. 073	0. 582		

续表

变量	问项	标准载荷值	临界比	R^2	CR	AVE
旅游目的地知识	DK1	0.898	—	0.807	0.8462	0.6521
	DK2	0.867	27.663	0.752		
	DK3	0.631	19.125	0.398		
自我反思	SR1	0.778	—	0.606	0.7964	0.5701
	SR2	0.851	20.796	0.724		
	SR3	0.617	16.412	0.381		
领域美观度	MV01	0.574	—	0.330	0.8206	0.5383
	MV02	0.800	15.575	0.641		
	MV03	0.832	15.793	0.692		
	MV04	0.701	14.494	0.491		
幸福感	HP01	0.651	—	0.424	0.8523	0.5971
	HP02	0.621	23.079	0.385		
	HP03	0.898	20.334	0.807		
	HP04	0.879	20.182	0.773		
拟合度	$\chi^2/df = 2.977$；GFI = 0.882；NFI = 0.888；IFI = 0.923；TLI = 0.914；CFI = 0.922；RMSEA = 0.050					

（1）拟合度。由表 5 - 12 可知，χ^2/df 值为 2.977，小于 3；GFI 值为 0.882，NFI 值为 0.888，IFI 值为 0.923，TLI 值为 0.914，CFI 值为 0.922，均大于 0.85；RMSEA 值为 0.050，小于 0.08。总体来看，验证性因子分析的拟合指标值满足研究要求（Bollen，1989；Bacharach 等，2002；吴明隆，2010）。

（2）聚合效度。由分析结果可知，除了标签变量中的 MV01 的标准载荷值为 0.574 外，其他各测量问项在公因子上的标准载荷值均大于 0.6，表明聚合效度较好。同时，大多数问项的 R^2 值介于 0.5 与 0.95 之间，表明本研究开发的量表具有较好的聚合效度。另外，所有因子的建构信度（CR）均大于 0.7，平均方差抽取量（AVE）均大于 0.5，亦表明各因子的聚合效度较好（Fornell & Larcker，1981；吴明隆，2010）。

（3）区分效度。若每个因子的 AVE 值大于相关系数的平方值，则说明区分效度较好（Fornell & Larcker，1981；吴明隆，2010）。分析结果如

表 5 - 13 所示，可知除 CH 与 AD、AD 与 CM 的相关系数略大于 AVE 的平方根以外，其他各因子间的相关系数小于 AVE 平方根，表明本研究开发的量表具有较好的区分效度。

表 5 -13   变量 AVE 值和变量间相关系数（$n = 792$）

变量	CH	AD	CM	FA	PC	DK	SR	MV	HP
CH	**0.7503**								
AD	0.762	**0.7201**							
CM	0.720	0.762	**0.7583**						
FA	0.449	0.478	0.482	**0.7971**					
PC	0.358	0.357	0.338	0.544	**0.7566**				
DK	0.350	0.458	0.387	0.299	0.520	**0.8075**			
SR	0.196	0.233	0.210	0.456	0.639	0.379	**0.7550**		
MV	0.314	0.422	0.336	0.326	0.161	0.312	0.125	**0.7337**	
HP	0.560	0.544	0.604	0.450	0.407	0.386	0.300	0.318	**0.7727**

注：对角线加粗数值为每个变量的 AVE 值的平方根。

四　区分效度再检验

由于验证性因子分析结果中，家庭亲密度（CH）与家庭适应性（AD）、家庭适应性（AD）与家庭沟通（CM）之间可能存在多重共线性，因此须进一步检验区分效度。

所谓区分效度（discriminant validity）是指构念所代表的潜在特质与其他构念的潜在特质间低度相关或有显著的差异存在。根据吴明隆（2010）的建议，在 Amos 中，检验两个构念区分效度的简单方法是利用单群组生成的两个模型——未限制模型（潜在构念间的共变参数为自由估计参数）与限制模型（潜在构念间的共变参数为固定值，通常为 1），进行两个模型的卡方值差异比较，若卡方值差异越大且达到显著水平（p < 0.05），表示两个模型间有显著不同，未限制模型的卡方值越小则表示潜在构念间的相关性越弱，其区分效度越高（张绍勋，2005）；相反，未限制模型的卡方值越大则表示潜在构念间的相关性越强，其区分效度越低。根据卡方值差异量检验结果，若两个模型之间卡方值差异量达到 0.05 显著水平，则判断

潜在构念间具有高的区分效度。

1. CH 与 AD 区分效度检验结果

由表 5 – 14 可知，"CH – AD"潜在变量的未限制模型的自由度为 53，卡方值为 332.897（p = 0.000 < 0.05）；限制模型的自由度为 54，卡方值为 538.728（p = 0.000 < 0.05）；模型比较结果显示，两个模型的自由度差异为 1，卡方差异值为 205.831，卡方值差异量显著性检验的概率值 p = 0.000 < 0.05，达到 0.05 的显著水平，表明两个测量模型有显著不同，与限制模型相比，未限制模型的卡方值显著较小，表明家庭亲密度和家庭适应性两个潜在变量的区分效度佳。

表 5 – 14　CH 与 AD 区分效度检验结果（$n = 792$）

	χ^2	P 值	df	χ^2/df	RMSEA	GFI	AGFI
未限制模型	332.897	0.000	53	6.281	0.082	0.934	0.903
限制模型	538.728	0.000	54	9.976	0.107	0.903	0.861
模型差异值	205.831	0.000	1	NFI = 0.041；IFI = 0.042；RFI = 0.049；TLI = 0.050			

2. AD 与 CM 区分效度检验结果

由表 5 – 15 可知，"AD – CM"潜在变量的未限制模型的自由度为 64，卡方值为 312.398（p = 0.000 < 0.05）；限制模型的自由度为 65，卡方值为 432.665（p = 0.000 < 0.05）；模型比较结果显示，两个模型的自由度差异为 1，卡方差异值为 120.267，卡方值差异量显著性检验的概率值 p = 0.000 < 0.05，达到 0.05 的显著水平，表明两个测量模型有显著不同，与限制模型相比，未限制模型的卡方值显著较小，表明家庭适应性和家庭沟通两个潜在变量的区分效度佳。

表 5 – 15　AD 与 CM 区分效度检验结果（$n = 792$）

	χ^2	P 值	df	χ^2/df	RMSEA	GFI	AGFI
未限制模型	312.398	0.000	64	4.881	0.070	0.942	0.917
限制模型	432.665	0.000	65	6.656	0.085	0.923	0.892
模型差异值	120.267	0.000	1	NFI = 0.021；IFI = 0.022；RFI = 0.025；TLI = 0.025			

五 共同方法偏差检验

由于本研究采用问卷方式从相同个体收集所有数据，因此须对共同方法偏差进行检验。

1. Harman 单因素检验

Harman 单因素检验方法是将问卷中所有测量问项进行探索性因子分析，考察析出的第一个因子的解释方差是否达到50%以上（Podsakoff 等，2003）。由前文的探索性因子分析结果可知，共提取出 9 个特征根大于 1 的公因子，累计方差解释量为 68.299%，第一个因子的方差解释量为 10.484% <50%，占总方差量的 15.35%，说明本研究中的共同方法偏差并不严重。

Harman 单因素检验方法最大的优点是操作简单、方便，但它只能在共同方法变异很严重时才能诊断出来，灵敏程度较低（Podsakoff 等，2003），因此须进一步对共同方法偏差进行测度和控制。

2. 标签变量检验

本研究使用标签变量对共同方法偏差进行检测。标签变量和其他所有研究变量的相关系数矩阵如表 5－16 所示。从中可以看出，标签变量和其他 8 个变量的相关系数均在不同程度上达到显著水平（p < 0.05），因此需将标签变量纳入后续研究模型中加以控制。

表 5－16　各变量间的相关系数（$n = 792$）

	HP	MV	SR	DK	PC	FA	CM	AD	CH
HP	1								
MV	0.318 ***	1							
SR	0.300 ***	0.125 *	1						
DK	0.386 ***	0.312 ***	0.379 ***	1					
PC	0.407 ***	0.161 ***	0.639 ***	0.520 ***	1				
FA	0.451 ***	0.326 ***	0.456 ***	0.299 ***	0.544 ***	1			
CM	0.604 ***	0.336 ***	0.210 ***	0.387 ***	0.338 ***	0.482 ***	1		
AD	0.544 ***	0.422 ***	0.234 ***	0.457 ***	0.357 ***	0.478 ***	0.762 ***	1	
CH	0.560 ***	0.314 ***	0.196 ***	0.350 ***	0.358 ***	0.449 ***	0.720 ***	0.762 ***	1

注：* 表示 p < 0.05，*** 表示 p < 0.001。

第七节　假设检验

利用家庭旅游者数据对本研究提出的假设进行检验，包括家庭功能中的家庭亲密度和家庭适应性、学习结果、幸福感之间的关系模型（中介效应检验）；家庭功能中的家庭沟通对家庭亲密度和家庭适应性与学习结果之间关系的调节作用（调节效应检验）。另外，所有检验均纳入标签变量（领域美观度）对共同方法偏差进行控制。

一　中介效应检验

本研究依照 Baron 和 Kenny（1986）提出的因果步骤法对"家庭亲密度/家庭适应性—学习结果—幸福感"的作用机理进行检验。由于因果步骤法会低估第一类错误率，本研究将先通过结构方程模型进行检验，再利用 Sobel 检验进一步判断中介效应是否显著（Baron & Kenny，1986；温忠麟等，2004）。

1. Baron & Kenny 中介效应检验

（1）家庭功能（家庭亲密度/家庭适应性）与幸福感

第一步，检验自变量与因变量之间的关系，即家庭功能的两个主维度对幸福感的影响，分析结果如表 5 - 17 和图 5 - 4 所示。该模型的 χ^2/df 为 2.834，小于 3；GFI 为 0.947，NFI 为 0.947，IFI 为 0.965，CFI 为 0.965，均大于 0.9；RMSEA 为 0.048，小于 0.05，表明该模型拟合良好。

在家庭功能对幸福感的影响上，家庭亲密度、家庭适应性和标签变量对幸福感均具有显著的正向影响，标准化路径系数分别为 0.350（p < 0.001）、0.230（p < 0.001）和 0.110（p < 0.01）。

总体来看，家庭亲密度和家庭适应性对幸福感的回归系数均达到 0.01 的显著性水平，满足中介效应检验的第一个条件。

表 5 - 17　家庭亲密度/适应性对幸福感的影响

假设回归路径	标准化路径系数	显著性概率	是否显著
幸福感←家庭亲密度	0.350	***	是

续表

假设回归路径	标准化路径系数	显著性概率	是否显著
幸福感←家庭适应性	0.230	***	是
幸福感←标签变量	0.110	0.006	是

拟合度：$\chi^2/df = 2.834$；GFI = 0.947；NFI = 0.947；IFI = 0.965；CFI = 0.965；RMSEA = 0.048

注：*** 表示 p < 0.001，** 表示 p < 0.01，* 表示 p < 0.05，ns 表示 p ≥ 0.05；下同。

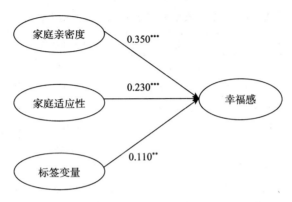

图 5 - 4　家庭亲密度/适应性与幸福感的作用关系

（2）家庭功能（家庭亲密度/家庭适应性）与学习结果

第二步，检验自变量对中介变量的影响作用，即家庭功能的两个维度与学习结果的四个维度之间的关系，分析结果如表 5 - 18 和图 5 - 5 所示。由此可知，该模型的 χ^2/df 为 3.200，小于 5；GFI 为 0.904，NFI 为 0.902，IFI 为 0.931，CFI 为 0.930，均大于 0.9；RMSEA 为 0.053，小于 0.08，表明该模型拟合较好。

在家庭功能对学习结果的影响上，家庭亲密度、家庭适应性和标签变量对家庭意识具有显著的正向影响，标准化路径系数分别为 0.202（p < 0.01）、0.260（p < 0.001）和 0.155（p < 0.001）。家庭亲密度和家庭适应性对个人能力具有显著的正向影响，标准化路径系数分别为 0.213（p < 0.01）、0.190（p < 0.01）；但标签变量对个人能力的影响作用不显著，标准化路径系数为 0.017（p > 0.05）。家庭适应性和标签变量对旅游目的地知识具有显著的正向影响，标准化路径系数分别为 0.385（p < 0.001）和 0.148（p < 0.001）；但家庭亲密度对旅游目的地知识的影响作用不显著，标准化路径系数为 0.013（p > 0.05）。适应性对自我反思具有显著的正向影响，标准化路径系数为 0.182（p < 0.05）；但家庭亲密度和标签变量对自我反思的影响作用不显著，标准化路径系数分别为 0.048（p > 0.05）和 0.035（p > 0.05）。

总体来看，大多数家庭功能对学习结果的回归系数达到 0.05 的显著性水平，满足中介效应检验的第二个条件。

表 5 – 18   家庭亲密度/适应性对学习结果的影响

假设回归路径	标准化路径系数	显著性概率	是否显著
家庭意识←家庭亲密度	0.202	0.002	是
家庭意识←家庭适应性	0.260	***	是
家庭意识←标签变量	0.155	***	是
个人能力←家庭亲密度	0.213	0.002	是
个人能力←家庭适应性	0.190	0.008	是
个人能力←标签变量	0.017	0.699	否
旅游目的地知识←家庭亲密度	0.013	0.842	否
旅游目的地知识←家庭适应性	0.385	***	是
旅游目的地知识←标签变量	0.148	***	是
自我反思←家庭亲密度	0.048	0.505	否
自我反思←家庭适应性	0.182	0.017	是
自我反思←标签变量	0.035	0.456	否

拟合度：$\chi^2/df = 3.200$；GFI = 0.904；NFI = 0.902；IFI = 0.931；CFI = 0.930；RMSEA = 0.053

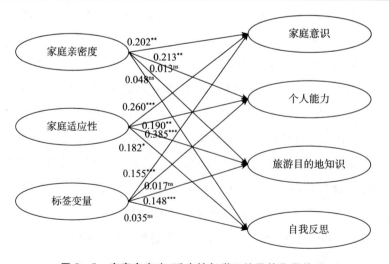

图 5 – 5   家庭亲密度/适应性与学习结果的作用关系

（3）学习结果与幸福感

第三步，检验中介变量对因变量的影响作用，即学习结果的四个维度与幸福感之间的关系，分析结果如表5-19和图5-6所示。由此可知，该模型的χ^2/df为2.834，小于3；GFI为0.947，NFI为0.947，IFI为0.965，CFI为0.965，均大于0.9；RMSEA为0.048，小于0.05，表明该模型拟合良好。

表5-19 学习结果对幸福感的影响

假设回归路径	标准化路径系数	显著性概率	是否显著
幸福感←家庭意识	0.268	***	是
幸福感←个人能力	0.148	0.014	是
幸福感←旅游目的地知识	0.178	***	是
幸福感←自我反思	-0.012	0.818	否
幸福感←标签变量	0.156	***	是

拟合度：$\chi^2/df = 2.834$；GFI = 0.947；NFI = 0.947；IFI = 0.965；CFI = 0.965；RMSEA = 0.048

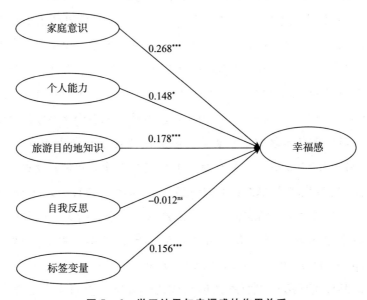

图5-6 学习结果与幸福感的作用关系

在学习结果对幸福感的影响上，家庭意识、个人能力、旅游目的地知识和标签变量对幸福感具有显著的正向影响，标准化路径系数分别为0.268

（p < 0.001）、0.148（p < 0.05）、0.178（p < 0.001）和 0.156（p < 0.001）；但自我反思对幸福感的影响作用不显著，标准化路径系数为 - 0.012（p > 0.05）。

总体来看，大多数学习结果对幸福感的回归系数达到 0.05 的显著性水平，满足中介效应检验的第三个条件。

（4）家庭功能、学习结果与幸福感

①完全中介模型 M1

将家庭功能、学习结果与幸福感纳入完全中介模型中进行分析，即家庭功能对幸福感的影响，完全通过中介变量学习结果起作用，此时家庭功能与幸福感之间没有直接关系，分析结果如表 5 - 20 和图 5 - 7 所示。由此可知，该模型的 χ^2/df 为 3.571，小于 5；GFI 为 0.879，NFI 为 0.880，大于 0.85；IFI 为 0.911，CFI 为 0.911，大于 0.9；RMSEA 为 0.057，小于 0.08，表明该模型拟合较好。

在家庭功能对学习结果的影响上，家庭亲密度对家庭意识和个人能力具有显著的正向影响，标准化路径系数分别为 0.226（p < 0.001）和 0.220（p < 0.01）；但家庭亲密度对旅游目的地知识和自我反思的影响作用不显著，标准化路径系数为 0.016（p > 0.05）和 0.045（p > 0.05）；家庭适应性对家庭意识、个人能力、旅游目的地知识和自我反思均具有显著的正向影响，标准化路径系数分别为 0.263（p < 0.001）、0.205（p < 0.01）、0.393（p < 0.001）和 0.196（p < 0.05）。另外，标签变量对家庭意识和旅游目的地知识具有显著的正向影响，标准化路径系数分别为 0.140（p < 0.001）和 0.139（p < 0.01）；但标签变量对个人能力和自我反思的影响作用不显著，标准化路径系数分别为 0.011（p > 0.05）和 0.036（p > 0.05）。

在学习结果对幸福感的影响上，家庭意识、个人能力、旅游目的地知识和标签变量对幸福感具有显著的正向影响，标准化路径系数分别为 0.284（p < 0.001）、0.181（p < 0.01）、0.182（p < 0.001）和 0.157（p < 0.001）；但自我反思对幸福感的影响作用不显著，标准化路径系数为 - 0.021（p > 0.05）。

表 5 - 20　完全中介模型各变量间的影响关系

假设回归路径	标准化路径系数	显著性概率	是否显著
家庭意识←家庭亲密度	0.226	***	是
个人能力←家庭亲密度	0.220	0.001	是
旅游目的地知识←家庭亲密度	0.016	0.801	否
自我反思←家庭亲密度	0.045	0.532	否
家庭意识←家庭适应性	0.263	***	是
个人能力←家庭适应性	0.205	0.004	是
旅游目的地知识←家庭适应性	0.393	***	是
自我反思←家庭适应性	0.196	0.011	是
家庭意识←标签变量	0.140	***	是
个人能力←标签变量	0.011	0.802	否
旅游目的地知识←标签变量	0.139	0.001	是
自我反思←标签变量	0.036	0.449	否
幸福感←家庭意识	0.284	***	是
幸福感←个人能力	0.181	0.001	是
幸福感←旅游目的地知识	0.182	***	是
幸福感←自我反思	- 0.021	0.681	否
幸福感←标签变量	0.157	***	是

拟合度：$\chi^2/df = 3.571$；$GFI = 0.879$；$NFI = 0.880$；$IFI = 0.911$；$CFI = 0.911$；$RMSEA = 0.057$

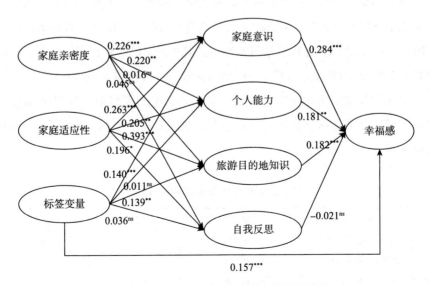

图 5 - 7　完全中介模型各变量间的作用关系

②部分中介模型 M2

将家庭功能、学习结果与幸福感纳入部分中介模型中进行分析，即家庭功能对幸福感的影响，部分通过中介变量学习结果起作用，此时家庭功能与幸福感之间存在直接关系，分析结果如表5－21和图5－8所示。由此可知，该模型的 χ^2/df 为 3.408，小于 5；GFI 为 0.885，NFI 为 0.886，大于 0.85；IFI 为 0.917，CFI 为 0.917，大于 0.9；RMSEA 为 0.055，小于 0.08，表明该模型拟合较好。

在家庭功能对学习结果的影响上，家庭亲密度对家庭意识和个人能力具有显著的正向影响，标准化路径系数分别为 0.216（p<0.001）和 0.211（p<0.01）；但家庭亲密度对旅游目的地知识和自我反思的影响作用不显著，标准化路径系数分别为 0.009（p>0.05）和 0.047（p>0.05）。家庭适应性对家庭意识、个人能力、旅游目的地知识和自我反思均具有显著的正向影响，标准化路径系数分别为 0.257（p<0.001）、0.201（p<0.01）、0.391（p<0.001）和 0.196（p<0.05）。另外，标签变量对家庭意识和旅游目的地知识具有显著的正向影响，标准化路径系数分别为 0.151（p<0.001）和 0.146（p<0.001）；但标签变量对个人能力和自我反思的影响作用不显著，标准化路径系数分别为 0.021（p>0.05）和 0.038（p>0.05）。

在学习结果对幸福感的影响上，家庭意识和旅游目的地知识对幸福感具有显著的正向影响，标准化路径系数分别为 0.126（p<0.01）和 0.091（p<0.05）；但个人能力、自我反思和标签变量对幸福感的影响作用不显著，标准化路径系数为 0.093（p>0.05）、0.050（p>0.05）和 0.075（p>0.05）。

在家庭功能对幸福感的影响上，家庭亲密度和家庭适应性对幸福感均具有显著的正向影响，标准化路径系数分别为 0.301（p<0.001）和 0.139（p<0.05）。

表 5－21　部分中介模型各变量间的影响关系

假设回归路径	标准化路径系数	显著性概率	是否显著
家庭意识←家庭亲密度	0.216	***	是
个人能力←家庭亲密度	0.211	0.002	是
旅游目的地知识←家庭亲密度	0.009	0.886	否

续表

假设回归路径	标准化路径系数	显著性概率	是否显著
自我反思←家庭亲密度	0.047	0.521	否
家庭意识←家庭适应性	0.257	＊＊＊	是
个人能力←家庭适应性	0.201	0.005	是
旅游目的地知识←家庭适应性	0.391	＊＊＊	是
自我反思←家庭适应性	0.196	0.011	是
家庭意识←标签变量	0.151	＊＊＊	是
个人能力←标签变量	0.021	0.640	否
旅游目的地知识←标签变量	0.146	＊＊＊	是
自我反思←标签变量	0.038	0.421	否
幸福感←家庭意识	0.126	0.002	是
幸福感←个人能力	0.093	0.084	否
幸福感←旅游目的地知识	0.091	0.037	是
幸福感←自我反思	0.050	0.301	否
幸福感←家庭亲密度	0.301	＊＊＊	是
幸福感←家庭适应性	0.139	0.033	是
幸福感←标签变量	0.075	0.055	否

拟合度：$\chi^2/df = 3.408$；GFI $= 0.885$；NFI $= 0.886$；IFI $= 0.917$；CFI $= 0.917$；RMSEA $= 0.055$

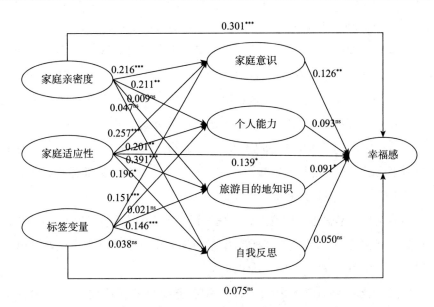

图 5-8　部分中介模型各变量间的作用关系

③自变量与因变量的直接和间接作用模型比较

将家庭功能与幸福感的直接作用模型和间接作用模型进行比较，结果如表 5 - 22 所示。分析可知，在间接作用模型中加入中介变量（学习结果）后，家庭亲密度对幸福感的作用仍然显著，但标准化路径系数降低；家庭适应性对幸福感的作用系数降低，且显著性水平降低。因此，学习结果在家庭功能对幸福感的影响中起到了部分中介作用。

表 5 - 22　直接作用模型与间接作用模型比较结果

假设回归路径	直接作用模型		间接作用模型	
	标准化路径系数	显著性概率	标准化路径系数	显著性概率
幸福感←家庭亲密度	0.350	***	0.301	***
幸福感←家庭适应性	0.230	***	0.139	0.033

2. 结构方程模型检验

(1) 修正模型 M3

依次将部分中介模型中不显著的路径删除，得到修正模型 M3，回归结果如表 5 - 23 和图 5 - 9 所示。可知，修正模型的 χ^2/df 为 3.380，小于 5；GFI 为 0.885，NFI 为 0.886，大于 0.85；IFI 为 0.917，CFI 为 0.917，大于 0.9；RMSEA 为 0.055，小于 0.08，表明该模型拟合较好。

在家庭功能对学习结果的影响上，家庭亲密度对家庭意识和个人能力具有显著的正向影响，标准化路径系数分别为 0.206（$p < 0.01$）、0.187（$p < 0.001$）；家庭适应性对家庭意识、个人能力、旅游目的地知识和自我反思均具有显著的正向影响，标准化路径系数分别为 0.268（$p < 0.001$）、0.231（$p < 0.001$）、0.403（$p < 0.001$）、0.253（$p < 0.001$）；另外，标签变量对家庭意识和旅游目的地知识具有显著的正向影响，标准化路径系数分别为 0.148（$p < 0.001$）和 0.137（$p < 0.001$）。

学习结果对幸福感的影响上，家庭意识、个人能力和旅游目的地知识对幸福感具有显著的正向影响，标准化路径系数分别为 0.148（$p < 0.001$）、0.114（$p < 0.01$）和 0.108（$p < 0.05$）。

家庭功能对幸福感的影响上，家庭亲密度和家庭适应性对幸福感具有显著的正向影响，标准化路径系数分别为 0.285（$p < 0.001$）和 0.171

（p < 0.01）。

表 5-23　修正模型各变量间的作用关系

假设回归路径	标准化路径系数	显著性概率	是否显著
家庭意识←家庭亲密度	0.206	0.001	是
个人能力←家庭亲密度	0.187	***	是
家庭意识←家庭适应性	0.268	***	是
个人能力←家庭适应性	0.231	***	是
旅游目的地知识←家庭适应性	0.403	***	是
自我反思←家庭适应性	0.253	***	是
家庭意识←标签变量	0.148	***	是
旅游目的地知识←标签变量	0.137	***	是
幸福感←家庭意识	0.148	***	是
幸福感←个人能力	0.114	0.006	是
幸福感←旅游目的地知识	0.108	0.012	是
幸福感←家庭亲密度	0.285	***	是
幸福感←家庭适应性	0.171	0.008	是

拟合度：$\chi^2/df = 3.380$；GFI = 0.885；NFI = 0.886；IFI = 0.917；CFI = 0.917；RMSEA = 0.055

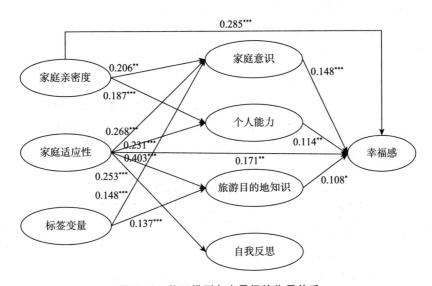

图 5-9　修正模型各变量间的作用关系

（2）模型检验结果比较

完全中介模型 M1、部分中介模型 M2 和修正模型 M3 的拟合指标比较结果如表 5 – 24 所示。可以看出，三个模型的整体拟合度均达到基本要求，且拟合指标差异不大。根据模型简约的原则，本研究选择修正模型 M3 进行后续分析。

表 5 – 24　模型检验结果比较

拟合指标	χ^2/df	GFI	NFI	IFI	CFI	RMSEA
完全中介模型 M1	3.571	0.879	0.880	0.911	0.911	0.057
部分中介模型 M2	3.408	0.885	0.886	0.917	0.917	0.055
修正模型 M3	3.380	0.885	0.886	0.917	0.917	0.055

3. Sobel 检验

根据温忠麟等（2004）关于中介模型检验的观点，在确定最佳拟合模型后，须采用系数乘积法中的 Sobel 检验对结构方程模型确立的中介路径进行检验。根据前人的观点，本研究 Sobel 检验的标准为：若 z 值绝对值大于 1.645，则显著性水平 $p < 0.1$；若 z 值绝对值大于 1.95，则显著性水平 $p < 0.05$；若 z 值绝对值大于 2.58，则显著性水平 $p < 0.01$。

对修正模型 M3 中的 5 条中介路径的 Sobel 检验结果如表 5 – 25 所示。分析结果可知，所有中介路径均达到 0.05 的显著性水平，中介效应显著。其中，"家庭亲密度—家庭意识—幸福感"、"家庭亲密度—个人能力—幸福感"、"家庭适应性—个人能力—幸福感"和"家庭适应性—旅游目的地知识—幸福感"4 条中介路径的显著性水平低于 0.05；"家庭适应性—家庭意识—幸福感"中介路径的显著性水平低于 0.01。

表 5 – 25　Sobel 检验结果

中介路径	Sobel 检验值 z	显著性概率	是否显著
家庭亲密度—家庭意识—幸福感	2.428	0.015	是
家庭亲密度—个人能力—幸福感	2.137	0.033	是
家庭适应性—家庭意识—幸福感	2.698	0.007	是
家庭适应性—个人能力—幸福感	2.254	0.024	是
家庭适应性—旅游目的地知识—幸福感	2.429	0.015	是

二 调节效应检验

本研究将检验家庭沟通对家庭亲密度与学习结果的关系以及家庭适应性与学习结果的关系的调节效应。由于利用层次回归分析方法和结构方程模型对调节效应的检验各自存在不足，本研究将采用这两种方法对模型中的调节效应进行检验。

1. 层次回归分析

本研究参照 Hayes（2013）提供的检验方法，即分层次地进行回归分析。首先在回归模型中加入控制变量，再加入自变量和调节变量，最后加入自变量和调节变量的交互项。其中，为避免多重共线性问题，将交互项做了中心化处理（温忠麟等，2005）。另外，为控制共同方法偏差，将标签变量作为控制变量纳入回归模型。

（1）家庭沟通对"家庭亲密度/适应性—家庭意识"的调节效应

由子研究二的方差分析结果可知，个体因素中的年级以及旅游因素中的是否与父母出游、出游形式会对家庭意识产生影响，因此将以上三个变量与标签变量作为控制变量引入层次回归模型。采取的层次回归分析方法步骤为：首先，将控制变量（年级、与父母出游、出游形式和标签变量）加入以家庭意识为因变量的回归模型 1；其次，将自变量（家庭亲密度、家庭适应性）及调节变量（家庭沟通）加入回归模型 2；最后，将已中心化处理的自变量与调节变量的交互项（家庭亲密度 × 家庭沟通、家庭适应性 × 家庭沟通）加入回归模型 3，并通过观察交互项的显著性以判断调节效应是否存在，回归结果如表 5 - 26 所示。

表 5 - 26　家庭沟通对"家庭亲密度/适应性—家庭意识"的调节效应回归结果

变量		家庭意识		
		模型 1	模型 2	模型 3
控制变量	年级	0.037	- 0.006	- 0.005
	与父母出游	0.085 *	0.045	0.041
	出游形式	0.064	0.063	0.064 *
	标签变量	0.277 ***	0.123 ***	0.124 ***

续表

变量		家庭意识		
		模型 1	模型 2	模型 3
自变量	家庭亲密度		0.107*	0.079
	家庭适应性		0.173***	0.201***
调节变量	家庭沟通		0.193***	0.197***
交互项	家庭亲密度×家庭沟通			-0.076
	家庭适应性×家庭沟通			0.085
统计值	R^2	0.093	0.239	0.242
	调整后 R^2	0.089	0.232	0.233
	F 值	20.213***	35.165***	27.744***

由表可知，交互项"家庭亲密度×家庭沟通"和"家庭适应性×家庭沟通"对家庭意识的作用并不显著，因此，家庭沟通对"家庭功能—家庭意识"的关系并不具有调节效应。

（2）家庭沟通对"家庭亲密度/适应性—个人能力"的调节效应

根据子研究二的方差分析结果，个体因素中的年龄、年级，以及旅游因素中的是否与父母出游、是否与兄弟姐妹出游、是否为主题公园旅游、是否为游轮旅游，会对个人能力产生影响，因此将 6 个变量（年龄、年级、与父母出游、与兄弟姐妹出游、主题公园旅游、游轮旅游）与标签变量作为控制变量引入层次回归模型。采取相同的层次回归分析方法，将控制变量、自变量、调节变量和交互项依次加入以个人能力为因变量的回归模型，再通过观察交互项的显著性以判断调节效应是否存在，回归结果如表 5-27 所示。

表5-27　家庭沟通对"家庭亲密度/适应性—个人能力"的调节效应回归结果

变量		个人能力		
		模型 1	模型 2	模型 3
控制变量	年龄	-0.124*	-0.125*	-0.146**
	年级	0.003	-0.033	-0.011
	与父母出游	-0.091*	-0.133***	-0.141***
	与兄弟姐妹出游	0.094**	0.080*	0.078*

续表

变量		个人能力		
		模型1	模型2	模型3
控制变量	主题公园旅游	0.040	0.041	0.044
	游轮旅游	0.134***	0.133***	0.134***
	标签变量	0.166***	0.033	0.043
自变量	家庭亲密度		0.138**	0.086
	家庭适应性		0.122*	0.196***
调节变量	家庭沟通		0.158**	0.182***
交互项	家庭亲密度×家庭沟通			−0.143**
	家庭适应性×家庭沟通			0.250***
统计值	R^2	0.086	0.198	0.224
	调整后R^2	0.077	0.188	0.212
	F值	10.478***	19.327***	18.762***

由结果可知，交互项"家庭亲密度×家庭沟通"对个人能力具有显著的负向影响（$\beta = -0.143$，$p < 0.01$），而家庭亲密度对个人能力的作用不显著，表明家庭亲密度须通过与家庭沟通的交互才会对个人能力产生负向影响。交互项"家庭适应性×家庭沟通"对个人能力具有显著的正向影响（$\beta = 0.250$，$p < 0.001$），且家庭适应性对个人能力的影响作用显著，表明家庭沟通在适应性对个人能力的影响中具有正向调节作用。

为进一步分析家庭沟通对"家庭亲密度—个人能力""家庭适应性—个人能力"关系的调节作用，本研究依照温忠麟等（2012）的方法绘制调节效应图。将自变量和调节变量分别取高水平和低水平两个值，即变量的均值加上一个标准差以及均值减去一个标准差。当调节变量家庭沟通取高水平值时，分别将自变量的高低水平两个值代入调节效应模型的回归方程，得到两个因变量的值，据此绘制高水平调节变量下的自变量与因变量关系图；反之亦然，当调节变量家庭沟通取低水平值时，分别将自变量的高低水平两个值代入调节效应模型的回归方程，得到两个因变量的值，据此绘制低水平调节变量下的自变量与因变量关系图。

①家庭沟通对"家庭亲密度—个人能力"的调节作用

分别绘制低沟通水平下（实线）和高沟通水平下（虚线）的家庭亲密

度和个人能力之间的折线图，如图 5 - 10 所示。

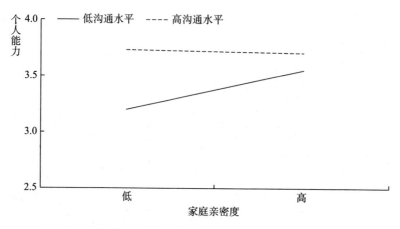

图 5 - 10　家庭沟通对"家庭亲密度—个人能力"的调节作用

由图可知，实线和虚线的斜率明显不同，两线会有交叉，说明家庭沟通对家庭亲密度和个人能力之间的关系具有调节作用。具体来看，虚线的斜率（为负）小于实线的斜率（为正），说明家庭功能具有负向调节作用。当家庭沟通水平较低时，家庭亲密度对个人能力的正向影响作用较强；而当沟通水平较高时，家庭亲密度对个人能力的正向影响被削弱，甚至变为负向影响。

②家庭沟通对"家庭适应性—个人能力"的调节作用

分别绘制低沟通水平（实线）下和高沟通水平（虚线）下的适应性和个人能力之间的折线图，如图 5 - 11 所示。由图可知，实线和虚线的斜率明显不同，两线会有交叉，说明家庭沟通对家庭适应性和个人能力之间的关系具有调节作用。具体来看，虚线的斜率（为正）大于实线的斜率（为正），说明家庭沟通具有正向调节作用。当家庭沟通水平较高时，家庭适应性对个人能力的正向影响作用较强；而当家庭沟通水平较低时，家庭适应性对个人能力的正向影响被削弱。

（3）家庭沟通对"家庭亲密度/适应性—旅游目的地知识"的调节效应

由子研究二的方差分析结果可知，个体因素中的年龄、年级、家庭收入、是否独生子女，以及旅游因素中的出游时长、是否为都市观光旅游、

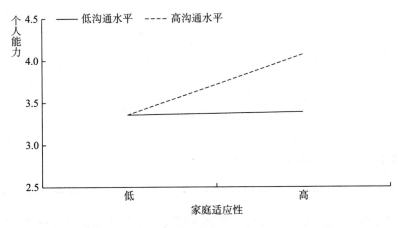

图 5 – 11 家庭沟通对"家庭适应性—个人能力"的调节作用

是否为自然风光旅游和是否为文化旅游，会对旅游目的地知识产生影响，因此将 8 个变量（年龄、年级、家庭收入、独生子女、出游时长、都市观光、自然风光、文化旅游）与标签变量作为控制变量引入层次回归模型。

采取相同的层次回归分析方法，将控制变量、自变量、调节变量和交互项依次加入以旅游目的地知识为因变量的回归模型，再通过观察交互项的显著性以判断调节效应是否存在，回归结果如表 5 – 28 所示。

表 5 – 28 家庭沟通对"家庭亲密度/适应性—旅游目的地知识"的调节效应回归结果

变量		旅游目的地知识		
		模型 1	模型 2	模型 3
控制变量	年龄	– 0.009	– 0.006	– 0.013
	年级	0.060	0.031	0.038
	家庭收入	0.013	0.010	0.010
	独生子女	– 0.029	– 0.015	– 0.015
	出游时长	0.083 *	0.066 *	0.063
	都市观光	0.024	0.022	0.015
	自然风光	0.157 ***	0.139 ***	0.132 ***
	文化旅游	0.118 ***	0.110 **	0.112 **
	标签变量	0.278 ***	0.164 ***	0.167 ***
自变量	家庭亲密度		0.073	0.057
	家庭适应性		0.221 ***	0.244 ***

变量		旅游目的地知识		
		模型 1	模型 2	模型 3
调节变量	家庭沟通		0.042	0.050
交互项	家庭亲密度×家庭沟通			-0.043
	家庭适应性×家庭沟通			0.075
统计值	R²	0.145	0.222	0.224
	调整后 R²	0.135	0.210	0.210
	F 值	14.574***	18.398***	15.934***

由表可知，交互项"家庭亲密度×家庭沟通"和"家庭适应性×家庭沟通"对旅游目的地知识的作用并不显著，因此，家庭沟通对"家庭功能—旅游目的地知识"的关系并不具有调节效应。

（4）家庭沟通对"家庭亲密度/适应性—自我反思"的调节效应

根据子研究二的方差分析结果可知，个体因素中的年级、是否独生子女、是否与祖父母同住，以及旅游因素中的游览次数、是否为探亲访友旅游，对自我反思产生影响，因此将5个变量（年级、独生子女、与祖父母同住、游览次数、探亲访友）与标签变量作为控制变量引入层次回归模型。

采取相同的层次回归分析方法，将控制变量、自变量、调节变量和交互项依次加入以自我反思为因变量的回归模型，再通过观察交互项的显著性以判断调节效应是否存在，回归结果如表5-29所示。

表5-29　家庭沟通对"家庭亲密度/适应性—自我反思"的调节效应回归结果

变量		自我反思		
		模型 1	模型 2	模型 3
控制变量	年级	-0.066	-0.085*	-0.082*
	独生子女	0.127***	0.137***	0.139***
	与祖父母同住	-0.064	-0.061	-0.062
	游览次数	-0.015	-0.017	-0.018
	探亲访友	0.082*	0.092**	0.085*
	标签变量	0.170***	0.090*	0.096*

续表

变量		自我反思		
		模型 1	模型 2	模型 3
自变量	家庭亲密度		-0.004	-0.047
	家庭适应性		0.161**	0.216***
调节变量	家庭沟通		0.074	0.088
交互项	家庭亲密度×家庭沟通			-0.116*
	家庭适应性×家庭沟通			0.180**
统计值	R^2	0.057	0.096	0.109
	调整后 R^2	0.050	0.085	0.097
	F 值	7.978***	9.216***	8.681***

由表中结果可知，交互项"家庭亲密度×家庭沟通"对自我反思的影响作用显著（β = -0.116，p < 0.05），而家庭亲密度对自我反思的作用不显著，表明家庭亲密度须通过与家庭沟通的交互才会对自我反思产生负向影响。交互项"家庭适应性×家庭沟通"对自我反思的影响作用显著（β = 0.180，p < 0.01），且家庭适应性对自我反思的影响作用显著，表明家庭沟通在家庭适应性对自我反思的影响中具有正向调节作用。

①家庭沟通对"家庭亲密度—自我反思"的调节作用

运用相同的方法，分别绘制低沟通水平（实线）下和高沟通水平（虚线）下的亲密度和自我反思之间的折线图，如图 5 - 12 所示。由图可知，

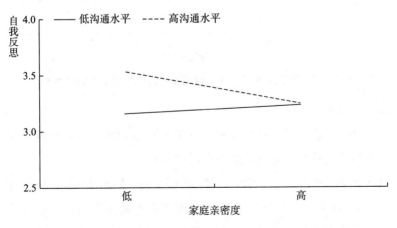

图 5 - 12　家庭沟通对"家庭亲密度—自我反思"的调节作用

实线和虚线的斜率明显不同，两线有交叉，说明家庭沟通对家庭亲密度和自我反思之间的关系具有调节作用。具体来看，虚线的斜率（为负）小于实线的斜率（为正），说明家庭沟通具有负向调节作用。当家庭沟通水平较低时，家庭亲密度对自我反思的正向影响作用较强；而当家庭沟通水平较高时，家庭亲密度对自我反思的正向影响被削弱，甚至变为负向影响。

②家庭沟通对"家庭适应性—自我反思"的调节作用

分别绘制低沟通水平（实线）下和高沟通水平（虚线）下的适应性和自我反思之间的折线图，如图5-13所示。由图可知，实线和虚线的斜率明显不同，两线有交叉，说明家庭沟通对家庭适应性和自我反思之间的关系具有调节作用。具体来看，虚线的斜率（为正）大于实线的斜率（为正），说明家庭沟通具有正向调节作用。当家庭沟通水平较高时，家庭适应性对自我反思的正向影响作用较强；而当沟通水平较低时，家庭适应性对自我反思的正向影响被削弱。

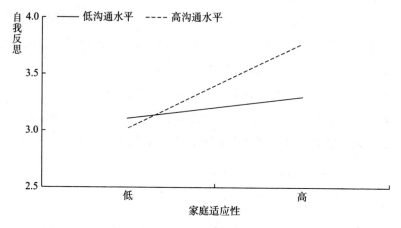

图5-13　家庭沟通对"家庭适应性—自我反思"的调节作用

2. 结构方程模型检验

为了进一步验证层次回归分析中发现的调节作用，本研究利用结构方程模型对假设模型中的调节效应进行再次检验。

根据 Baron 和 Kenny（1986）提出的方法构建结构方程模型，并借鉴 Marsh、Hau 和 Wen（2004）的做法，将调节变量和自变量进行验证性因子分析后，依据变量指标的因子载荷的大小，采用"大配大，小配小"的配对相乘方法构建交互项的指标。若自变量和调节变量的指标数不相同，则不采用较多指标中因子载荷小的指标（温忠麟等，2012）。最终，形成交互项"家庭亲密度×家庭沟通"5个指标、"家庭适应性×家庭沟通"6个指标。而后，将调节变量和交互项纳入修正模型M3，并观察交互项的标准化路径系数的显著性水平，以判断调节作用是否存在。调节效用模型结果如表5-30和图5-14所示。

由表可知，修正模型的χ^2/df为3.831，小于5；GFI为0.811，NFI为0.815，主要是由于样本量与测量指标的比例较低；IFI为0.857，CFI为0.856，大于0.85；RMSEA为0.060，小于0.08，表明该模型拟合可以接受。

在家庭功能对学习结果的影响上，家庭亲密度对家庭意识和个人能力具有显著的负向影响，标准化路径系数分别为-2.880（$p < 0.05$）和-1.783（$p < 0.01$）；家庭适应性对家庭意识、个人能力、旅游目的地知识和自我反思均具有显著的正向影响，标准化路径系数分别为2.593（$p < 0.01$）、1.811（$p < 0.001$）、0.352（$p < 0.001$）和0.261（$p < 0.001$）。另外，标签变量对旅游目的地知识具有显著的正向影响，标准化路径系数为0.146（$p < 0.001$）；但标签变量对家庭意识的影响不显著，标准化路径系数为0.119（$p > 0.05$）。

学习结果对幸福感的影响上，家庭意识、个人能力和旅游目的地知识对幸福感均具有显著的正向影响，标准化路径系数分别为0.148（$p < 0.001$）、0.099（$p < 0.05$）和0.107（$p < 0.05$）。

家庭功能对幸福感的影响上，家庭亲密度和家庭适应性对幸福感具有显著的正向影响，标准化路径系数分别为0.316（$p < 0.001$）和0.160（$p < 0.01$）。

家庭沟通对学习结果的影响上，家庭沟通对家庭意识和个人能力具有显著的正向影响，标准化路径系数分别为0.526（$p < 0.05$）和0.311（$p < 0.05$）。但家庭沟通对旅游目的地知识和自我反思的影响不显著，标准化路径系数分别为0.088（$p > 0.05$）和0.047（$p > 0.05$）。

交互项"家庭亲密度×家庭沟通"对学习结果的影响上，"家庭亲密度×家庭沟通"对家庭意识、个人能力和自我反思具有显著的负向影响，

标准化路径系数分别为 - 3.760 （p < 0.01）、 - 2.503 （p < 0.001） 和
- 0.216 （p < 0.05）。但"家庭亲密度 × 家庭沟通"对旅游目的地知识的
作用不显著，标准化路径系数为 - 0.026 （p > 0.05）。

交互项"家庭适应性 × 家庭沟通"对学习结果的影响上，"家庭适应
性 × 家庭沟通"对家庭意识、个人能力和自我反思具有显著的正向影响，
标准化路径系数分别为 3.504 （p < 0.01）、2.493 （p < 0.001） 和 0.277
（p < 0.01）。但"家庭适应性 × 家庭沟通"对旅游目的地知识的作用不显
著，标准化路径系数为 0.076 （p > 0.05）。

表 5 - 30　调节效应的结构方程模型检验结果

假设回归路径	标准化路径系数	显著性概率	是否显著
家庭意识←家庭亲密度	- 2.880	0.016	是
个人能力←家庭亲密度	- 1.783	0.003	是
家庭意识←家庭适应性	2.593	0.007	是
个人能力←家庭适应性	1.811	***	是
旅游目的地知识←家庭适应性	0.352	***	是
自我反思←家庭适应性	0.261	***	是
家庭意识←标签变量	0.119	0.050	否
旅游目的地知识←标签变量	0.146	***	是
幸福感←家庭意识	0.148	***	是
幸福感←个人能力	0.099	0.026	是
幸福感←旅游目的地知识	0.107	0.013	是
幸福感←家庭亲密度	0.316	***	是
幸福感←家庭适应性	0.160	0.009	是
家庭意识←家庭沟通	0.526	0.025	是
个人能力←家庭沟通	0.311	0.048	是
旅游目的地知识←家庭沟通	0.088	0.181	否
自我反思←家庭沟通	0.047	0.521	否
家庭意识←家庭亲密度 × 家庭沟通	- 3.760	0.009	是
个人能力←家庭亲密度 × 家庭沟通	- 2.503	***	是
旅游目的地知识←家庭亲密度 × 家庭沟通	- 0.026	0.743	否
自我反思←家庭亲密度 × 家庭沟通	- 0.216	0.018	是

续表

假设回归路径	标准化路径系数	显著性概率	是否显著
家庭意识←家庭适应性×家庭沟通	3.504	0.008	是
个人能力←家庭适应性×家庭沟通	2.493	***	是
旅游目的地知识←家庭适应性×家庭沟通	0.076	0.368	否
自我反思←家庭适应性×家庭沟通	0.277	0.004	是

拟合度：$\chi^2/df = 3.831$；GFI = 0.811；NFI = 0.815；IFI = 0.857；CFI = 0.856；RMSEA = 0.060

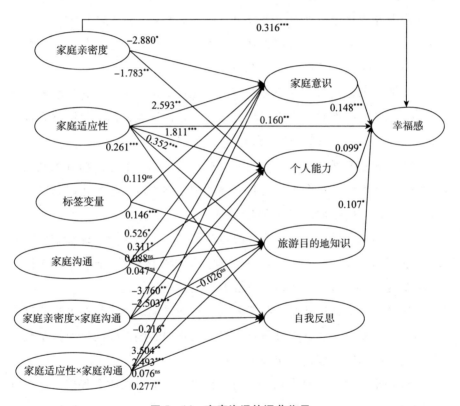

图 5 - 14　家庭沟通的调节作用

三　假设检验结果小结

本研究通过结构方程模型检验了家庭功能、学习结果和幸福感之间的关系，并利用层次回归分析方法和结构方程模型检验了家庭沟通对"家庭亲密度—学习结果""家庭适应性—学习结果"关系的调节作用。检验结果证实了本研究提出的大部分研究假设，有一部分假设未被证实。此外，还发现了本文研究假设之外的变量关系。

1. 已证实的假设

由表 5 – 23 和图 5 – 9 可知，以下假设得以证实。

H1a 提出家庭亲密度对家庭意识具有正向影响。通过结构方程模型分析可知，家庭亲密度对家庭意识具有显著的正向影响，标准化回归系数为 0.206（p < 0.01），假设 H1a 得到支持。

H1b 提出家庭亲密度对个人能力具有正向影响。通过结构方程模型分析可知，家庭亲密度对个人能力具有显著的正向影响，标准化回归系数为 0.187（p < 0.001），假设 H1b 得到支持。

H2a 提出家庭适应性对家庭意识具有正向影响。通过结构方程模型分析可知，家庭适应性对家庭意识具有显著的正向影响，标准化回归系数为 0.268（p < 0.001），假设 H2a 得到支持。

H2b 提出家庭适应性对个人能力具有正向影响。通过结构方程模型分析可知，家庭适应性对个人能力具有显著的正向影响，标准化回归系数为 0.231（p < 0.001），假设 H2b 得到支持。

H2c 提出家庭适应性对旅游目的地知识具有正向影响。通过结构方程模型分析可知，家庭适应性对旅游目的地知识具有显著的正向影响，标准化回归系数为 0.403（p < 0.001），假设 H2c 得到支持。

H2d 提出家庭适应性对自我反思具有正向影响。通过结构方程模型分析可知，家庭适应性对自我反思具有显著的正向影响，标准化回归系数为 0.253（p < 0.001），假设 H2d 得到支持。

H5a 提出家庭意识对幸福感具有正向影响。通过结构方程模型分析可知，家庭意识对幸福感具有显著的正向影响，标准化回归系数为 0.148（p < 0.001），假设 H5a 得到支持。

H5b 提出个人能力对幸福感具有正向影响。通过结构方程模型分析可知，个人能力对幸福感具有显著的正向影响，标准化回归系数为 0.114（p < 0.01），假设 H5b 得到支持。

H5c 提出旅游目的地知识对幸福感具有正向影响。通过结构方程模型分析可知，旅游目的地知识对幸福感具有显著的正向影响，标准化回归系数为 0.108（p < 0.05），假设 H5c 得到支持。

由表 5 - 27 可知，以下假设得以证实。

H4b 提出家庭沟通对家庭适应性与个人能力之间的关系具有正向调节作用。通过层次回归分析结果可知，交互项"家庭适应性 × 家庭沟通"对个人能力具有显著的正向影响（β = 0.250，p < 0.001），且家庭适应性与个人能力的关系显著，假设 H4b 得到支持。

由表 5 - 29 可知，以下假设得以证实。

H4d 提出家庭沟通对家庭适应性与自我反思之间的关系具有正向调节作用。通过层次回归分析结果可知，交互项"家庭适应性 × 家庭沟通"对自我反思具有显著的正向影响（β = 0.180，p < 0.01），且家庭适应性与自我反思的关系显著，假设 H4d 得到支持。

由表 5 - 30 和图 5 - 14 可知，以下假设得以证实。

H3a 提出家庭沟通对家庭亲密度与家庭意识之间的关系具有负向调节作用。虽然层次回归分析结果不显著，但通过结构方程模型分析可知，交互项"家庭亲密度 × 家庭沟通"对家庭意识具有显著的负向影响（β = -3.760，p < 0.01），且家庭亲密度与家庭意识的关系显著，假设 H3a 得到部分支持。

H3b 提出家庭沟通对家庭亲密度与个人能力之间的关系具有负向调节作用。虽然层次回归分析结果不显著，但通过结构方程模型分析可知，交互项"家庭亲密度 × 家庭沟通"对个人能力具有显著的负向影响（β = -2.503，p < 0.001），且家庭亲密度与个人能力的关系显著，假设 H3b 得到部分支持。

H4a 提出家庭沟通对家庭适应性与家庭意识之间的关系具有正向调节作用。虽然层次回归分析结果不显著，但通过结构方程模型可知，交互项"家庭适应性 × 家庭沟通"对家庭意识具有显著的正向影响（β = 3.504，p < 0.01），且家庭适应性与家庭意识的关系显著，假设 H4a 得到部分支持。

2. 未证实的假设

H1c 提出家庭亲密度对旅游目的地知识具有正向影响。通过结构方程模型分析（见图 5 - 8 和表 5 - 21）可知，家庭亲密度对旅游目的地知识的影响并不显著，标准化回归系数为 0.009（p > 0.05），假设 H1c 未得到支持。

H1d 提出家庭亲密度对自我反思具有正向影响。通过结构方程模型分析（见图 5-8 和表 5-21）可知，家庭亲密度对自我反思的影响并不显著，标准化回归系数为 0.047（p > 0.05），假设 H1d 未得到支持。

H5d 提出自我反思对幸福感具有正向影响。通过结构方程模型分析（见图 5-8 和表 5-21）可知，自我反思对幸福感的影响并不显著，标准化回归系数为 0.050（p > 0.05），假设 H5d 未得到支持。

H3c 提出家庭沟通对家庭亲密度与旅游目的地知识之间的关系具有负向调节作用。通过层次回归分析结果（见表 5-28）可知，交互项"家庭亲密度×家庭沟通"对旅游目的地知识的影响并不显著（β = - 0.043，p > 0.05），且家庭亲密度与旅游目的地知识之间的关系不显著，假设 H3c 未得到支持。

H3d 提出家庭沟通对家庭亲密度与自我反思之间的关系具有负向调节作用。通过层次回归分析结果（见表 5-29）可知，交互项"家庭亲密度×家庭沟通"对自我反思具有显著的负向影响（β = -0.116，p < 0.05），但家庭亲密度与自我反思之间的关系不显著，假设 H3d 未得到支持。

H4c 提出家庭沟通对家庭适应性与旅游目的地知识之间的关系具有正向调节作用。通过层次回归分析结果（见表 5-28）可知，交互项"家庭适应性×家庭沟通"对旅游目的地知识的影响并不显著（β = 0.075，p > 0.05），假设 H4c 未得到支持。

根据以上结果，将假设检验结果汇总如表 5-31 所示。

表 5-31　研究假设检验结果汇总

研究假设	检验结果
H1a：家庭亲密度对家庭意识具有正向影响	支持
H1b：家庭亲密度对个人能力具有正向影响	支持
H1c：家庭亲密度对旅游目的地知识具有正向影响	不支持
H1d：家庭亲密度对自我反思具有正向影响	不支持
H2a：家庭适应性对家庭意识具有正向影响	支持
H2b：家庭适应性对个人能力具有正向影响	支持
H2c：家庭适应性对旅游目的地知识具有正向影响	支持

研究假设	检验结果
H2d：家庭适应性对自我反思具有正向影响	支持
H3a：家庭沟通对家庭亲密度与家庭意识之间的关系具有负向调节作用	部分支持
H3b：家庭沟通对家庭亲密度与个人能力之间的关系具有负向调节作用	部分支持
H3c：家庭沟通对家庭亲密度与旅游目的地知识之间的关系具有负向调节作用	不支持
H3d：家庭沟通对家庭亲密度与自我反思之间的关系具有负向调节作用	不支持
H4a：家庭沟通对家庭适应性与家庭意识之间的关系具有正向调节作用	部分支持
H4b：家庭沟通对家庭适应性与个人能力之间的关系具有正向调节作用	支持
H4c：家庭沟通对家庭适应性与旅游目的地知识之间的关系具有正向调节作用	不支持
H4d：家庭沟通对家庭适应性与自我反思之间的关系具有正向调节作用	支持
H5a：家庭意识对幸福感具有正向影响	支持
H5b：个人能力对幸福感具有正向影响	支持
H5c：旅游目的地知识对幸福感具有正向影响	支持
H5d：自我反思对幸福感具有正向影响	不支持

3. 其他发现

（1）通过结构方程模型发现家庭亲密度和家庭适应性对幸福感具有显著的正向影响作用，如表 5 - 32 所示。

表 5 - 32　家庭功能与幸福感的作用关系

回归路径	标准化回归系数	显著性水平	是否显著
幸福感←家庭亲密度	0.285	***	是
幸福感←家庭适应性	0.171	0.008	是

（2）通过结构方程模型和 Sobel 检验发现了学习结果在家庭功能与幸福感之间的部分中介作用，如表 5 - 33 所示。

表 5 - 33　Sobel 检验结果汇总

中介路径	Sobel 检验 z 值	显著性概率	是否显著	中介类型
家庭亲密度—家庭意识—幸福感	2.428	0.015	是	部分中介

中介路径	Sobel 检验 z 值	显著性概率	是否显著	中介类型
家庭亲密度—个人能力—幸福感	2.137	0.033	是	部分中介
家庭适应性—家庭意识—幸福感	2.698	0.007	是	部分中介
家庭适应性—个人能力—幸福感	2.254	0.024	是	部分中介
家庭适应性—旅游目的地知识—幸福感	2.429	0.015	是	部分中介

（3）通过层次回归分析和结构方程模型分析，在调节效应检验中发现了家庭沟通对学习结果中的家庭意识和个人能力具有显著正向影响，如表5-34所示。

表5-34 家庭功能与学习结果的作用关系

检验模型	回归路径	标准化回归系数	显著性水平	是否显著
层次回归方程	家庭意识←家庭沟通	0.197	***	是
	个人能力←家庭沟通	0.182	***	是
结构方程模型	家庭意识←家庭沟通	0.526	0.025	是
	个人能力←家庭沟通	0.311	0.048	是

第八节 结果讨论

通过结构方程模型和层次回归分析，大部分研究假设得到证实。以下将对以上已证实、未证实和其他发现的研究结果进行讨论。

一 家庭功能与学习结果

1. 已证实结果

许多研究证实良好的家庭功能能够提高学习成效（Halawah，2006；Brown & Iyengar，2008）。本研究结果也一定程度上验证了二者的关系。其中，家庭亲密度对家庭意识和个人能力具有正向影响作用，即H1a和H1b得到支持。总体来说，家庭关系越亲密，家人之间的支持越充分，越促进个人的学习结果（Román 等，2008）。而家庭意识和个人能力主要是来源于或者依靠家庭关系网络而获得的，因此家庭亲密度对二者具有积极的作用。具体而言，根据 Olson（2000）的环状模型理论，家庭亲密度与情感联系、边界、同盟、时间、空间、朋友、决策、利益和娱乐密切相关。在旅游过程中，家庭成员之间越亲密，则更倾向于共同参与旅游活动，在需要的时候互相支持，乐于分享彼此的兴趣爱好、感受、态度和思想，享受在一起的家庭休闲时光，能够使旅游者有更多的时间、空间和途径去关注和理解家人和家庭（包括家庭和谐、家庭责任、家人的付出、家人的观念态度等），从而增强家庭意识。因此，假设 H1a 成立。同样，旅游者在与旅游情境中的人、事、物进行交互时，若家庭关系亲密，则能够获得家人情感、物质和智力上的支持（比如鼓励、安慰、赞美、提供资金、给予建议、协助决策等），有利于其建立自信、适应新环境、与他人相处和沟通，从而获得个人能力。因此，假设 H1b 成立。

研究结果显示，家庭适应性对家庭意识、个人能力、旅游目的地知识和自我反思均具有正向影响作用，即 H2a、H2b、H2c、H2d 得到支持。家庭不同的支持策略会影响个人的学习行为（Chu，2010）。而不同适应能力的家庭在应对外界时采取不同的支持策略，从而对旅游学习结果产生影响。根据 Olson（2000）的环状模型理论，家庭适应性与家庭应对外界环境的弹性有关；与之相关的概念包括领导力（权力、控制、纪律）、协商方式、角色关系和关系规则。在家庭旅游过程中，旅游者不仅通过观察获得学习结果，还在解决问题中关注家庭、提升个人能力、获得旅游目的地知识和进行自我反思。若家庭适应性强，则家庭成员能够明确自己的角色作用、运用恰当的领导力和协商方式解决问题。因此，家庭适应性强的家庭系统不仅能够让个人从中获得有关家庭的信息、提升解决问题能力和反思自我，而且能为之在与外界旅游系统交互学习过程中（比如在旅游中获取目的地知识、锻炼社交能力和反思自我），提供一个稳定而有弹性的支持系统，从而获得更多学习结果。因此，假设 H2a、H2b、H2c、H2d 成立。

研究结果显示，家庭沟通对家庭亲密度与家庭意识之间的关系、对家庭亲密度与个人能力之间的关系都具有负向调节作用，即 H3a 和 H3b 得到部分支持。Olson 等（1979）提出，家庭亲密度的水平从低到高表现出疏离、独立、亲密和羁绊，只有居于中间值的独立和亲密属于均衡的家庭关系，有利于家庭系统运转。而针对中国学生的实证研究表明，中国家庭的亲密度大多数处于较高水平（e.g. 何心展、尤海燕，2006；李文华等，2014），且本研究中有关家庭亲密度的问项的均值都大于4.1（李克特五点量表），与已有研究结果保持一致。因此，在家庭沟通越多的家庭中，处于较高亲密水平中的旅游者易于从适当亲密陷于过于依赖甚至羁绊状态，而失去独立思考的时间、空间以及向家庭外部探索的机会，导致家庭亲密度对家庭意识、个人能力的提升作用减弱，甚至转为对学习结果的负向影响。也就是说，在不考虑家庭沟通的情况下，家庭亲密度对家庭意识和个人能力具有正向作用；而在家庭沟通的调节作用下，家庭亲密度对学习结果的作用将转为负向影响。可以看到，家庭亲密度与家庭功能的曲线二次关系不仅仅在极端情况下形成，还能在与家庭沟通的交互作用下实现。此外，社会网络嵌入理论同样能够解释家庭关系过度亲密而导致家庭系统效率低下的原因。社会网络视角认为社会关系通过建议、资源和情感支持三种效用使社会系统运转（Renzulli & Aldrich，2005），而社会关系的强度可用嵌入来衡量，即个体与环境之间联系的性质、深度和程度（Dacin等，1999；Jack & Anderson，2002）。根据嵌入理论的研究，虽然某种程度的嵌入会因为资源共享等提升组织的效率，但个体也可能过于嵌入社会网络中而对网络中的强关系产生过度依赖（Uzzi，1996），以至于这些关系中的责任和期望限制了他们建立新的关系或把握潜在机遇（Uzzi，1997），导致该系统的失效。同样，在与家庭沟通的交互作用下，高水平的家庭亲密度使旅游者在家庭关系网络中过于嵌入和依赖，使家庭功能失效，从而学习结果受到负向影响。因此，假设H3a和H3b成立。

研究结果显示，家庭沟通对家庭适应性与家庭意识之间的关系、对家庭适应性与个人能力之间的关系、对家庭适应性与自我反思之间的关系都具有正向调节作用，即H4a、H4b、H4d得到支持。Olson等（1979）提出，家庭适应性的水平从低到高表现出严格、结构化、弹性化和混乱，只有居于中间值的结构化和弹性化是均衡状态，有利于家庭系统运转。但与家庭亲密度不同，针对中国学生的相同实证研究表明，中国家庭的适应性大多数处于中低水平（e.g. 李文华等，2014），而本研究中有关家庭适应性的问项的均值也处于中等水平，因此并不会达到极端的不均衡状态而导致家庭系统失效。在此情况下，家庭沟通越强，越有利于家庭系统实现均

衡而富有弹性的领导力、协商方式、角色关系和关系规则，从而使家庭适
应性对家庭意识、个人能力和自我反思的作用得到增强。因此，假设 H4a、
H4b、H4d 成立。

2. 未证实结果

结构方程模型结果表明，家庭亲密度对旅游目的地知识和自我反思的
影响作用并不显著，即 H1c 和 H1d 未得到支持。进而，家庭沟通对以上两
种作用关系的调节作用也不存在，H3c 和 H3d 未得到支持。这可能是因
为，旅游目的地知识和自我反思与其他两种学习结果（家庭意识和个人能
力）的获取方式不同。比如，家庭意识主要从家庭系统内部获取，因此受
到与家庭系统互动相关的家庭亲密度水平的显著影响。而旅游目的地知识
来源于家庭外部的旅游目的地，因此更多受到旅游目的地因素的影响，而
不是家庭亲密度；自我反思虽然需要旅游和家庭系统的激发，但主要通过
个体内部认知过程达成，因此更多受到认知方式和个体特征的影响，而不
是家庭亲密度。因此，假设 H1c 和 H1d 不成立。进而，家庭沟通对 H1c 和
H1d 中的假设关系的调节作用，即假设 H3c 和 H3d 也不成立。但值得一提
的是，虽然主效应的作用关系不显著，但家庭沟通与家庭亲密度的交互作
用对自我反思的负向作用是显著的（见表 5 - 29、表 5 - 30 和图 5 - 14）。
也就是说，家庭亲密度本身对自我反思不具有影响，而在与家庭沟通交互
时对自我反思具有负向作用。

此外，家庭沟通对适应性与目的地知识之间关系的正向调节作用未得
到证实，即 H4c 未得到支持。这是因为旅游目的地知识与其他三种学习结
果的内容属性不同，属于旅游过程中最为基础的信息，该知识的获得相比
于其他形式的学习结果更为直接和容易。因此，旅游目的地知识并不需要
优化家庭功能而获得，而高水平的家庭沟通并不能使家庭适应性对旅游目
的地知识的作用显著增强。因此，假设 H4c 不成立。

二　学习结果与幸福感

1. 已证实结果

家庭意识、个人能力和旅游目的地知识对幸福感具有正向影响，即
H5a、H5b、H5c 得到支持。该研究结果与 Veenhoven（2010）以及 Bergs-

ma 和 Ardelt（2012）关于能力和智慧能够提升幸福感的观点一致。特别地，Veenhoven（2010）的研究表明，有关于身心健康、社交、休闲、道德的能力对幸福感有正向影响。幸福感有两种哲学观——享乐和自我实现（Waterman，1993）。享乐包括追求获得心理或生理上的愉悦和享受最大化（Kahneman 等，1999），即提升正面情绪而消除负面情绪。而自我实现是感受真我和发掘潜能，即当人们的生活与深层次的价值相一致而感受到强烈的存在和真实时，便获得自我实现的幸福（Waterman，1993），包括自主、个人成长、自我接受、人生意义、掌控、积极关系（Ryff & Keyes，1995）。享乐和自我实现是高度相关的，但来源于不同类型的生活体验。前者与愉快、欲望、放松、远离问题和烦恼有关，后者与挑战、付出努力、个人发展有关。一方面，获得家庭意识意味着关注家庭从而了解家人、懂得家庭的意义，是一种寻求积极的家庭关系、承担家庭责任和意义的学习行为结果；获得个人能力意味着懂得与人相处、自信、自控、沟通和适应环境，是一种实现积极关系、自主、掌控、自我接受、个人成长的学习行为；获得旅游目的地知识意味着开阔眼界，同样是一种实现个人成长的学习行为结果，因而获得家庭意识、个人能力和旅游目的地知识都能够提升自我实现幸福感。另一方面，与一般正式的计划性学习不同，家庭意识、个人能力和旅游目的地知识是在家庭旅游过程中获得，属于非计划的自由学习，因而学习环境轻松，往往伴随着积极情绪；且学习结果的获得满足了自我实现的需求，同样能增加积极情绪，从而提升享乐幸福感。因此，获得家庭意识、个人能力和旅游目的地知识能够提升幸福感，即假设 H5a、H5b、H5c 成立。

2. 未证实结果

自我反思对幸福感的影响作用不显著，即 H5d 未得到支持。这可能是因为，自我反思这类较为高级的智慧形式，对两种幸福感的作用是相反的（Bergsma & Ardelt，2012）。根据幸福感理论，从自我实现角度，自我反思意味着对自己的现状、未来和与外界联系的审视和思考，能够实现自主、个人成长、自我接受、人生意义、掌控、积极关系，从而提升幸福感；从享乐角度，对已有人生的过去、现在和未来进行反思时，往往审视的是对自我不满而待改进的现实状态，因而过程中附带负面的情绪，导致幸福感降低。因此，自我反思对整体幸福感的作用不明确，即假设 H5d 不成立。

三　其他发现

1. 家庭功能与幸福感的关系

除了提出的研究假设外，本研究还发现家庭功能的家庭亲密度和家庭适应性均对幸福感具有正向影响。这与已有文献中的研究结果保持一致（e. g. Gao & Potwarka，2021），以 Shek 为首的研究团队（1997，2001，2005）就家庭功能对家庭关系、家庭成员行为的影响进行了一系列研究，发现积极的亲子关系与良好的家庭功能显著相关。在家庭旅游情境中，家庭成员之间关系亲密、具备恰当的家庭角色分工，既能够满足旅游者的情感需要，又能有效解决旅游中遇到的问题、迅速适应环境，从而提升旅游幸福感。

2. 学习结果的部分中介作用

在所有显著的中介路径中，学习结果的中介作用是部分的，即家庭功能部分通过学习结果而对幸福感产生正向影响。从两种幸福观的视角看（Waterman，1993），家庭功能影响个体幸福感的方式很多，可能是情绪和情感方面，也可能是深层次价值和发展方面。而作为众多家庭行为中的一部分，旅游休闲活动中的学习行为结果受到家庭系统的影响，从而部分影响旅游者幸福感。

3. 家庭沟通与学习结果的关系

在层次回归分析和结构方程模型中可知，家庭沟通对家庭意识和个人能力的学习结果具有显著的正向影响。学习是一种信息处理的认知过程，包括信息输入、编码、加工储存、提取和使用；而家庭沟通能够联接信息源和接收者（Hinsz 等，1997），对信息编码和储存有积极作用（Hollingshead，1998），从而有利于促进学习过程和优化结果。而在家庭旅游情境中，家庭成员之间的沟通水平越高，旅游者对家庭越持续关注，因而获得越多家庭意识方面的学习结果。家庭成员乐于分享思想、观念和态度并表达关爱（Ellenbogen，Luke & Dierking，2004），以此为旅游者提供情感和智力支持（Román 等，2008），有利于旅游者在与外界交互中提升个人能力，比如获得自信、学会沟通和适应环境等。因此，家庭沟通对增强家庭意识和个人能力具有促进作用。

第六章

结论与展望

本章对三个子研究的结果进行归纳总结，揭示研究结果的理论贡献和实践启示。并针对本研究的局限和不足之处，明晰未来的研究方向。

第一节　研究总结

书中通过对家庭旅游行为、学习相关理论和旅游学习行为的相关研究进行回顾，发现已有研究不足，并基于旅游学习、社会学习、家庭功能和幸福感等理论，采用定性定量相结合的方法，形成对家庭旅游中青少年子女的学习行为进行逐步深入研究的思路。

在子研究一的质性探索中，通过深度访谈和主题分析首先揭示了家庭旅游学习结果的三个领域，分别是知识、技能和智慧。其中，知识包括有关旅游目的地、家庭和自己的事实认识；技能包括社交沟通能力、独立能力、家庭相关能力和旅游技能；智慧包括意识到家庭的意义、家庭和谐的重要性、旅游对未来决策的影响，反思自己的人生等。其次，对家庭旅游中学习的过程进行分析发现，从纵向来看，家庭旅游者从家人、导游、当地居民和其他旅游者身上，通过观察、沟通和互动的方式，分别在游前、游中和游后习得相应的知识、技能和智慧；并将家庭旅游学习来源、学习过程和学习结果相结合，从而形成家庭旅游学习行为概念模型；从横向来看，家庭旅游学习行为是家庭、旅游和旅游者三个系统之间不断交互的过程，并整合三个影响系统下的三个学习导向（即家庭、旅游和个人）和三个学习领域（即知识、技能和智慧）将学习结果分为"3×3"九种类型，对其属性和特征进行讨论。

为了进一步开展学习行为关系研究，子研究二对家庭旅游学习结果量表进行开发。首先，基于子研究一的质性结果，通过明确学习结果构念以及参考已有相关量表，从而生成初始问项池。其次，对预测试调研数据采用探索性因子分析、CITC 分析和内部一致性检验，从而完成问项的初步净化。再次，对正式调研的大样本数据进行探索性因子分析、CITC 分析和内部一致性信度检验，生成四个学习结果维度。又次，通过验证性因子分析检验各维度间的聚合效度和区分效度。最后，得到具备良好信度和效度的家庭旅游学习结果量表，包括家庭意识、个人能力、旅游目的地知识和自我反思四个维度。此外，本研究进一步对人口统计学特征和旅游基本特征分别与旅游学习结果的关系进行方差分析发现，年龄、年级、家庭情况、旅游同伴、游览次数、旅游目的地类型、出游形式和出游频率对家庭旅游学习结果具有不同程度的影响，并对结果进行解释和讨论。

基于子研究二开发的学习结果量表，子研究三对家庭旅游学习行为结果的关系变量及其作用机制进行揭示。首先，基于社会学习理论，提炼出"家庭情境—学习行为—内在感知"的家庭旅游学习行为关系模型。其次，基于家庭（功能）系统理论和积极心理学（幸福感）理论，提出家庭亲密度、家庭适应性和家庭沟通对家庭旅游学习结果的作用机制，以及该学习结果对旅游幸福感的影响。再次，主要通过结构方程模型和层次回归分析验证了以下作用关系：家庭亲密度对家庭意识、个人能力具有正向影响；家庭适应性对家庭意识、个人能力、旅游目的地知识和自我反思具有正向影响；家庭沟通在家庭亲密度与学习结果的关系中具有负向调节作用，而在家庭适应性与学习结果的关系中具有正向调节作用；家庭意识、个人能力和旅游目的地知识对幸福感具有正向影响。最后，基于相关理论和实证研究对已证实、未证实和其他发现的研究结果进行解释和讨论。

第二节　理论贡献与实践启示

本研究探讨了家庭旅游学习行为的过程和结果，开发出家庭旅游学习结果量表，分析了人口统计学特征和旅游特征对学习结果的影响，并揭示了家庭功能和旅游幸福感与该学习结果之间的作用关系，从而得出富有意义的研究结论。而这些研究发现能够丰富旅游行为学理论，为家庭系统学、积极心理学及学习行为相关理论提供实证支持，并对旅游管理实践具有一定指导意义。

一　理论贡献

目前，家庭旅游研究聚焦于旅游决策行为，而缺乏从认知视角探讨其行为义涵。同时，学界对旅游学习行为过程仍在定性探索，较少对学习结果进行量表开发和关系研究，尤其是对家庭旅游中（尤其是青少年）的学习行为过程和结果的研究十分匮乏（即便有所涉及也是止于定性探讨）。而本书中的系列研究在该领域取得了以下几个方面的研究进展：在家庭旅游情境下，提炼出学习行为过程和结果的主题；开发出具备信度和效度的学习结果量表，明晰了家庭旅游学习结果的构成内涵；发现人口统计学特征和旅游基本特征与学习结果的关系；揭示出家庭功能、学习结果和旅游幸福感之间的关系及其作用机制。因此具有一定的理论贡献，具体分析如下。

1. 提炼出家庭旅游学习行为过程和结果的主题和内涵，突破以往家庭旅游主流研究的消费行为视角，而在认知心理学视域下对家庭旅游行为进行解释

本书中的质性研究是从认知心理学而不是以往的消费行为学的角度探究家庭旅游行为过程和结果。首先，基于 Falk 等（2012）的学习结果框架，揭示并讨论了家庭旅游学习结果内涵，包括知识、技能和智慧三个主题，验证了旅游学习结果的相关研究。特别地，与家庭相关的学习结果是本研究的特点和重点，是对已有旅游学习结果研究的补充。其次，从学习来源和学习行为产生时的情形两个方面，明确和探讨了学习行为过程的主题，并结合学习结果内容而形成家庭旅游学习行为概念模型，是对已有旅游学习行为研究的理论拓展。此外，笔者还发现家庭、旅游和旅游者三大系统因素对学习过程和结果的影响，并从学习领域和学习导向两个维度，将家庭旅游学习结果划分为九类予以讨论，以进一步识别其属性和特征，

是对已有旅游学习行为理论的深化。因此，本书中的质性研究在全新的认知心理学视域下解释家庭旅游行为过程和结果，丰富了家庭旅游学习行为的理论和实证研究，并为后续量表开发研究奠定了良好的基础。

2. 开发家庭旅游学习结果量表，明晰学习结果的构成内涵，为后续关系研究提供必要的理论支撑和测量工具

本研究揭示了家庭旅游学习结果量表中家庭意识、个人能力、旅游目的地知识和自我反思四个维度，将知识、技能和智慧的概念进行了整合，是学习结果相关理论在特定的家庭旅游情境下的重塑。特别地，有关家庭意识维度的研究结果较之于其他类型旅游的学习结果而言，是一种理论构念的创新，是由特定的旅游同伴（即家人）形成的特殊情境所致。此外，通过对比已有相关文献的结论，本研究进一步剖析了该量表中家庭旅游者学习结果的内涵和特征，是对已有旅游学习结果理论的补充和拓展。该学习结果量表被证实具备良好的信度和效度，能够为后续的关系研究提供必要的理论基础和测量工具，因而在家庭旅游学习行为理论和实证上具有重要意义。

3. 发现人口统计学特征和旅游基本特征与学习结果的关系，为后续关系研究提供理论借鉴和实证支持

本研究分析发现，个人特征、家庭特征和旅游基本特征能够对家庭旅游学习结果产生不同程度的影响，并进一步解释和讨论了家庭旅游者的学习结果的差异及其原因，从而一定程度上拓展了已有旅游行为理论和家庭旅游学习行为的定量研究。同时，该研究结果是确立家庭旅游学习行为关系模型中控制变量的基础，因而为后续的定量关系研究提供了理论借鉴和实证支持。

4. 揭示家庭功能、学习结果和旅游幸福感之间的作用机制，是对相关理论的情境化拓展和补充

本研究基于社会学习理论梳理出"环境—行为—人"的逻辑分析框架，并引入关键的家庭情境因素（家庭功能）和个人内在感知因素（旅游幸福感），进一步形成家庭旅游学习行为结果的关系模型，并实现了社会学习理论在家庭旅游情境下的拓展；基于家庭系统理论和学习结果相关理论，刻画和证实家庭功能中的家庭亲密度、家庭适应性对旅游学习结果的

正向影响，家庭沟通对家庭亲密度和学习结果之间关系的负向调节作用，以及家庭沟通对家庭适应性与学习结果之间关系的正向调节作用，为解释家庭旅游中的学习行为结果提供了新的逻辑视角，并实现了家庭系统理论在家庭旅游学习情境下的拓展；特别地，本研究提出和证实在家庭沟通的调节作用下，家庭亲密度与家庭功能的二次关系在非极端水平下得以实现，是对家庭功能理论的重要补充；基于学习结果相关理论和积极心理学理论，刻画和证实学习结果对旅游幸福感的正向影响作用，为解释提升旅游幸福感的作用机理提供了新的认知视角，同时实现了积极心理学理论在家庭旅游学习情境下的拓展。

综上，本研究成果在家庭旅游学习行为领域取得了较为系统的理论和实证研究进展，丰富了家庭旅游行为、旅游学习行为、学习行为、家庭功能和幸福感的实证研究，是对社会学习理论、家庭系统理论和积极心理学理论的进一步情境化拓展，并对家庭功能理论进行补充，因此具有一定的理论贡献。

二 实践启示

本书中家庭旅游学习行为研究结果对旅游者、旅游管理者以及相关政府部门具有一定的启示作用。

从旅游者角度，除了休闲放松之外，家庭旅游者还具有学习的动机（So & Lehto，2007），也倾向于选择具有学习和教育导向的旅游项目（Carr，2006），尤其是中国家长十分重视和期望孩子能够从家庭旅游中获得一定的学习结果（Lehto 等，2017）。然而，家长和孩子对家庭旅游中学习行为过程和所获得的学习结果并不十分明晰，从而无法选择合适的旅游产品，因此未能达到旅游学习期望、提升家庭旅游体验。而本书中有关学习行为过程、结果及其影响因素的研究结论，能够帮助旅游者明晰已经获得、亟待提升或期望加强的学习结果领域，从而理解家庭旅游对自我认知发展的意义。比如，根据人口统计学特征对学习结果的影响，较小年纪的孩子能够获得较多旅游目的地知识，但个人能力的提升比较欠缺，因此应该选择对个人能力有益的旅游产品（比如主题公园和游轮旅游）；中学生能够获得较多家庭意识和旅游目的地知识，但是个人能力和自我反思较为欠缺，因此应该选择有利于个人能力和自我反思的产品（比如游轮旅游和探亲访友）；收入较低的家庭能够通过都市观光、自然风光和文化旅游等形式获得更多旅游目的地知识；独生子女通过家庭旅游能够获得更多旅游目的地知识，但在自我反思方面比较欠缺，因此应该相应地选择能够促进自我反思的旅游产品（比如探亲访友）；不与祖父母同住的孩子能够通过增加游览次数以及探亲访友的家庭旅游进行更多自我反思。另外，旅游者能够根据旅游基本特征对学习结果的影响作用，选择具有相应特征的旅游产品，以达到学习预期并提升旅游幸福感。比如，若要获得更多的家庭意识，应该选择和父母出游的自助游产品；若要获得更多个人能力，应该选择和兄弟姐妹出游的主题公园和游轮旅游产品；若要获得更多的旅游目的地知识，应该选择出游时长在 3 天以上的都市观光、自然风光和文化旅游产品；若要获得更多的自我反思，应该选择游览多次的旅游目的地或者是探亲访友旅游类型。另外，根据家庭功能与学习结果的关系，旅游者（尤其是关注青少年子女旅游学习成效的家长）应调整家庭亲密度、适应性和沟通至较高水平，从而获得亟待提升或期望加强的学习结果。比如，在家庭旅游过程中，一家人应共同参与有意义的活动，乐于倾听和真实表达，加强沟通、互动和分享，从而增强孩子的家庭意识和个人能力；一家人应在有效沟通下共同解决问题和承担责任，以使孩子获得更多的家庭意识、个人能力、目的地知识和自我反思；特别是，从本研究有关家庭沟通与家庭亲密度交互作用对学习结果产生负向影响的结论中可知，专注于家庭内部沟通和家庭亲密度易于导致孩子对家人过度依赖，形成羁绊，使孩子无法从家庭外部（即旅游环境中）获得更多学习结果。因此，家长应适度控制家庭内部沟通和亲密的程度和方式，不过分"牵制"孩子而是同样鼓励他们与外界进行交互，并给予适当的指导和支持，从而让孩子在家庭旅游中增强家庭意识、提升个人能力、获得旅游目的地知识和实现自我反思，达到学习和教育的期望，并通过获得学习结果以提升家庭旅游幸福感。

从旅游管理者角度，家庭旅游市场发展前景十分广阔；然而，由于旅游管理者缺乏对家庭旅游特征和义涵的深入理解，家庭旅游产品体系有待完善，市场定位有待确立。而本研究成果能够加强旅游管理者对家庭旅游者学习行为及其结果的重视和理解，对家庭旅游市场定位、产品设计和管理实践具有指导作用。具体而言，首先，通过明确家庭旅游者的学习过程以及学习结果的维度和内容，能够帮助旅游企业意识到家庭旅游区别于其他旅游形式的体验价值，从旅游学习结果视角寻找独特的旅游市场利基，从而准确把握市场和产品定位。特别地，与其他旅游形式不同，除了个人能力、旅游目的地知识和自我反思之外，家庭旅游能够提升青少年子女的家庭意识，因此以家庭意识作为独特游客价值的旅游产品能够作为该市场的拳头产品。其次，明确人口统计学特征对学习结果的影响，有利于旅游企业根据不同年龄、年级、家庭收入、家庭情况的旅游者获得学习结果的差异进行家庭旅游市场细分并设计相应的旅游产品。比如，根据年级对学习结果的影响——中学生能够通过家庭旅游获得的家庭意识和旅游目的地知识较少，而大学生能够获得的个人能力和自我反思较少，可以将家庭旅游中的中学生、本科生划分为不同市场分别设计旅游产品体系，即对中学生市场的定位重在提升家庭意识和旅游目的地知识，对大学生市场的定位重在提升个人能力和自我反思。然后，根据旅游特征与学习结果的关系，旅游管理者应针对具有不同的旅游同伴、时长、次数、类型、形式和频率的家庭旅游产品，突出已有的旅游学习结果，加强欠缺的旅游学习结果，从而设计和开发既具备优势学习成效又注重全面认知发展的家庭旅游产品以供家庭旅游者选择，进而满足家庭旅游者期望的学习结果，并提升旅游幸福感。比如，与父母出游的孩子能够获得更多家庭意识，但个人能力的提升较为缺乏，因此应该在市场营销和产品设计中突出亲子旅游的家庭意识观念，同时设计能够提升孩子社交、独立等能力的项目（比如与其他家庭互动），从而使孩子得到较为全面的认知发展；与兄弟姐妹出游的孩子能够获得更多个人能力，但其他三个方面的学习结果比较欠缺，因此应该强调其对个人能力的提升作用，并通过设计产品项目加强孩子的家庭意识、旅游目的地知识和自我反思；对于都市观光、自然风光和文化旅游产品，应重点强调其对获得旅游目的地知识的积极作用，并设计增强家庭意识、个人能力和自我反思的旅游项目活动；对于主题公园和游轮旅游产品，应重点突出其提升个人能力的作用，同时加强家庭意识、旅游目的地知识和自我反思的子产品设计；对于探亲访友旅游，应重点强调其对自我反思的积极作用，并设计增强家庭意识、个人能力和旅游目的地知识的旅游项目活动；而对于自助旅游，应强调其对家庭意识的积极影响，并加强对个人能力、旅游目的地知识和自我反思的子产品设计。再次，根据家庭功能对学习结果的影响，旅游管理者应分别设计和提供：能够适当增加家庭亲密度的产品，以提升青少年的家庭意识和个人能力；能够改善家庭适应性的产品，以加强青少年的家庭意识、个人能力、旅游目的地知识和自我反思；适当促进家庭沟通并拓展与家庭外部社交沟通的亲子活动产品，从而让旅游者获得相应的学习结果。最后，根据学习结果与旅游幸福感的关系，旅游企业应重点开发能够提升家庭意识和个人能力的旅游产品，从而提升旅游者幸福感。

从政府角度，剖析家庭旅游者的学习过程和结果，有利于政府深入理解家庭旅游对大众（尤其是青少年）的教育意义和作用，从而倡导和促进具有"快乐学习"和"寓教于乐"效益的家庭旅游项目的开发。明晰人们从家庭旅游中获得学习结果从而获得享乐和自我实现幸福感的作用原理，能够为制定相关旅游政策和提升国民幸福感的政策提供理论依据。比如，政府部门对力图提升家庭旅游者学习体验和成效的旅游项目应予以相应的政策和资金扶持。

第三节　研究局限和展望

一　研究局限

由于时间、资源等客观条件的限制，本研究可能存在一定的研究局限。

第一，尽管质性研究中试图全面理解青少年家庭旅游者在旅游中的体验学习，但由于学习结果的高度个性化和情景化，研究样本仍然无法完全展现总体的学习过程和结果。第二，定量研究样本取自浙江和江西的6所学校的青少年学生，研究结果一定程度上可能无法普适于其他地区、其他年龄层次的家庭旅游者。第三，本研究结合了享乐和自我实现两种幸福观对旅游幸福感进行整体测度，但并未区分学习结果对二者的影响。第四，方差分析结果表明，不同的人口统计学特征和旅游特征会带来学习结果差异；而在子研究三中，虽然在层次回归分析中引入人口统计学特征和旅游基本特征进行控制，但是结构方程模型中未能实施（事实上，后续区分年级的多群组分析结果表明，不同群组中，变量间回归系数的大小存在一定的差异，但变量间的作用方向仍与原假设保持一致，因此本研究结论仍然成立）。

二 研究展望

以下基于已有研究的不足，提出未来的研究方向。

第一，未来研究可将家庭旅游学习量表作为基础加以修正，测量不同地区、不同年龄/年级层次（区分中学生和大学生、中青年父母和老年祖父母，重点拓展到以小学生为代表的儿童群体）、不同性别、不同旅游目的地类型等人群的家庭旅游学习结果，并进行多群组对比研究。第二，对享乐幸福和自我实现幸福感进行区分测度，分别分析不同学习结果与两种幸福感的关系，并探讨学习结果、幸福感与其他旅游结果变量（如游客满意度、重游意愿、忠诚度）的关系。第三，本研究是从家庭旅游中子女的主观视角探索学习过程和结果，未来研究可考虑同时测量子女视角的主观感知和家长视角的客观评价，并考察二者差异。第四，本研究主要探究了三大影响学习结果系统中的家庭系统对其的作用机制，未来研究可进一步挖掘其他个体内部因素（如学习动机、自我效能）和旅游因素（如旅游参与度、旅游中社会交互行为）对学习结果的影响。第五，家庭旅游学习结果还受到社会文化因素的影响，虽然拓展研究已对家庭旅游学习行为的文化差异进行质性探讨，但是仍有必要开展定量研究以明晰文化差异程度以及形成机制。

参考文献

[1] 白长虹，王红玉. 以优势行动价值看待研学旅游. 南开学报：哲学社会科学版，2017（1），151-159.

[2] 白凯，符国群. 家庭旅游决策研究的中国化理论视角与分析思路. 旅游学刊，2011，26（12），49-56.

[3] 崔痒，黄安民. 居民家庭旅游消费行为初探. 人文地理，1995（2），37-42.

[4] 邓宇凡. 教育旅游市场开发存在的问题及其对策. 和田师范高等专科学校学报：汉文版，2004，24（4），63-64.

[5] 董建英，任丽霞. 基于主成分分析的中学生研学旅游需求动机研究——以太原市为例. 经济问题，2016（7），119-124.

[6] 冯晓红，李咪咪. 儿童旅游研究综述. 旅游学刊，2016，31（9），61-71.

[7] 郭磊，胡道华. 城市核心家庭旅游行为分析. 商业时代，2012（8），116-118.

[8] 郭磊，胡道华，郑娜. 武汉市家庭旅游行为调查分析. 湖北文理学院学报，2013，34（11），48-52.

[9] 郭磊，李田玲. 十堰市城市居民家庭旅游行为分析. 西昌学院学报：自然科学版，2014，28（2），85-89.

[10] 何心展，尤海燕. 大学生家庭亲密度和适应性与领悟社会支持关系的研究. 中国康复理论与实践，2006，12（7），634-636.

[11] 侯莲莲. 家庭旅游消费偏好研究——以广州长隆旅游度假区客源为例. 硕士学位论文, 广东财经大学, 2014.

[12] 赖文琴. 不同家庭结构类型高中生心理健康状况比较. 健康心理学杂志, 2000, 8 (1), 42 - 43.

[13] 李文华, 王丽萍, 苑杰. 大学生主观幸福感与家庭亲密度和适应性的关系. 中国健康心理学杂志, 2014, 22 (7), 1067 - 1070.

[14] 廖小平, 郑晓丽. 代际旅游的内涵界定及表现形式. 中南林业科技大学学报: 社会科学版, 2012, 6 (2), 5 - 7.

[15] 刘录护, 左冰. 城市中学生旅游的教育功能: 现象学视野的研究——以广州市某中学学生为例. 旅游学刊, 2010, 25 (10), 63 - 71.

[16] 刘文娟. 中国中产阶层家庭旅游消费特征与影响因素. 重庆科技学院学报: 社会科学版, 2017 (5), 30 - 35.

[17] 刘妍, 张欣然, 程庆. 中国亲子旅游研究综述. 旅游纵览 (下半月), 2015 (4), 80 - 82.

[18] 刘昱. 不同家庭结构中旅游决策主要影响者研究——以郑州市家庭旅游客源市场为例. 北方经济, 2012 (2), 9 - 11.

[19] 陆恒芹. 家庭旅游者行为特征分析与市场营销对策研究. 硕士学位论文, 安徽师范大学, 2007.

[20] 罗少燕, 武邦涛. 家庭旅游的模式分析与产品选择. 安徽农业科学, 2007, 35 (32), 10443 - 10444.

[21] 罗薇, 戴晓阳. 大学生自我和谐与家庭亲密度和适应性的研究. 预防医学情报杂志, 2006 (6), 669 - 672.

[22] 马瑾, 李兆福. 夫妻与亲子: 中西方文化家庭伦理观比较研究. 沈阳工业大学学报: 社会科学版, 2017, 10 (03), 278 - 282.

[23] 马莹莹. 家庭成员旅游决策参与程度的研究. 硕士学位论文, 湖南师范大学, 2009.

[24] 瞿佳佳. 家庭旅游消费者行为的实证研究. 硕士学位论文, 浙江师范大学, 2007.

[25] 汤宁滔, 李林, 齐炜. 中国家庭旅游市场的消费特征及需求——基于中国追踪调查数据. 商业经济研究, 2017 (2), 40 - 43.

[26] 王红兰. 城市家庭旅游消费决策过程分析. 济南职业学院学报, 2009 (6), 13 – 16.

[27] 王慧媛. 国内外家庭旅游文献综述. 青岛酒店管理职业技术学院学报, 2009 (3), 32 – 37.

[28] 王书侠, 沈洋. 浙江儿童在家庭旅游决策中的影响及分析. 全国商情: 经济理论研究, 2012 (4), 10 – 11.

[29] 王跃生. 当代中国家庭结构变动分析. 中国社会科学, 2006 (1), 96 – 108.

[30] 王跃生. 中国城乡家庭结构变动分析. 中国社会科学, 2013 (12), 60 – 77.

[31] 温忠麟, 侯杰泰, 张雷. 调节效应与中介效应的比较和应用. 心理学报, 2005, 37 (2), 268 – 274.

[32] 温忠麟, 刘红云, 侯杰泰. 调节效应和中介效应分析. 北京: 教育科学出版社, 2012.

[33] 温忠麟, 张雷, 侯杰泰, 刘红云. 中介效应检验程序及其应用. 心理学报, 2004, 36 (5), 614 – 620.

[34] 吴明隆. 结构方程模型——AMOS 的操作与应用 (第 2 版). 重庆: 重庆大学出版社, 2010.

[35] 向文雅, 夏赞才. 夫妻参与家庭旅游决策及其影响因素研究. 北京第二外国语学院学报, 2008 (9), 31 – 35.

[36] 徐汉明, 盛晓春. 家庭治疗理论与实践. 北京: 人民卫生出版社, 2010, 14 – 23.

[37] 严艳, 周文, 张佑印. 基于市场的西安城市家庭旅游决策研究. 地域研究与开发, 2010, 29 (4), 78 – 81.

[38] 杨学燕, 金海龙. 居民出游决策行为与家庭结构的关系探讨——以宁夏回族自治区为例. 旅游学刊, 2004, 19 (4), 14 – 18.

[39] 杨宇. 育人为本——修学旅游健康发展路径探索——以"小脚丫走天下"为例. 旅游论坛, 2010, 3 (2), 245 – 248.

[40] 殷平, 蔡安雅. 中国家庭出游决策现状及旅游市场营销建议研究. 人文地理, 2010, 114 (4), 137 – 142.

[41] 余凤龙，黄震方，陆林，尹寿兵. 发达地区农村家庭旅游目的地选择行为特征与影响机制——以苏南地区为例. 地理学报，2016，71（12），2233-2249.

[42] 张彩红，张红. 孩子年龄对家庭旅游决策的影响研究——以西安市为例. 曲阜师范大学学报：自然科学版，2009，35（4），102-105.

[43] 张娟，彭华. 基于参与度的登封武术修学旅游社区影响研究. 安徽农业科学，2011，39（5），2910-2913.

[44] 张绍勋. 研究方法. 台中：沧海出版社，2005.

[45] 朱生东，杨媛媛. 家庭旅游的产品设计与市场开发. 黄山学院学报，2007，9（4），78-81.

[46] Akers, R. L. Deviant Behavior: A Social Learning Perspective. Belmont, CA: Wadsworth, 1977.

[47] Akers, R. L., Krohn, M. D., Lanza-Kaduce, L., & Radosevich, M. Social learning and deviant behavior: A specific test of a general theory. American Sociological Review, 1979, 44 (4), 636-655.

[48] Alexander, Z., A. Bakir, and E. Wickens. An investigation into the impact of vacation travel on the tourist. International Journal of Tourism Research, 2010, 12 (5), 574-590.

[49] Anderson, J. R., Francis, et al. Knowledge Representation. New Jersey: Lawrence Erlbaum Associates, 1993, 17-44.

[50] Annunziata, D., Hogue, A., Faw, L., & Liddle, H. A. Family functioning and school success in at-risk, inner-city adolescents. Journal of Youth and Adolescence, 2006, 35 (1), 100-108.

[51] Ardelt, M. Empirical assessment of a three-dimensional wisdom scale. Research on Aging, 2003, 25 (3), 275-324.

[52] Ardelt, M. Wisdom and life satisfaction in old age. The Journals of Gerontology Series B: Psychological Sciences and Social Sciences, 1997, 52 (1), 15-27.

[53] Arlin, P. K. Wisdom: The art of problem finding. New York: Cambridge University Press, 1990, 230-243.

[54] Attewell, P. What is skill? . Work and Occupations, 1990, 17 (4), 422 – 448.

[55] Bacharach, S. B. , Bamberger, P. A. , & Sonnenstuhl, W. J. Driven to drink: Managerial control, work-related risk factors, and employee problem drinking. Academy of Management Journal, 2002, 45 (4), 637 – 658.

[56] Bachner, D. , & Zeutschel, U. Long-term effects of international educational youth exchange. Intercultural Education, 2009, 20 (1), S45 – S58.

[57] Ballantyne, R. , Hughes, K. , Lee, J. , Packer, J. , & Sneddon, J. Visitors' values and environmental learning outcomes at wildlife attractions: Implications for interpretive practice. Tourism Management, 2018, 64, 190 – 201.

[58] Ballantyne, R. , Packer, J. , & Falk, J. Visitors' learning for environmental sustainability: Testing short-and long-term impacts of wildlife tourism experiences using structural equation modelling. Tourism Management, 2011, 32 (6), 1243 – 1252.

[59] Baltes, P. B. , & Smith, J. Toward a Psychology of Wisdom and its Ontogenesis. New York: Cambridge University Press, 1990, 87 – 112.

[60] Bandura, A. Human agency in social cognitive theory. American Psychologist, 1989, 44 (9), 1175 – 1184.

[61] Bandura, A. Self-efficacy mechanism in human agency. American Psychologist, 1982, 37 (2), 122 – 147.

[62] Bandura, A. Social Learning Theory. Englewood Cliffs, NJ: Prentice Hall, 1977.

[63] Bandura, A. Social-learning theory of identificatory processes. Handbook of Socialization Theory and Research. Rand McNally: Guilford Publications, 1969, 213 – 262.

[64] Bandura, A. The explanatory and predictive scope of self-efficacy theory. Journal of Social and Clinical Psychology, 1986, 4 (3), 359 – 373.

[65] Bangen, K. J. , Meeks, T. W. , & Jeste, D. V. Defining and assessing wisdom: A review of the literature. The American Journal of Geriatric Psychia-

try, 2013, 21 (12), 1254 - 1266.

[66] Barlés-Arizón, M. J. , Fraj-Andrés, E. , & Martínez-Salinas, E. Family vacation decision making: The role of woman. Journal of Travel & Tourism Marketing, 2013, 30 (8), 873 - 890.

[67] Baron, R. M. , & Kenny, D. A. The moderator-mediator variable distinction in social psychological research: Conceptual, strategic, and statistical considerations. Journal of Personality and Social Psychology, 1986, 51 (6), 1173 - 1182.

[68] Beard, J. G. , & Ragheb, M. G. Measuring leisure satisfaction. Journal of Leisure Research, 1980, 12 (1), 20 - 33.

[69] Beavers, R. , & Hampson, R. B. The Beavers systems model of family functioning. Journal of Family Therapy, 2000, 22 (2), 128 - 143.

[70] Beavers, W. R. A systems model of family for family therapists. Journal of Marital and Family Therapy, 1981, 7 (3), 299 - 307.

[71] Beavers, W. R. , Hampson, R. B. , & Hulgus, Y. F. Commentary: The Beavers systems approach to family assessment. Family Process, 1985, 24 (3), 398 - 405.

[72] Beavers, W. R. , & Voeller, M. N. Family models: Comparing and contrasting the Olson circumplex model with the Beavers systems model. Family Process, 1983, 22 (1), 85 - 97.

[73] Bennett, R. J. , & Robinson, S. L. Development of a measure of workplace deviance. Journal of Applied Psychology, 2000, 85 (3), 349 - 360.

[74] Bergsma, A. , & Ardelt, M. Self-reported wisdom and happiness: An empirical investigation. Journal of Happiness Studies, 2012, 13 (3), 481 - 499.

[75] Bimonte, S. , & Faralla, V. Happiness and nature-based vacations. Annals of Tourism Research, 2014, 46, 176 - 178.

[76] Bimonte, S. , & Faralla, V. Happiness and outdoor vacations appreciative versus consumptive tourists. Journal of Travel Research, 2015, 54 (2), 179 - 192.

[77] Bimonte, S., & Faralla, V. Tourist types and happiness a comparative study in Maremma, Italy. Annals of Tourism Research, 2012, 39 (4), 1929 – 1950.

[78] Block, J., & Haan, N. Lives Through Time. Berkeley, CA: Bancroft Books, 1971.

[79] Bloom, B. L. A factor analysis of self-report measures of family functioning. Family Process, 1985, 24 (2), 225 – 239.

[80] Bollen, K. A. A new incremental fit index for general structural equation models. Sociological Methods & Research, 1989, 17 (3), 303 – 316.

[81] Bond, M. H., & Hwang, K. K. The social psychology of Chinese people. New York: Oxford University Press, 1986, 213 – 226.

[82] Bos, L., McCabe, S., & Johnson, S. Learning never goes on holiday: An exploration of social tourism as a context for experiential learning. Current Issues in Tourism, 2015, 18 (9), 859 – 875.

[83] Bourne, L. E., Dominowski, R. L., & Loftus, E. F. Cognitive Processes. Englewood Cliffs, NJ: Prentice Hall, 1986.

[84] Braun, V., & Clarke, V. Using thematic analysis in psychology. Qualitative Research in Psychology, 2006, 3 (2), 77 – 101.

[85] Brey, E. T., & Lehto, X. Changing family dynamics: A force of change for the family-resort industry? . International Journal of Hospitality Management, 2008, 27 (2), 241 – 248.

[86] Briseño-Garzón, A. More than science: Family learning in a Mexican science museum. Cultural Studies of Science Education, 2013, 8 (2), 307 – 327.

[87] Brodsky-Porges, E. The grand tour travel as an educational device 1600 – 1800. Annals of Tourism Research, 1981, 8 (2), 171 – 186.

[88] Bronfenbrenner, U. The Ecology of Human Development: Experiments by Nature and Design. Cambridge, MA: Harvard University Press, 1979.

[89] Bronner, F., & De Hoog, R. Agreement and disagreement in family vacation decision-making. Tourism Management, 2008, 29 (5), 967 – 979.

[90] Brown, J. S., Collins, A., & Duguid, P. Situated cognition and the culture of learning. Educational Researcher, 1989, 18 (1), 32 – 42.

[91] Brown, L., & Iyengar, S. Parenting styles: The impact on student achievement. Marriage & Family Review, 2008, 43 (1 – 2), 14 – 38.

[92] Brown, L. The transformative power of the international sojourn: An ethnographic study of the international student experience. Annals of Tourism Research, 2009, 36 (3), 502 – 521.

[93] Butzel, J. S., & Ryan, R. M. The Dynamics of Volitional Reliance. New York: Springer Science & Business Media, 1997, 49 – 67.

[94] Byrnes, D. A. Travel schooling: Helping children learn through travel. Childhood Education, 2001, 77 (6), 345 – 350.

[95] Campbell, J. C., Webster, D., Koziol-McLain, J., Block, C., Campbell, D., Curry, M. A., …& Sharps, P. Risk factors for femicide in abusive relationships: Results from a multisite case control study. American Journal of Public Health, 2003, 93 (7), 1089 – 1097.

[96] Carlson, J. A., Sallis, J. F., Conway, T. L., Saelens, B. E., Frank, L. D., Kerr, J., & King, A. C. Interactions between psychosocial and built environment factors in explaining older adults' physical activity. Preventive Medicine, 2012, 54 (1), 68 – 73.

[97] Carlson, J. S., & Widaman, K. F. The effects of study abroad during college on attitudes toward other cultures. International Journal of Intercultural Relations, 1988, 12 (1), 1 – 17.

[98] Carr, N. A comparison of adolescents' and parents' holiday motivations and desires. Tourism and Hospitality Research, 2006, 6 (2), 129 – 142.

[99] Carstensen, L. L. A Life-span Approach to Social Motivation. New York: Cambridge University Press, 1998, 341 – 364.

[100] Carver, C. S., & Baird, E. The American dream revisited: Is it what you want or why you want it that matters? . Psychological Science, 1998, 9 (4), 289 – 292.

[101] Carver, C. S., & Scheier, M. F. Themes and Issues in the Self-regulation

of Behavior. Advances in Social Cognition. Mahawah, New Jersey: Lawrence Erlbaum Associates, 1999, 1 – 105.

[102] Chao, R. K. Beyond parental control and authoritarian parenting style: Understanding Chinese parenting through the cultural notion of training. Child Development, 1994, 65 (4), 1111 – 1119.

[103] Chen, C. C. , Petrick, J. F. , & Shahvali, M. Tourism experiences as a stress reliever: Examining the effects of tourism recovery experiences on life satisfaction. Journal of Travel Research, 2016, 55 (2), 150 – 160.

[104] Chen, G. , Bao, J. , & Huang, S. Developing a scale to measure backpackers' personal development. Journal of Travel Research, 2014, 53 (4), 522 – 536.

[105] Chen, Y. L. , Chen, S. H. , & Gau, S. S. F. ADHD and autistic traits, family function, parenting style, and social adjustment for Internet addiction among children and adolescents in Taiwan: A longitudinal study. Research in Developmental Disabilities, 2015, 39 (C), 20 – 31.

[106] Chen, Y. , Lehto, X. Y. , & Cai, L. Vacation and well-being: A study of Chinese tourists. Annals of Tourism Research, 2013, 42, 284 – 310.

[107] Cherlin, A. J. A happy ending to a half-century of family change? . Population & Development Review, 2016, 42 (1), 121 – 129.

[108] Chirkov, V. I. , & Ryan, R. M. Parent and teacher autonomy-support in Russian and US adolescents: Common effects on well-being and academic motivation. Journal of Cross-cultural Psychology, 2001, 32 (5), 618 – 635.

[109] Churchill Jr, G. A. A paradigm for developing better measures of marketing constructs. Journal of Marketing Research, 1979, 16 (1), 64 – 73.

[110] Chu, R. J. C. How family support and Internet self-efficacy influence the effects of e-learning among higher aged adults—Analyses of gender and age differences. Computers & Education, 2010, 55 (1), 255 – 264.

[111] Clayton, V. P. , & Birren, J. E. The Development of Wisdom Across the Life-span: A Reexamination of an Ancient Topic. New York: Academic

Press, 1980, 103 – 135.

[112] Coghlan, A. , & Gooch, M. Applying a transformative learning framework to volunteer tourism. Journal of Sustainable Tourism, 2011, 19 (6), 713 –728.

[113] Compton, W. C. , Smith, M. L. , Cornish, K. A. , & Qualls, D. L. Factor structure of mental health measures. Journal of Personality and Social Psychology, 1996, 71 (2), 406 –413.

[114] Coryell, J. E. The foreign city as classroom: Adult learning in study a-broad. Adult Learning, 2011, 22 (3), 4 –11.

[115] Cosenza, R. M. , & Davis, D. L. Family vacation decision making over the family life cycle: A decision and influence structure analysis. Journal of Travel Research, 1981, 20 (2), 17 –23.

[116] Csikszentmihalyi, M. Applications of Flow in Human Development and Education. Dordrecht: Springer Netherlands, 2014, 153 – 172.

[117] Csikszentmihalyi, M. Flow: The Psychology of Optimal Experience. New York: Harper Perennial, 1990.

[118] Culbert, S. A. , & Renshaw, J. R. Coping with the stresses of travel as an opportunity for improving the quality of work and family life. Family Process, 1972, 11 (3), 321 –337.

[119] Dacin, M. T. , Beal, B. D. , & Ventresca, M. J. The embeddedness of organizations: Dialogue & directions. Journal of Management, 1999, 25 (3), 317 –356.

[120] DeFrain, J. , & Asay, S. M. Family strengths and challenges in the USA. Marriage & Family Review, 2007, 41 (3 –4), 281 –307.

[121] Deiner, E. , Sapyta, J. J. , & Suh, E. Subjective well-being is essential to wellbeing. Psychological Inquiry, 1998, 9 (1), 33 –37.

[122] Delbridge, A. , & Bernard, J. R. L. (Eds.). The Concise Macquarie English Dictionary. Sydney: Macquarie University, 1998.

[123] Dellaert, B. G. , Ettema, D. F. , & Lindh, C. Multi-faceted tourist travel decisions: A constraint-based conceptual framework to describe tourists' sequential choices of travel components. Tourism Management, 1998, 19

(4), 313 – 320.

[124] Demetriou, A., Christou, C., Spanoudis, G., & Platsidou, M. I. Intr-oduction. Lowa: Blackwell Publishing, 2002, 1 – 38.

[125] DeNeve, K. M., & Cooper, H. The happy personality: A meta-analysis of 137 personality traits and subjective well-being. Psychological Bulletin, 1998, 124 (2), 197 – 229.

[126] Dentzau, M. W. Family learning: The missing exemplar. Cultural Studies of Science Education, 2013, 8 (2), 329 – 332.

[127] Denzin, N. K., & Lincoln, Y. S. The Art of Interpretation, Evaluation, and Presentation. Thousand Oaks, CA: Sage Publications, 1994, 500 – 515.

[128] DeVellis, R. F. Scale Development: Theory and Applications. Thousand Oaks, CA: Sage Publication, 2003.

[129] Dewey, J. Experience and Education. New York: Simon and Schuster, 1938.

[130] Diener, E., & Biswas-Diener, R. Will money increase subjective well-being?. Social Indicators Research, 2002, 57 (2), 119 – 169.

[131] Diener, E., & Diener, M. Cross-cultural correlates of life satisfaction and self-esteem. Journal of Personal and Social Psychology, 1995 (68), 653 – 663.

[132] Diener, E., & Lucas, R. E. Explaining differences in societal levels of happiness: Relative standards, need fulfillment, culture, and evaluation theory. Journal of Happiness Studies, 2000, 1 (1), 41 – 78.

[133] Diener, E., & Lucas, R. E. Personality and Subjective Well-being. New York: Russell Sage Foundation, 1999, Chapter 11.

[134] Diener, E., Lucas, R. E. Subjective emotional well-being. In Handbook of Emotions, ed. M Lewis, JM Haviland, New York: Guilford, 2000, 325 – 327.

[135] Dittmann-Kohli, F., & Baltes, P. B. Toward a neofunctionalist concep-tion of adult intellectual development: Wisdom as a prototypical case of intellectual growth. New York: Oxford University Press, 1990, 54 – 78.

[136] Dollard, J. , & Miller, N. E. Personality and Psychotherapy: An Analysis in Terms of Learning, Thinking, and Culture. New York: McGraw-Hill, 1950.

[137] Durko, A. M. , & Petrick, J. F. Family and relationship benefits of travel experiences: A literature review. Journal of Travel Research, 2013, 52 (6), 720 – 730.

[138] Dyson, L. L. The experiences of families of children with learning disabilities: Parental stress, family functioning, and sibling self-concept. Journal of Learning Disabilities, 1996, 29 (3), 280 – 286.

[139] Easterby-Smith, M. , Thorpe, R. , & Lowe, A. Management Research Methods. London: Sage Publications Examinership-Friel Stafford, 2002.

[140] Ellenbogen, K. M. , Luke, J. J. , & Dierking, L. D. Family learning research in museums: An emerging disciplinary matrix? . Science Education, 2004, 88 (S1), 48 – 58.

[141] Epstein, N. B. , Baldwin, L. M. , & Bishop, D. S. The McMaster family assessment device. Journal of Marital and Family Therapy, 1983, 9 (2), 171 – 180.

[142] Epstein, N. B. , Bishop, D. S. , & Levin, S. The McMaster model of family functioning. Journal of Marital and Family Therapy, 1978, 4 (4), 19 – 31.

[143] Epstein, N. B. , Rakoff, V. , & Sigal, J. J. The family category schema. Unpublished manuscript prepared by the authors in the Family Research Group of Department of Psychiatry, Jewish General Hospital, in collaboration with the McGill Human Development Study, 1962.

[144] Falk, J. H. , Ballantyne, R. , Packer, J. , & Benckendorff, P. Travel and learning: A neglected tourism research area. Annals of Tourism Research, 2012, 39 (2), 908 – 927.

[145] Farh, J. L. , Earley, P. C. , & Lin, S. C. Impetus for action: A cultural analysis of justice and organizational citizenship behavior in Chinese society. Administrative Science Quarterly, 1997, 42 (3), 421 – 444.

[146] Farkić, J. , Filep, S. , & Taylor, S. Shaping tourists' wellbeing through guided slow adventures. Journal of Sustainable Tourism, 2020, 28 (12), 2064 – 2080.

[147] Farrell, B. , VandeVusse, A. , & Ocobock, A. Family change and the state of family sociology. Current Sociology, 2012, 60 (3), 283 – 301.

[148] Feng, J. , Dijst, M. , Wissink, B. , & Prillwitz, J. The impacts of household structure on the travel behaviour of seniors and young parents in China. Journal of Transport Geography, 2013, 30 (30), 117 – 126.

[149] Filep, S. , & Deery, M. Towards a picture of tourists' happiness. Tourism Analysis, 2010, 15 (4), 399 – 410.

[150] Filep, S. Tourism and positive psychology critique: Too emotional?. Annals of Tourism Research, 2016, 59 (C), 113 – 115.

[151] Filiatrault, P. , & Ritchie, J. B. Joint purchasing decisions: A comparison of influence structure in family and couple decision-making units. Journal of Consumer Research, 1980, 7 (2), 131 – 140.

[152] Finn, M. , Elliot-White, M. , & Walton, M. Research Methods for Leisure and Tourism. Oxford: Butterworth Heinnemann, 2000.

[153] Fodness, D. The impact of family life cycle on the vacation decision-making process. Journal of Travel Research, 1992, 31 (2), 8 – 13.

[154] Fornell, C. , & Larcker, D. F. Evaluating structural equation models with unobservable variables and measurement error. Journal of Marketing Research, 1981, 18 (1), 39 – 50.

[155] Freestone, P. , & Geldens, P. "For More Than Just the Postcard": Student exchange as a tourist experience? Annals of Leisure Research, 2008, 11 (1/2), 41 – 56.

[156] Fu, X. , Huang, Z. , Li, Q. , & Kirillova, K. Dissecting Chinese adolescents' overseas educational travel experiences: Movements, representations and practices. Current Issues in Tourism, 2017, 1 – 22.

[157] Fu, X. , Lehto, X. , & Park, O. What does vacation do to our family? Contrasting the perspectives of parents and children. Journal of Travel &

Tourism Marketing, 2014, 31 (4), 461 – 475.

[158] Fu, X. , & Lehto, X. Vacation co-creation: the case of Chinese family travelers. International Journal of Contemporary Hospitality Management, 2018, 30 (2), 980 – 1000.

[159] Gao, M. , Havitz, M. E. , & Potwarka, L. R. Exploring the influence of family holiday travel on the subjective well-being of Chinese adolescents. Journal of China Tourism Research, 2020, 16 (1), 45 – 61.

[160] Gao, M. , & Potwarka, L. Investigating the role of family travel and family functioning in promoting Chinese adolescents' subjective wellbeing. Journal of Leisure Research, 2021, 52 (4), 487 – 507.

[161] Giedd, J. N. , Blumenthal, J. , Jeffries, N. O. , Castellanos, F. X. , Liu, H. , Zijdenbos, A. , & Rapoport, J. L. Brain development during childhood and adolescence: A longitudinal MRI study. Nature Neuroscience, 1999, 2 (10), 861 – 863.

[162] Gilbert, D. , & Abdullah, J. Holidaytaking and the sense of well-being. Annals of Tourism Research, 2004, 31 (1), 103 – 121.

[163] Ginsburg, G. S. , & Bronstein, P. Family factors related to children's intrinsic/extrinsic motivational orientation and academic performance. Child Development, 1993, 64 (5), 1461 – 1474.

[164] Gmelch, G. Crossing cultures: Student travel and personal development. International Journal of Intercultural Relations, 1997, 21 (4), 475 – 490.

[165] Green, F. What is skill?: An inter-disciplinary synthesis. London: Centre for Learning and Life Chances in Knowledge Economies and Societies, 2011.

[166] Green, R. G. , Kolevzon, M. S. , & Vosler, N. R. The Beavers-Timberlawn model of family competence and the circumplex model of family adaptability and cohesion: Separate, but equal? . Family Process, 1985, 24 (3), 385 – 398.

[167] Haan, N. A tripartite model of ego functioning: Values and clinical research applications. Journal of Nervous and Mental Diseases, 1969, 148

(1), 14 – 30.

[168] Hair, J. F. , Black, W. C. , Babin, B. J. , Anderson, R. E. , & Tatham, R. L. Multivariate Data Analysis. Upper Saddle River, NJ: Pearson Prentice Hall, 2006.

[169] Halawah, I. The effect of motivation, family environment, and student characteristics on academic achievement. Journal of Instructional Psychology, 2006, 33 (2), 91 – 100.

[170] Hampson, R. B. , Beavers, R. W. , & Hulgus, Y. F. Commentary: Comparing the Beavers and Circumplex models of family functioning. Family Process, 1988, 27 (1), 85 – 92.

[171] Hayes, A. F. Introduction to Mediation, Moderation, and Conditional Process Analysis: A Regression-based Approach. New York: Guilford Press, 2013.

[172] Heffernan, T. , Morrison, M. , Basu, P. , & Sweeney, A. Cultural differences, learning styles and transnational education. Journal of Higher Education Policy and Management, 2010, 32 (1), 27 – 39.

[173] Hilbrecht, M. , Shaw, S. M. , Delamere, F. M. , & Havitz, M. E. Experiences, perspectives, and meanings of family vacations for children. Leisure/Loisir, 2008, 32 (2), 541 – 571.

[174] Hilgard, E. R. , & Bower, G. H. Theory of Learning. Englewood Chiffs, New Jersey: Prentice Hall Inc, 1975.

[175] Hinkin, T. R. A review of scale development practices in the study of organizations. Journal of Management, 1995, 21 (5), 967 – 988.

[176] Hinsz, V. B. , Tindale, R. S. , & Vollrath, D. A. The emerging conceptualization of groups as information processors. Psychological Bulletin, 1997, 121 (1), 43 – 64.

[177] Hofstede, G. , & Bond, M. H. Hofstede's culture dimensions: An independent validation using Rokeach's value survey. Journal of Cross-Cultural Psychology, 1984, 15 (4), 417 – 433.

[178] Hofstede, G. Cultural differences in teaching and learning. International Journal of Intercultural Relations, 1986, 10 (3), 301 – 320.

[179] Hofstede, G. Cultural dimensions in management and planning. Asia Pacific Journal of Management, 1984, 1 (2), 81 – 99.

[180] Hofstede, G. Culture and organizations. International Studies of Management & Organization, 1980, 10 (4), 15 – 41.

[181] Hofstede, G., Hofstede, G. J. & Minkov, M. Cultures and Organizations: Software of the Mind. New York: McGraw-Hill, 2010.

[182] Hofstede, G. The cultural relativity of organizational practices and theories. Journal of International Business Studies, 1983, 14 (2), 75 – 89.

[183] Hollingshead, A. B. Communication, learning, and retrieval in transactive memory systems. Journal of Experimental Social Psychology, 1998, 34 (5), 423 – 442.

[184] Holm, M. R., Lugosi, P., Croes, R. R., & Torres, E. N. Risk-tourism, risk-taking and subjective well-being: A review and synthesis. Tourism Management, 2017, 63, 115 – 122.

[185] Hong, G. S., Fan, J. X., Palmer, L., & Bhargava, V. Leisure travel expenditure patterns by family life cycle stages. Journal of Travel & Tourism Marketing, 2005, 18 (2), 15 – 30.

[186] Hosany, S., & Witham, M. Dimensions of cruisers' experiences, satisfaction, and intention to recommend. Journal of Travel Research, 2010, 49 (3), 351 – 364.

[187] Hsu, C. H., Cai, L. A., & Wong, K. K. A model of senior tourism motivations—Anecdotes from Beijing and Shanghai. Tourism Management, 2007, 28 (5), 1262 – 1273.

[188] Hunt, D. P. The concept of knowledge and how to measure it. Journal of Intellectual Capital, 2003, 4 (1), 100 – 113.

[189] Inkson, K., & Myers, B. A. "The Big OE": Self-directed travel and career development. Career Development International, 2003, 8 (4), 170 – 181.

[190] Jack, S. L., & Anderson, A. R. The effects of embeddedness on the entrepreneurial process. Journal of Business Venturing, 2002, 17 (5),

467 – 487.

[191] Janes, D. Beyond the Tourist Gaze?: Cultural learning on an American "Semester Abroad" programme in London. Journal of Research in International Education, 2008, 7 (1), 21 – 35.

[192] Jenkins, R. L. Family vacation decision-making. Journal of Travel Research, 1978, 16 (4), 2 – 7.

[193] Joy, S. , & Kolb, D. A. Are there cultural differences in learning style? International Journal of Intercultural Relations, 2009, 33 (1), 69 – 85.

[194] Kahneman, D. , Diener, E. , & Schwarz, N. (Eds.). Well-being: Foundations of Hedonic Psychology. New York: Russell Sage Foundation, 1999.

[195] Kaiser, H. F. An index of factorial simplicity. Psychometrika, 1974, 39 (1), 31 – 36.

[196] Kang, S. K. , & Hsu, C. H. Dyadic consensus on family vacation destination selection. Tourism Management, 2005, 26 (4), 571 – 582.

[197] Katsh, A. I. Learning through travel in Israel. Journal of Educational Sociology, 1963, 36 (8), 344 – 362.

[198] Keitner, G. I. , Miller, I. W. , Fruzzetti, A. E. , Epstein, N. B. , Bishop, D. S. , & Norman, W. H. Family functioning and suicidal behavior in psychiatric inpatients with major depression. Psychiatry, 1987, 50 (3), 242 – 255.

[199] Kim, E. J. , Tanford, S. , & Choi, C. Family versus couples: How travel goal influences evaluations of bundled travel packages. Journal of Vacation Marketing, 2020, 26 (1), 3 – 17.

[200] Kim, H. , Woo, E. , & Uysal, M. Tourism experience and quality of life among elderly tourists. Tourism Management, 2015, 46, 465 – 476.

[201] Kim, S. S. , Choi, S. , Agrusa, J. , Wang, K. C. , & Kim, Y. The role of family decision makers in festival tourism. International Journal of Hospitality Management, 2010, 29 (2), 308 – 318.

[202] Kim, Y. , Weaver, P. , & McCleary, K. A structural equation model: The relationship between travel motivation and information sources in the

senior travel market. Journal of Vacation Marketing, 1996, 3 (1), 55 – 66.

[203] King, L. A., & Napa, C. K. What makes a life good? . Journal of Personality and Social Psychology, 1998, 75 (1), 156 – 165.

[204] Kiyokawa, S., Dienes, Z., Tanaka, D., Yamada, A., & Crowe, L. Cross cultural differences in unconscious knowledge. Cognition, 2012, 124 (1), 16 – 24.

[205] Kline, R. B. Principles and Practice of Structural Equation Modeling. New York: Guilford Publications, 1998.

[206] Kluin, J. Y., & Lehto, X. Y. Measuring family reunion travel motivations. Annals of Tourism Research, 2012, 39 (2), 820 – 841.

[207] Knobloch, U., Robertson, K., & Aitken, R. Experience, emotion, and eudaimonia: A consideration of tourist experiences and well-being. Journal of Travel Research, 2017, 56 (5), 651 – 662.

[208] Koc, E. The role of family members in the family holiday purchase decision-making process. International Journal of Hospitality & Tourism Administration, 2004, 5 (2), 85 – 102.

[209] Kolb, A. Y., & Kolb, D. A. Learning styles and learning spaces: Enhancing experiential learning in higher education. Academy of Management Learning & Education, 2005, 4 (2), 193 – 212.

[210] Kolb, D. A., Boyatzis, R. E., & Mainemelis, C. Experiential Learning Theory: Previous Research and New Directions. Oxford: Routledge, 2001, 227 – 247.

[211] Kolb, D. A., & Kolb, A. Y. Learning Style Inventory Version 3.1: 2005 Technical Specifications. Boston, MA: Hay Resource Direct, 2005.

[212] Kolb, D. A. Learning Style Inventory Version 3. Boston, MA: Hay/McBer Training Resources Group, 1999.

[213] Kolb, D. Experiential Learning: Experience as the Source of Learning and Development. Englewood Cliffs. NJ: Prentice Hall, 1984, 20 – 38.

[214] Kolb, D., & Fry, H. "Toward an Applied Theory for Experiential Learn-

ing. " In Theory of Group Processes. New York: John Wiley, 1975, 125 – 147.

[215] Kozak, M. , & Duman, T. Family members and vacation satisfaction: Proposal of a conceptual framework. International Journal of Tourism Research, 2012, 14 (2), 192 – 204.

[216] Kozak, M. Holiday taking decisions: The role of spouses. Tourism Management, 2010, 31 (4), 489 – 494.

[217] Krans, J. P. , & Roarke, S. M. Learning through travel. Journal of Experiential Education, 1994, 17 (3), 20 – 28.

[218] Kroesen, M. , & Handy, S. The influence of holiday-taking on affect and contentment. Annals of Tourism Research, 2014, 45, 89 – 101.

[219] Kwok, S. Y. L. , & Shek, D. T. Social problem solving, family functioning, and suicidal ideation among Chinese adolescents in Hong Kong. Adolescence, 2009, 44 (174), 391 – 406.

[220] La Guardia, J. G. , Ryan, R. M. , Couchman, C. E. , & Deci, E. L. Within-person variation in security of attachment: A self-determination theory perspective on attachment, need fulfillment, and well-being. Journal of Personality and Social Psychology, 2000, 79 (3), 367 – 384.

[221] Laing, J. H. , & Frost, W. Journeys of well-being: Women's travel narratives of transformation and self-discovery in Italy. Tourism Management, 2017, 62, 110 – 119.

[222] LaTorre, E. Lifelong learning through travel. Delta Kappa Gamma Bulletin, 2011, 78 (1), 17 – 19.

[223] Lawson, R. Patterns of tourist expenditure and types of vacation across the family life cycle. Journal of Travel Research, 1991, 29 (4), 12 – 18.

[224] Leach, L. R. , Frank, R. G. , Bouman, D. E. , & Farmer, J. Family functioning, social support and depression after traumatic brain injury. Brain Injury, 1994, 8 (7), 599 – 606.

[225] Lehto, X. Y. , Choi, S. , Lin, Y. C. , & MacDermid, S. M. Vacation and family functioning. Annals of Tourism Research, 2009, 36 (3), 459 – 479.

[226] Lehto, X. Y. , Fu, X. , Li, H. , & Zhou, L. Vacation benefits and activities: Understanding Chinese family travelers. Journal of Hospitality & Tourism Research, 2017, 41 (3), 301 – 328.

[227] Lehto, X. Y. , Kirillova, K. , Li, H. , & Wu, W. A cross-cultural validation of the perceived destination restorative qualities scale: The Chinese perspective. Asia Pacific Journal of Tourism Research, 2017, 22 (3), 329 – 343.

[228] Lehto, X. Y. , Lin, Y. C. , Chen, Y. , & Choi, S. Family vacation activities and family cohesion. Journal of Travel & Tourism Marketing, 2012, 29 (8), 835 – 850.

[229] Lewin, K. Action research and minority problems. Journal of Social Issues, 1946, 2 (4), 34 – 46.

[230] Liang, K. , Caton, K. , & Hill, D. J. Lessons from the road: Travel, lifewide learning, and higher education. Journal of Teaching in Travel & Tourism, 2015, 15 (3), 225 – 241.

[231] Li, M. , Wang, D. , Xu, W. , & Mao, Z. Motivation for family vacations with young children: Anecdotes from the Internet. Journal of Travel & Tourism Marketing, 2017, 34 (8), 1047 – 1057.

[232] Lindahl, K. M. , & Malik, N. M. Marital conflict typology and children's appraisals: The moderating role of family cohesion. Journal of Family Psychology, 2011, 25 (2), 194 – 201.

[233] Li, T. , & Chan, T. Diaspora tourism and well-being: A eudaimonic view. Annals of Tourism Research, 2017, 63, 205 – 206.

[234] Litvin, S. W. , Xu, G. , & Kang, S. K. Spousal vacation-buying decision making revisited across time and place. Journal of Travel Research, 2004, 43 (2), 193 – 198.

[235] Litvin, S. W. , Xu, G. , & Kang, S. K. Spousal vacation-buying decision making revisited across time and place. Journal of Travel Research, 2004, 43 (2), 193 – 198.

[236] Lu, H. Learning Outcomes for Chinese Outbound Group Tourists. PhD the-

sis, James Cook University, 2013.

[237] Lyubomirsky, S. , & Ross, L. Changes in attractiveness of elected, re-jected, and precluded alternatives: A comparison of happy and unhappy individuals. Journal of Personality and Social Psychology, 1999, 76 (6), 988 – 1007.

[238] Lyu, S. O. , Kim, J. W. , & Bae, S. W. Family vacationers' willingness to pay for glamping travel sites: A family functioning segmentation. International Journal of Tourism Research, 2020, 22 (2), 155 – 167.

[239] MacKean, R. , & Abbott-Chapman, J. Leisure activities as a source of informal learning for older people: The role of community-based organisations. Australian Journal of Adult Learning, 2011, 51 (2), 226 – 247.

[240] Madrigal, R. Parents' perceptions of family members' relative influence in vacation decision making. Journal of Travel & Tourism Marketing, 1994, 2 (4), 39 – 57.

[241] Mainemelis, C. , Boyatzis, R. E. , & Kolb, D. A. Learning styles and a-daptive flexibility: Testing experiential learning theory. Management Learning, 2002, 33 (1), 5 – 33.

[242] Marambe, K. N. , Vermunt, J. D. , & Boshuizen, H. P. A. A cross-cultural comparison of student learning patterns in higher education. Higher Education, 2012, 64 (3), 299 – 316.

[243] Marsh, H. W. , Hau, K. T. , & Wen, Z. In search of golden rules: Comment on hypothesis-testing approaches to setting cutoff values for fit indexes and dangers in overgeneralizing Hu and Bentler's (1999) findings. Structural Equation Modeling, 2004, 11 (3), 320 – 341.

[244] McCabe, S. , & Johnson, S. The happiness factor in tourism: Subjective well-being and social tourism. Annals of Tourism Research, 2013, 41, 42 – 65.

[245] McFarlane, A. H. , Bellissimo, A. , & Norman, G. R. Family structure, family functioning and adolescent well-being: The transcendent influence of parental style. Journal of Child Psychology and Psychiatry, 1995, 36

(5), 847 – 864.

[246] McGregor, I. , & Little, B. R. Personal projects, happiness, and meaning: On doing well and being yourself. Journal of Personality and Social Psychology, 1998, 74 (2), 494 – 512.

[247] McMillan, J. H. , & Forsyth, D. R. What theories of motivation say about why learners learn. New Directions for Teaching and Learning, 1991 (45), 39 – 52.

[248] Meacham, J. A. The Loss of Wisdom. NewYork: Cambridge University Press, 1990, 181 – 211.

[249] Milman, A. The impact of tourism and travel experience on senior travelers' psychological well-being. Journal of Travel Research, 1998, 37 (2), 166 – 170.

[250] Minnaert, L. Social tourism as opportunity for unplanned learning and behavior change. Journal of Travel Research, 2012, 51 (5), 607 – 616.

[251] Minnaert, L. 2015 US Family travel survey. https://www. researchgate. net/ publication/282365757_2015_ US_ Family_ Travel_ Survey.

[252] Mischel, W. On the interface of cognition and personality: Beyond the person-situation debate. American Psychologist, 1979, 34 (9), 740 – 754.

[253] Mischel, W. Toward a cognitive social learning reconceptualization of personality. Psychological Review, 1973, 80 (4), 252 – 283.

[254] Mitchell, R. D. Learning through play and pleasure travel: Using play literature to enhance research into touristic learning. Current Issues in Tourism, 1998, 1 (2), 176 – 188.

[255] Moal-Ulvoas, G. Positive emotions and spirituality in older travelers. Annals of Tourism Research, 2017, 66, 151 – 158.

[256] Moise, E. E. Modern China: A History. UK: Longman, 1995.

[257] Mok, C. , & Defranco, A. L. Chinese cultural values: Their implications for travel and tourism marketing. Journal of Travel & Tourism Marketing, 2000, 8 (2), 99 – 114.

[258] Moos, R. H. , & Moos, B. S. Manual for the Family Environment Scale.

Palo Alto, CA: Consulting Psychologist Press, 1981.

[259] Morgan, N. , Pritchard, A. , & Sedgley, D. Social tourism and well-being in later life. Annals of Tourism Research, 2015, 52, 1 – 15.

[260] Moutinho, L. Consumer behaviour in tourism. European Journal of Marketing, 1987, 21 (10), 5 – 44.

[261] Mouton, W. Experiential learning in travel environments as a key factor in adult learning. Delta Kappa Gamma Bulletin, 2002, 69 (1), 36 – 42.

[262] Nanda, D. , Hu, C. , & Bai, B. Exploring family roles in purchasing decisions during vacation planning: Review and discussions for future research. Journal of Travel & Tourism Marketing, 2007, 20 (3 – 4), 107 – 125.

[263] Nawijn, J. Determinants of daily happiness on vacation. Journal of Travel Research, 2011, 50 (5), 559 – 566.

[264] Nawijn, J. , & Filep, S. Two directions for future tourist well-being research. Annals of Tourism Research, 2016, 61 (C), 221 – 223.

[265] Nawijn, J. Positive psychology in tourism: A critique. Annals of Tourism Research, 2016, 56, 151 – 153.

[266] Newman, B. M. , & Newman, P. R. Development Through Life: A Psychosocial Approach. Boston, MA: Cengage Learning, 2017.

[267] Newman, B. M. , & Newman, P. R. Theories of Human Development. Mahwah, New Jersey: Lawrence Erlbaum Associates, 2007.

[268] Nezlek, J. B. , Hampton, C. P. , & Shean, G. D. Clinical depression and day-to-day social interaction in a community sample. Journal of Abnormal Psychology, 2000, 109 (1), 11 – 19.

[269] Nickerson, N. P. , & Jurowski, C. The influence of children on vacation travel patterns. Journal of Vacation Marketing, 2001, 7 (1), 19 – 30.

[270] Niles, F. S. Cultural differences in learning motivation and learning strategies: A comparison of overseas and Australian students at an Australian university. International Journal of Intercultural Relations, 1995, 19 (3), 369 – 385.

[271] Novelli, M. , & Burns, P. Peer-to-peer capacity-building in tourism: Values and experiences of field-based education. Development Southern Africa, 2010, 27 (5), 741 –756.

[272] Noy, C. This trip really changed me: Backpackers' narratives of self-change. Annals of Tourism Research, 2004, 31 (1), 78 – 102.

[273] Nunnally, J. Psychometric Methods (2nd ed). New York: McGraw-Hill, 1978.

[274] Okun, M. A. , Stock, W. A. , Haring, M. J. , & Witter, R. A. Health and subjective well-being: A meta-analyis. The International Journal of Aging and Human Development, 1984, 19 (2), 111 –132.

[275] Olson, D. H. Circumplex model of marital and family sytems. Journal of Family Therapy, 2000, 22 (2), 144 – 167.

[276] Olson, D. H. Circumplex model VII: Validation studies and FACES III. Family Process, 1986, 25 (3), 337 –351.

[277] Olson, D. H. Commentary: Three-dimensional (3 – D) circumplex model and revised scoring of FACES III. Family Process, 1991, 30 (1), 74 –79.

[278] Olson, D. H. Curvilinearity survives: The world is not flat. Family Process, 1994, 33 (4), 471 –478.

[279] Olson, D. H. , Russell, C. S. , & Sprenkle, D. H. Circumplex model of marital and family systems: Vl. Theoretical update. Family process, 1983, 22 (1), 69 –83.

[280] Olson, D. H. , Sprenkle, D. H. , & Russell, C. S. Circumplex model of marital and family systems: I. Cohesion and adaptability dimensions, family types, and clinical applications. Family Process, 1979, 18 (1), 3 –28.

[281] O'Reilly, C. C. From drifter to gap year tourist: Mainstreaming backpacker travel. Annals of Tourism Research, 2006, 33 (4), 998 – 1017.

[282] Orwoll, L. , & Achenbaum, A. Gender and the development of wisdom. Human Development, 1993, 36 (5), 274 –296.

[283] Packer, J. Learning for fun: The unique contribution of educational leisure

experiences. Curator: The Museum Journal, 2006, 49 (3), 329 – 344.

[284] Park, O. J. , Lehto, X. , & Park, J. K. Service failures and complaints in the family travel market: A justice dimension approach. Journal of Services Marketing, 2008, 22 (7), 520 – 532.

[285] Paul, P. , & Mukhopadhyay, K. The impact of international travel component of the executive MBA curriculum on participant learning. Marketing Education Review, 2003, 13 (3), 1 – 16.

[286] Pearce, P. L. , & Foster, F. A "university of travel": Backpacker learning. Tourism Management, 2007, 28 (5), 1285 – 1298.

[287] Pearce, P. L. , & Lu, H. A framework for studying the learning outcomes of Chinese outbound group tourists. Journal of China Tourism Research, 2011, 7 (4), 445 – 458.

[288] Pearce, P. L. Tourist Behaviour and the Contemporary World. Bristol, Buffalo, Toronto: Channel Views, 2010.

[289] Peercy, M. A. , & McCleary, K. W. The impact of the year-round school calendar on the family vacation: An exploratory case study. Journal of Hospitality & Tourism Research, 2011, 35 (2), 147 – 170.

[290] Piaget, J. , & Duckworth, E. Genetic epistemology. American Behavioral Scientist, 1970, 13 (3), 459 – 480.

[291] Piaget, J. Play, Dreams and Imitation in Childhood. New York: Norton, 1962.

[292] Pizam, A. , Neumann, Y. , & Reichel, A. Dimentions of tourist satisfaction with a destination area. Annals of Tourism Research, 1978, 5 (3), 314 – 322.

[293] Pless, I. B. , & Satterwhite, B. A measure of family functioning and its application. Social Science & Medicine, 1973, 7 (8), 613 – 621.

[294] Podsakoff, P. M. , MacKenzie, S. B. , Lee, J. Y. , & Podsakoff, N. P. Common method biases in behavioral research: A critical review of the literature and recommended remedies. Journal of Applied Psychology, 2003, 88 (5), 879 – 903.

[295] Poff, R. A. , Zabriskie, R. B. , & Townsend, J. A. Modeling family leisure and related family constructs: A national study of US parent and youth perspectives. Journal of Leisure Research, 2010, 42 (3), 365 – 391.

[296] Pomfret, G. Conceptualising family adventure tourist motives, experiences and benefits. Journal of Outdoor Recreation and Tourism, 2019, 28.

[297] Pomfret, G. Family adventure tourism: Towards hedonic and eudaimonic wellbeing. Tourism Management Perspectives, 2021, 39, 100852.

[298] Rahgozar, H. , Yousefi, S. , Mohammadi, A. , & Piran, P. The impact of family cohesion and flexibility on university students' identity: The case of Shiraz Branch, Islamic Azad University. Asian Social Science, 2012, 8 (2), 95 – 103.

[299] Regensburger, L. The American Family: Reflecting a Changing Nation. Wylie, Texas: Information Plus, 2001.

[300] Reis, H. T. , Sheldon, K. M. , Gable, S. L. , Roscoe, J. , & Ryan, R. M. Daily well-being: The role of autonomy, competence, and relatedness. Personality and Social Psychology Bulletin, 2000, 26 (4), 419 – 435.

[301] Reisinger, Y. (Ed.). Transformational Tourism: Tourist Perspectives. Preston, UK: CPI Group (UK) Ltd, 2013.

[302] Renzulli, L. A. , & Aldrich, H. Who can you turn to? Tie activation within core business discussion networks. Social Forces, 2005, 84 (1), 323 – 341.

[303] Richards, G. , & Wilson, J. New Horizons in Independent Youth and Student Travel. Amsterdam: International Student Travel Confederation (ISTC), 2003.

[304] Richards, T. "Adventure-Based Experiential Learning. " In Empowerment through Experiential Learning, edited by John Mulligan and Colin Griffin. London: Kogan Page, 1992.

[305] Roberson Jr, D. N. Learning experiences of senior travellers. Studies in Continuing Education, 2003, 25 (1), 125 – 144.

[306] Roberson Jr, D. N. Learning while traveling: The school of travel. Journal of Hospitality, Leisure, Sport & Tourism Education, 2018, 22, 14 – 18.

[307] Roberts, C. S. , & Feetham, S. L. Assessing family functioning across three areas of relationships. Nursing Research, 1982, 31 (4), 231 – 235.

[308] Rodríguez-Sánchez, E. , Pérez-Peñaranda, A. , Losada-Baltar, A. , Pérez-Arechaederra, D. , Gómez-Marcos, M. Á. , Patino-Alonso, M. C. , & García-Ortiz, L. Relationships between quality of life and family function in caregiver. BMC Family Practice, 2011, 12 (1), 12 – 19.

[309] Rojas-de-Gracia, M. M. , & Alarcón-Urbistondo, P. Importance of family for individual tourist satisfaction. Annals of Tourism Research, 2020, 85, 103031.

[310] Rojas-de Gracia, M. M. , & Alarcón-Urbistondo, P. Toward agender understanding of the influence of the couple on family vacation decisions. Tourism Management Perspectives, 2016, 20, 290 – 298.

[311] Román, S. , Cuestas, P. J. , & Fenollar, P. An examination of the interrelationships between self-esteem, others' expectations, family support, learning approaches and academic achievement. Studies in Higher Education, 2008, 33 (2), 127 – 138.

[312] Rotter, J. B. Social Learning and Clinical Psychology. New York: Prentice Hall, 1954.

[313] Rummel, R. J. Applied Factor Analysis. Evanston, IL: Northwestern University Press, 1970.

[314] Russell, C. S. Circumplex model of marital and family systems: III. Empirical evaluation with families. Family Process, 1979, 18 (1), 29 – 45.

[315] Ryan, C. Playful tourists: constructs of learning-a commentary on Mitchell's "Learning through play and pleasure travel: using play literature to enhance research into touristic learning". Current Issues in Tourism, 1998, 1 (2), 189 – 194.

[316] Ryan, R. M. , Chirkov, V. I. , Little, T. D. , Sheldon, K. M. , Timoshina, E. , & Deci, E. L. The American dream in Russia: Extrinsic aspira-

tions and well-being in two cultures. Personality and Social Psychology Bulletin, 1999, 25 (12), 1509 – 1524.

[317] Ryan, R. M. , & Deci, E. L. On happiness and human potentials: A review of research on hedonic and eudaimonic well-being. Annual Review of Psychology, 2001, 52 (1), 141 – 166.

[318] Ryan, R. M. , & Deci, E. L. Self-determination theory and the facilitation of intrinsic motivation, social development, and well-being. American Psychologist, 2000, 55 (1), 68 – 78.

[319] Ryan, R. M. , & Frederick, C. On energy, personality, and health: Subjective vitality as a dynamic reflection of well-being. Journal of Personality, 1997, 65 (3), 529 – 565.

[320] Ryff, C. D. , & Keyes, C. L. M. The structure of psychological well-being revisited. Journal of Personality and Social Psychology, 1995, 69 (4), 719 – 727.

[321] Ryff, C. D. Possible selves in adulthood and old age: A tale of shifting horizons. Psychology and Aging, 1991, 6 (2), 286 – 295.

[322] Ryff, C. D. , & Singer, B. The contours of positive human health. Psychological Inquiry, 1998, 9 (1), 1 – 28.

[323] Saugstad, T. Aristotle's contribution to scholastic and non-scholastic learning theories. Pedagogy, Culture & Society, 2005, 13 (3), 347 – 366.

[324] Saunders, R. E. , Laing, J. E. , & Weiler, B. Personal Transformation Through Long-distance Walking. London: Routledge, 2013, 127 – 146.

[325] Scarinci, J. , & Pearce, P. The perceived influence of travel experiences on learning generic skills. Tourism Management, 2012, 33 (2), 380 – 386.

[326] Schmutte, P. S. , & Ryff, C. D. Personality and well-being: Reexamining methods and meanings. Journal of Personality and Social Psychology, 1997, 73 (3), 549 – 559.

[327] Seaton, A. V. , & Tagg, S. The family vacation in Europe: Paedonomic aspects of choices and satisfactions. Journal of Travel & Tourism Market-

ing, 1995, 4 (1), 1–21.

[328] Seltzer, J. A. Family change and changing family demography. Demography, 2019, 56 (2), 405–426.

[329] Shek, D. T. A longitudinal study of perceived family functioning and adolescent adjustment in Chinese adolescents with economic disadvantage. Journal of Family Issues, 2005, 26 (4), 518–543.

[330] Shek, D. T. Family functioning and psychological well-being, school adjustment, and problem behavior in Chinese adolescents with and without economic disadvantage. The Journal of Genetic Psychology, 2002, 163 (4), 497–502.

[331] Shek, D. T. Individual and dyadic predictors of family functioning in a Chinese context. American Journal of Family Therapy, 1999a, 27 (1), 49–61.

[332] Shek, D. T. Paternal and maternal influences on family functioning among Hong Kong Chinese families. The Journal of Genetic Psychology, 2001a, 162 (1), 56–74.

[333] Shek, D. T. Perceptions of family functioning among Chinese parents and their adolescent children. American Journal of Family Therapy, 1999b, 27 (4), 303–314.

[334] Shek, D. T. The general functioning scale of the Family Assessment Device: Does it work with Chinese adolescents? . Journal of clinical psychology, 2001b, 57 (12), 1503–1516.

[335] Shek, D. T. The relation of family functioning to adolescent psychological well-being, school adjustment, and problem behavior. The Journal of Genetic Psychology, 1997, 158 (4), 467–479.

[336] Sirakaya, E. , & Woodside, A. G. Building and testing theories of decision making by travellers. Tourism Management, 2005, 26 (6), 815–832.

[337] Sirgy, M. J. , Kruger, P. S. , Lee, D. J. , & Yu, G. B. How does a travel trip affect tourists' life satisfaction? . Journal of Travel Research, 2011, 50 (3), 261–275.

[338] Skinner, H. A. , Steinhauer, P. D. , & Santa-Barbara, J. The family assessment measure. Canadian Journal of Community Mental Health, 1983, 2 (2), 91 – 105.

[339] Skinner, H. , Steinhauer, P. , & Sitarenios, G. Family Assessment Measure (FAM) and process model of family functioning. Journal of Family Therapy, 2000, 22 (2), 190 – 210.

[340] Smilkstein, G. The Family APGAR: A proposal for family function test and its use by physicians. The Journal of Family Practice, 1978, 6 (6), 1231 – 1239.

[341] Smith, M. K. , & Diekmann, A. Tourism and wellbeing. Annals of Tourism Research, 2017, 66, 1 – 13.

[342] So, S. I. , & Lehto, X. Y. The situational influence of travel group composition: Contrasting Japanese family travelers with other travel parties. Journal of Travel & Tourism Marketing, 2007, 20 (3 – 4), 79 – 91.

[343] Steinhauer, P. D. , Santa-Barbara, J. , & Skinner, H. The process model of family functioning. Canadian Journal of Psychiatry, 1984, 29 (2), 77 – 88.

[344] Steinhauer, P. D. , Santa-Barbara, J. , & Skinner, H. The process model of family functioning. The Canadian Journal of Psychiatry, 1984, 29 (2), 77 – 88.

[345] Stierlin, H. Separating Parents and Adolescents. New York: Quadrangle, 1972.

[346] Stone, M. J. , & Petrick, J. F. Exploring learning outcomes of domestic travel experiences through mothers' voices. Tourism Review International, 2017, 21 (1), 17 – 30.

[347] Stone, M. J. , & Petrick, J. F. The educational benefits of travel experiences: A literature review. Journal of Travel Research, 2013, 52 (6), 731 – 744.

[348] Stoner, K. R. , Tarrant, M. A. , Perry, L. , Stoner, L. , Wearing, S. , & Lyons, K. Global citizenship as a learning outcome of educational trav-

el. Journal of Teaching in Travel & Tourism, 2014, 14 (2), 149 – 163.

[349] Stratton, P. , Bland, J. , Janes, E. , & Lask, J. Developing an indica-tor of family function and a practicable outcome measure for systemic fam-ily and couple therapy: the SCORE. Journal of Family Therapy, 2010, 32 (3), 232 – 258.

[350] Suh, E. , Diener, E. , & Fujita, F. Events and subjective well-being: Only recent events matter. Journal of Personality and Social Psychology, 1996, 70 (5), 1091 – 1102.

[351] Suh, E. , Diener, E. , Oishi, S. , & Triandis, H. C. The shifting basis of life satisfaction judgments across cultures: Emotions versus norms. Journal of Personality and Social Psychology, 1998, 74 (2), 482 – 493.

[352] Su, L. , Swanson, S. R. , & Chen, X. The effects of perceived service quality on repurchase intentions and subjective well-being of Chinese tourists: The mediating role of relationship quality. Tourism Management, 2016, 52, 82 – 95.

[353] Tagg, D. S. , & Seaton, A. V. The family vacation in Europe: Pae-donomic aspects of choices and satisfactions. Journal of Travel & Tourism Marketing, 1995, 4 (1), 1 – 21.

[354] Taranto, M. A. Facets of wisdom: A theoretical synthesis. The Internation-al Journal of Aging and Human Development, 1989, 29 (1), 1 – 21.

[355] Tarrant, M. A. , Rubin, D. L. , & Stoner, L. The added value of study abroad: Fostering a global citizenry. Journal of Studies in International Education, 2014, 18 (2), 141 – 161.

[356] Tarrant, M. , & Lyons, K. The effect of short-term educational travel pro-grams on environmental citizenship. Environmental Education Research, 2012, 18 (3), 403 – 416.

[357] Tasker, G. E. , Lawrence, F. C. , Purtle, V. S. , & Babcock, D. K. Values related to family travel time. Family and Consumer Sciences Research Journal, 1983, 12 (2), 207 – 216.

[358] Thatcher, C. A. International learning adventures: A phenomenological

exploration of international backpacker style study abroad. PhD thesis, Prescott College, 2010.

[359] Thornton, P. R. , Shaw, G. , & Williams, A. M. Tourist group holiday decision-making and behaviour: The influence of children. Tourism Management, 1997, 18 (5), 287 – 297.

[360] Tolman, E. C. Cognitive maps in rats and men. Psychological Review, 1948, 55 (4), 189 – 208.

[361] Toncar, M. F. , & Cudmore, B. V. The overseas internship experience. Journal of Marketing Education, 2000, 22 (1), 54 – 63.

[362] Townsend, J. A. , Van Puymbroeck, M. , & Zabriskie, R. B. The core and balance model of family leisure functioning: A systematic review. Leisure Sciences, 2017, 39 (5), 436 – 456.

[363] Tribe, J. , & Snaith, T. From SERVQUAL to HOLSAT: Holiday satisfaction in Varadero, Cuba. Tourism Management, 1998, 19 (1), 25 – 34.

[364] Tsaur, S. H. , & Huang, C. C. Working holiday tourist learning: Scale development and validation. Journal of Travel & Tourism Marketing, 2016, 33 (4), 535 – 550.

[365] Tsaur, S. H. , Yen, C. H. , & Chen, C. L. Independent tourist knowledge and skills. Annals of Tourism Research, 2010, 37 (4), 1035 – 1054.

[366] Uchino, B. N. , Uno, D. , & Holt-Lunstad, J. Social support, physiological processes, and health. Current Directions in Psychological Science, 1999, 8 (5), 145 – 148.

[367] Uysal, M. , Sirgy, M. J. , Woo, E. , & Kim, H. L. Quality of life (QOL) and well-being research in tourism. Tourism Management, 2016, 53, 244 – 261.

[368] Uzzi, B. Social structure and competition in interfirm networks: The paradox of embeddedness. Administrative Science Quarterly, 1997, 42 (1), 35 – 67.

[369] Uzzi, B. The sources and consequences of embeddedness for the economic performance of organizations: The network effect. American Sociologi-

cal Review, 1996, 61 (4), 674 – 698.

[370] van Der Veen, F. , Huebner, B. , Jorgens, B. , & Neja, P. Relationships between the parents' concept of the family and family adjustment. American Journal of Orthopsychiatry, 1964, 34 (1), 45 – 55.

[371] van't Klooster, E. , van Wijk, J. , Go, F. , & van Rekom, J. Educational travel: The overseas internship. Annals of Tourism Research, 2008, 35 (3), 690 – 711.

[372] Van Winkle, C. M. , & Lagay, K. Learning during tourism: The experience of learning from the tourist's perspective. Studies in Continuing Education, 2012, 34 (3), 339 – 355.

[373] Veenhoven, R. Capability and happiness: Conceptual difference and reality links. The Journal of Socio-Economics, 2010, 39 (3), 344 – 350.

[374] Vygotsky, L. S. Mind and Society: The Development of Higher Psychological Processes. Cambridge, MA: Harvard University Press, 1978.

[375] Wang, K. C. , Hsieh, A. T. , Yeh, Y. C. , & Tsai, C. W. Who is the decision-maker: The parents or the child in group package tours? . Tourism Management, 2004, 25 (2), 183 – 194.

[376] Wang, W. , Wu, W. , Luo, J. , & Lu, J. Information technology usage, motivation, and intention: A case of Chinese urban senior outbound travelers in the Yangtze River Delta region. Asia Pacific Journal of Tourism Research, 2017, 22 (1), 99 – 115.

[377] Wang, W. , Yi, L. , Wu, M. Y. , Pearce, P. L. , & Huang, S. S. Examining Chinese adult children's motivations for traveling with their parents. Tourism Management, 2018, 69, 422 – 433.

[378] Wang, Y. , & Li, M. Family identity bundles and holiday decision making. Journal of Travel Research, 2021, 60 (3), 486 – 502.

[379] Waterman, A. S. Two conceptions of happiness: Contrasts of personal expressiveness (eudaimonia) and hedonic enjoyment. Journal of Personality and Social Psychology, 1993, 64 (4), 678 – 691.

[380] Webster, J. D. An exploratory analysis of a self-assessed wisdom scale.

Journal of Adult Development, 10 (1), 2003, 13 – 22.

[381] Weeden, C., Woolley, J., & Lester, J. A. Cruise and learn: Reflections on a cruise field trip. Journal of Teaching in Travel & Tourism, 2011, 11 (4), 349 – 366.

[382] Wentzel, K. R. Family functioning and academic achievement in middle school: A social-emotional perspective. The Journal of Early Adolescence, 1994, 14 (2), 268 – 291.

[383] West, P. C., & Merriam Jr, L. C. Outdoor recreation and family cohesiveness: A research approach. Journal of Leisure Research, 2009, 41 (3), 351 – 359.

[384] Wu, M. Y., & Wall, G. Chinese research on family tourism: Review and research implications. Journal of China Tourism Research, 2016, 12 (3 – 4), 274 – 290.

[385] Wu, M. Y., Wall, G., Zu, Y., & Ying, T. Chinese children's family tourism experiences. Tourism Management Perspectives, 2019, 29, 166 – 175.

[386] Wu, W., Kirillova, K., & Lehto, X. Learning in family travel: what, how, and from whom?. Journal of Travel & Tourism Marketing, 2021, 38 (1), 44 – 57.

[387] Wu, W., Wu, M. Y., Yi, L., & Lehto, X. Measuring Chinese adolescents' learning outcomes in family travel: A scale development approach. Journal of Destination Marketing & Management, 2021, 20, 100617.

[388] Xu, A. Q., & Xia, Y. The changes in mainland Chinese families during the social transition: A critical analysis. Journal of Comparative Family Studies, 2014, 45 (1), 31 – 54.

[389] Xu, A., Xie, X., Liu, W., Xia, Y., & Liu, D. Chinese family strengths and resiliency. Marriage & Family Review, 2007, 41 (1 – 2), 143 – 164.

[390] Yang, F. X., & Lau, V. M. C. Experiential learning for children at World Heritage Sites: The joint moderating effect of brand awareness and genera-

tion of Chinese family travelers. Tourism Management, 2019, 72, 1 – 11.

[391] Yang, L. , Li, J. , Spaniol, J. , Hasher, L. , Wilkinson, A. J. , Yu, J. , & Niu, Y. Aging, culture, and memory for socially meaningful item-context associations: An East-West cross-cultural comparison study. PloS one, 2013, 8 (4), e60703.

[392] Yankholmes, A. , McKercher, B. , & Williams, N. L. A latent class approach to examining migrant family travel behavior. Tourism Management, 2021, 87, 104387.

[393] Yao, Y. , Jia, G. , Lin, P. M. , & Huang, J. Young adult children traveling with parents: Insights on conflict and its causes. Journal of Travel & Tourism Marketing, 2020, 37 (6), 727 – 738.

[394] Yen, W. S. , Su, C. J. , Lan, Y. F. , Mazurek, M. , Kosmaczewska, J. , Švagždienė, B. , & Cherenkov, V. Adolescents' use of influence tactics with parents in family travel decision making: a cross-societal comparison in Eastern Europe. The Social Science Journal, 2020, 1 – 13.

[395] Yu, J. , Smale, B. , & Xiao, H. Examining the change in wellbeing following a holiday. Tourism Management, 2021, 87, 104367.

[396] Yu, X. , Anaya, G. J. , Miao, L. , Lehto, X. , & Wong, I. A. The impact of smartphones on the family vacation experience. Journal of Travel Research, 2017, 1 – 18.

[397] Yun, J. , & Lehto, X. Y. Motives and patterns of family reunion travel. Journal of Quality Assurance in Hospitality & Tourism, 2009, 10 (4), 279 – 300.

[398] Zabriskie, R. B. , & McCormick, B. P. Parent and child perspectives of family leisure involvement and satisfaction with family life. Journal of Leisure Research, 2003, 35 (2), 163 – 189.

[399] Zalatan, A. Wives involvement in tourism decision processes. Annals of Tourism Research, 1998, 25 (4), 890 – 903.

附 录

调查问卷

1. 预测试问卷

编号：   时间：2017 年　月　日

家庭旅游中的学习行为研究调查

您好！我们正在面向**中学生和低年级大学生**做关于家庭旅游的研究，衷心希望您能<u>如实地</u>回答问卷。答案无所谓对错，您的几分钟对于我们的研究十分宝贵。问卷采取不记名形式，结果仅用于此次统计研究，感谢您的支持！

<u>重要说明</u>：家庭旅游是指与几个或全部家人一同出去游玩。

一　请根据你最近印象最深刻的一次家庭旅游经历，回答以下问题

1. 你此次家庭旅游是什么时候？

A. 寒暑假　　　　　　B. 周末　　　　　　C. 黄金周

D. 个人休假期　　　　E. 其他_____

2. 你和谁一起去的？（可多选）

A. 祖父母　　　　　　B. 父母　　　　　　C. 兄弟姐妹

D. 其他_____

3. 你们去了哪里？（请具体到景区名字）_____

4. 这是你第几次去那里旅游：_____

5. 你们去了多少天：_____

6. 此次旅游的类型主要是（可多选）：

A. 都市观光   B. 自然风光   C. 农家体验

D. 文化旅游   E. 户外探险   F. 主题公园

G. 游轮旅游   H. 养生度假   I. 探亲访友

J. 亲子互动   K. 其他_____

7. 此次出游形式是：

A. 跟团旅游   B. 半自助游   C. 自助游

8. 你们家庭出游的频率：

A. 多年一次   B. 一年一次   C. 一年两次

D. 一年三次及以上

二 此次家庭旅游中你学到了什么（对于以下学习项目，你通过此次旅游学到的"非常少"选1分，"比较少"选2分，"一般"选3分，"比较多"选4分，"非常多"选5分，请在右栏对应的空格处打√）

学习项目	1	2	3	4	5	学习项目	1	2	3	4	5
懂得家庭的重要性						懂得关注家庭和谐					
懂得家人为家庭的付出						懂得尊老爱幼					
意识到自己的家庭责任						应该常和家人出游					
懂得旅游对家庭关系的重要作用						懂得享受生活					
学会听取家人的人生建议						懂得自尊					
反思自己与外界的联系						重新审视我的未来					
懂得旅游对生活的意义						反思自己的过去					
懂得珍惜自己所拥有的生活						懂得努力经营人生					
懂得与他人和谐共处						对家人有耐心					
学会照顾家人						学会承担家庭责任					

续表

学习项目	1	2	3	4	5	学习项目	1	2	3	4	5
学会独立自主						学会社交沟通					
学会开放地面对新鲜事物						学会自我控制					
方言或外语水平提高						学会适应新环境					
懂得管理资源（如时间、物资）						学会制定计划					
获得身体技能（如登山、钓鱼、潜水、冲浪）						获得自信					
获得旅行其他相关技能（如摄影、问路、整理行李）						学会解决突发问题					
了解家人的性格禀性						了解家人兴趣爱好					
了解家人的观念态度						了解家人生活习惯					
了解家人眼中的自己						了解家人的近况					
发现自己新的兴趣爱好						了解家庭往事					
了解自己性格的优缺点						了解当地历史文化					
见识旅游地景观						了解当地风土人情					
获得旅游地的地理知识						了解当地特色美食					

三　对于以下家庭描述，依据你们家庭在此次旅游中的情况，"非常不符合"的选1分，"不符合"选2分，"中立"选3分，"符合"选4分，"非常符合"选5分，请在右栏对应的空格处打√

此次旅游中，你们家庭互动情况	1	2	3	4	5
旅游时遇到困难，我们会互相扶持					
和家人讨论问题比和其他人讨论更困难					
旅游时我们会聚在一起进行活动（如游览、聊天、吃饭）					
一家人会共同参与一些旅游活动					
每个人都能做自己想做的事情而不用考虑其他家人的想法					
我们熟悉各自的好友					
家庭成员做决定之前会和家人一起商量					
我们很难找到一家人能一起参与的旅游活动					
我们一家关系亲密					

续表

此次旅游中，你们家庭互动情况	1	2	3	4	5
和家人相比，我们和陌生人的关系更亲密					
我们尊重家人的共同决定					
我们喜欢和家人一起度过旅游的时光					
家人之间互有嫌隙					
我们认可各自的好友					
我们更愿意分开进行旅游活动，而不是和家人一起					
我们可以分享彼此的兴趣爱好					
在旅游中，每个人都能随意发表自己的观点					
每个家庭成员都能参与重大的家庭旅游决策					
晚辈可以对长辈的教导发表自己的意见					
遇到事情我们会一起讨论，并商讨出满意的解决方案					
我们共同分担旅途中的事务					
我们家没有明确的规矩					
每个人都可以畅所欲言					
解决问题时，家长也会考虑孩子的意见					
我们家所有人都受到严格的家教					
我们家会尝试用新方法解决旅途中遇到的问题					
大家共同承担旅游中的责任					
我们的家庭生活规律和家规难以改变					
旅游中出现矛盾时，我们会相互妥协达成一致					
当旅途中产生矛盾，家人不会说出自己真实的想法					
我们对互相沟通的方式感到满意					
在旅游中，家人是很好的倾听者					
家人会时常互相表达关爱					
家人可以互相提出自己的要求					
我们能够心平气和地互相谈论各种话题					
我们会互相讨论心里的想法和追求					
我们都能够真诚地回答家人的提问					
我们会努力相互理解家人的感受					
生气时，家人之间也很少恶语相向					
我们会互相表达真实的感受					
我们家附近有沿街树木					

此次旅游中，你们家庭互动情况	1	2	3	4	5
我们家附近有很多美观建筑					
在我们家附近能看到许多有趣的东西					
我对这次旅游总体感到满意					
这次旅游让我感觉到一种真正活着的存在感					
这次旅游让我找到真正的自己					
这次旅游让我感觉极大的愉悦					
这次旅游让我感到极其享受和快乐					

四　个人基本信息

1. 性别：A. 男　　B. 女

2. 年龄：_____

3. 年级：_____

4. 家庭年收入（元）：

A. 10 万以下　　　　　　　B. 10 万 ~ 20 万（不含）

C. 20 万 ~ 40 万（不含）　D. 40 万 ~ 80 万（不含）

E. 80 万及以上

5. 你的情况（多选）：

A. 独生子女　　　　　　　B. 与父母同住

C. 与祖父母同住　　　　　D. 以上都不是

6. 你家住在：_____市

感谢您的支持！祝您学习进步，生活愉快^_^

2. 正式调研问卷

编号：　　　　　　　　　　　　　时间：2017 年　　月　　日

家庭旅游中的学习行为研究调查

您好！我们正在面向**中学生和低年级大学生**做关于家庭旅游的研究，衷心希望您能**如实地**回答问卷。答案无所谓对错，您的几分钟对于我们的研究十分宝贵。问卷采取不记名形式，结果仅用于此次统计研究，感谢您的支持！

重要说明：家庭旅游是指与几个或全部家人一同出去游玩。

一　请根据你最近印象最深刻的一次家庭旅游经历，回答以下问题

1. 你此次家庭旅游是什么时候？（　　　）

A. 寒暑假　　　　　　B. 周末　　　　　　C. 黄金周

D. 个人休假期　　　　E. 其他_____

2. 你和谁一起去的？（可多选）（　　　）

A. 祖父母　　　　　　B. 父母　　　　　　C. 兄弟姐妹

D. 其他_____

3. 你们去了哪里？_____省_____市_____景点

4. 这是你第几次去那里旅游：_____

5. 你们去了多少天：_____

6. 此次旅游的类型主要是（可多选）：（　　　）

A. 都市观光　　　　　B. 自然风光　　　　C. 农家体验

D. 文化旅游　　　　　E. 户外探险　　　　F. 主题公园

G. 游轮旅游　　　　　H. 养生度假　　　　I. 探亲访友

J. 亲子互动　　　　　K. 其他_____

7. 此次出游形式是：（　　　）

A. 跟团旅游　　　　　B. 半自助游　　　　C. 自助游

8. 你们家庭出游的频率：（　　　）

A. 多年一次　　　B. 一年一次　　　C. 一年两次

D. 一年三次及以上

二　此次家庭旅游中你学到了什么（对于以下学习项目，你通过此次旅游学到的"非常少"选 1 分，"比较少"选 2 分，"一般"选 3 分，"比较多"选 4 分，"非常多"选 5 分，请在右栏对应的空格处打√）

学习项目	1	2	3	4	5	学习项目	1	2	3	4	5
懂得关注家庭和谐						懂得尊老爱幼					
懂得家人为家庭的付出						应该常和家人出游					
意识到自己的家庭责任						学会承担家庭责任					
懂得旅游对家庭的重要作用						懂得自尊					
学会听取家人的人生建议						重新审视我的未来					
反思自己与外界的联系						懂得努力经营人生					
懂得珍惜自己所拥有的生活						懂得与他人和谐共处					
学会独立自主						学会社交沟通					
学会开放地面对新鲜事物						学会自我控制					
学会制定计划						学会适应新环境					
懂得管理资源（如时间、物资）						获得自信					
了解家人的观念态度						了解家人的兴趣爱好					
发现自己新的兴趣爱好						了解家人眼中的自己					
了解自己性格的优缺点						了解当地风土人情					
获得旅游地的地理知识						了解当地历史文化					

三　对于以下家庭描述，依据你们家庭在此次旅游中的情况，"非常不符合"的选 1 分，"不符合"选 2 分，"中立"选 3 分，"符合"选 4 分，"非常符合"选 5 分，请在右栏对应的空格处打√

此次旅游中，你们家庭互动情况	1	2	3	4	5
旅游时遇到困难，我们会尽力互相扶持					

续表

此次旅游中，你们家庭互动情况	1	2	3	4	5
旅游时我们往往聚在一起进行活动（如游览、聊天、吃饭）					
一家人会共同参与旅游中的许多活动					
我们熟悉各自的好友					
家庭成员做决定之前会和家人一起商量					
我们一家关系非常密切					
我们尊重家人的共同决定					
我们喜欢和家人一起度过旅游的时光					
我们认可各自的好友					
我们乐于分享彼此的兴趣爱好					
在旅游中，每个人都能随意发表自己的观点					
每个家庭成员都参与作出重要的旅游决策					
晚辈可以对长辈的教导发表自己的意见					
遇到事情我们会一起讨论，并商讨出满意的解决方案					
我们共同分担旅途中的各种事务					
每个人都可以畅所欲言					
解决问题时，家长也会考虑孩子的意见					
我们家的管教方式是合理的					
我们会尝试用新方法解决旅途中遇到的问题					
大家共同承担旅游中的责任					
旅游中产生矛盾时，我们会相互妥协达成一致					
我们对互相沟通的方式感到满意					
在旅途中，家人是很好的倾听者					
在旅途中，家人会时常互相表达关爱					
家人可以互相提出自己的要求					
我们能够心平气和地互相谈论各种话题					
我们会互相讨论心里的想法和追求					
我们都能够真诚地回答家人的提问					
我们会努力相互理解家人的感受					
生气时，家人之间也很少恶语相向					
我们会互相表达真实的感受					
我家附近有沿街树木					
我家附近有很多美观的建筑					

续表

此次旅游中，你们家庭互动情况	1	2	3	4	5
在我家附近能看到许多有趣的东西					
在我家附近有许多迷人的自然景观					
这次旅游让我感觉到一种真正活着的存在感					
这次旅游让我找到真正的自己					
这次旅游让我感觉极大的愉悦					
这次旅游让我感到极其享受和快乐					

四　个人基本信息

1. 性别：A. 男　　B. 女

2. 年龄：_____

3. 年级：_____

4. 家庭年收入（元）：

A. 10 万以下　　　　　　　B. 10 万 ~ 20 万（不含）

C. 20 万 ~ 40 万（不含）　　　D. 40 万 ~ 80 万（不含）

E. 80 万及以上

5. 你是独生子女吗？　　A. 是　　B. 不是

6. 你是和父母住在一起吗？　　A. 是　　B. 不是

7. 你是和祖父母住在一起吗？　　A. 是　　B. 不是

8. 你家住在：_____省_____市

感谢您的支持！祝您学习进步，生活愉快^_^

图书在版编目（CIP）数据

家庭旅游中青少年的学习行为 / 吴微著. -- 北京：
社会科学文献出版社，2022.11
ISBN 978 - 7 - 5228 - 0783 - 6

Ⅰ.①家…　Ⅱ.①吴…　Ⅲ.①旅游 - 关系 - 青少年 -
学习方法 - 研究　Ⅳ.①F59②G442

中国版本图书馆 CIP 数据核字（2022）第 179309 号

家庭旅游中青少年的学习行为

著　　者／吴　微

出 版 人／王利民
组稿编辑／宋　静
责任编辑／吴云苓
责任印制／王京美

出　　版／社会科学文献出版社·皮书出版分社（010）59367127
　　　　　　地址：北京市北三环中路甲 29 号院华龙大厦　邮编：100029
　　　　　　网址：www. ssap. com. cn
发　　行／社会科学文献出版社（010）59367028
印　　装／三河市龙林印务有限公司

规　　格／开本：787mm × 1092mm　1/16
　　　　　　印张：16.25　字数：255 千字
版　　次／2022 年 11 月第 1 版　2022 年 11 月第 1 次印刷
书　　号／ISBN 978 - 7 - 5228 - 0783 - 6
定　　价／98.00 元

读者服务电话：4008918866